以无形入有间

民俗学跨界行脚

岳永逸 著

商务印书馆
The Commercial Press
创于1897

2019年·北京

图书在版编目(CIP)数据

以无形入有间:民俗学跨界行脚/岳永逸著.—北京:商务印书馆,2019
ISBN 978-7-100-17212-7

Ⅰ.①以… Ⅱ.①岳… Ⅲ.①民俗学—文集 Ⅳ.①K890-53

中国版本图书馆CIP数据核字(2019)第054036号

权利保留,侵权必究。

以无形入有间
—— 民俗学跨界行脚
岳永逸　著

商 务 印 书 馆 出 版
(北京王府井大街36号　邮政编码100710)
商 务 印 书 馆 发 行
北京艺辉伊航图文有限公司印刷
ISBN 978-7-100-17212-7

2019年11月第1版　　开本880×1230　1/32
2019年11月北京第1次印刷　印张10⅛
定价:48.00元

天空一无所有，
为何给我安慰？

代　序

忧郁的乡土守望者

陈　首

永逸兄的新著《以无形入有间：民俗学跨界行脚》是他又一本在民俗学视角下诊疗乡土中国现代转型病症的文集。我对于民俗学知之甚少，本不该妄议，但永逸兄鼓励我说：你只要是在生活，就总能以自己的方式进入民俗学，更能以自己的方式去理解民俗学所关注的生活文化与习惯风俗。这当然是一种善意的民俗学启蒙路径提示，我由此加深了对永逸兄学术研究进路的理解：一种带着温度与厚度的个性化书写，始终坚持"小我"的民间视角、尖锐的问题意识、理性的批判精神和深沉的乡土情怀。

永逸兄的民俗学是忧郁的，他的第一本打动我的书就是《忧郁的民俗学》。一组札记从学科史讲到家族史，讲到故乡村庄，讲到乡土中国，讲到现代中国人在城与乡、身与心、家与国、隐秘江湖与修辞世界之间的左冲右突。他在开篇对于母亲在山脊上目送自己远行的白描，在我的阅读体验里丝毫不输于朱自清先生的《背影》。为了不让母亲伤感，永逸兄每一次离开都尽量不回头；但在他的专业视域和文字世界里，他岂仅是频频回头，简直就是从未离开。他一直就站在槐树地村口,在布谷鸟的啼叫声中,深情而冷峻地守望着一方"乡土"。

虽然永逸兄基于对传统乡土民俗学的反动而着力提倡都市民俗学,但我以为,"乡土"在他的生命史和学术史里却有着基本的、根本的位置。在前作中,永逸兄曾指出,民俗学是关于身体、经验、记忆和当下紧密相连的"乡土"的学问;而乡土又是他力倡的都市民俗学的根基、起点和终点。在本书中,永逸兄聚焦非遗运动、民间曲艺、口传文化等民俗事象,再度审视了"乡土"及其承载的民间文化传统的现代畸变。

不过,只有先了解"乡土"在当代中国语境里的典型意蕴,我们才能更好地去理解,像永逸兄这样的乡土守望者究竟在担心什么,又在忧郁什么。

在现代中国人的精神世界里,"乡土"是一个既实且虚的存在。在一个中国人的脑海里,它实实在在对应着某一具体的村庄、河流、鸟语和花香。在中华民族的集体记忆里,乡土孕育出的文化和伦理已经融进了中国人的文化血脉。与其他任何一个地方的现代化命运一样,当土地上的人们从农耕文明迈入工业文明甚至更新形态的文明,他们总是会基于现实的种种不堪,不停地一次次回到记忆中那片据说是温情脉脉的"乡土"。昨日不能重来,只能缅怀,"乡土"成为现代人寻求安身立命或者说逃避现实的桃花源;乡愁不能化解,只能寄托,"乡土"就是中国人"乡愁"的天然滥觞之地。

在知识精英的文本世界,"乡土"更多指向那些彼此冲突的关于"农村"的形象。它可能是落后的、封建的、愚昧的所指;也可能是质朴的、野性的、能动的热力所在。在一些人看来,乡土正在沦丧,是一个需要被拯救的世界;但在另一些人看来,乡土反而是堕落的都市生活的拯救者。有人从乡土发现国家崛起的起点和民族身份认同的基点；有人却把乡土当成拥抱一个新世界之前必须去除的落后"胎记"。在这样的"乡土"叙事中，我们乍一听似乎知之甚多，但细想起来却又不知究竟。

触目惊心的是，随着城市化浪潮的狂飙突进，"乡土"作为资本和权力的围猎之物，已不仅仅是一个指向农村的地域性概念，而是一个围绕"利益"而塑造出来的商品或政绩，既在农村爆发也在都市集结。在所向披靡的资本的刀锋下，"乡土"及其文化是又一个被大规模进行利益分割的"市场"，傲慢的"权力"常常在其中扮演着并不光彩的角色。乡土可能日渐成为假冒伪劣商品的倾销之地、各种污染肆虐之地、庸俗文化的流行之地以及政绩的展示之地。更加反讽的是，任性而又矫情的资本和权力还可以将"乡土"原子化为一个又一个别墅、庄园和度假村，制造出一个又一个神秘的"飞地"，为一批与乡土无关的人"造梦"，为都市人提供短暂而虚幻的乡愁慰藉。

这所有纠缠着的乡土意蕴，哪一种是真实的存在？都是，却又都不是。乡土给走向现代的中国人提供了无穷的想象和心理投射，却唯独不能真实地呈现自身。有别于精英主义和文化保守主义的"乡土"建构，永逸兄希望把乡土及其承载的民俗文化置于"文化社会生态的整体研究"框架中，做深度的清理和还原。当然，这样做的时候，他不会感到轻松，反而会陷入更多层次的忧郁。

对于乡愁的寄托之地，他的忧郁自然而不做作。他认为，作为现代人对所有消失了的景象与心性的一种普遍性怀旧，乡愁之愁可以指向往昔之"乡"，也可以指向如今之"城"，乡愁和城愁并无多大分别。他关心那些正在消失或即将消失的生活文化和民俗传统，不是为了"怀旧"，而是为了从"旧俗"中找到放置"乡愁"的合适位置。他发现，"土地敬拜"一直在建构、规训、主导着中国人的日常生活，但是，传统的土地敬拜可称之为永逸兄所谓的"乡土宗教"的一种形式，而当代的土地敬拜却是追名逐利的"理性"选择。他担心"乡音"飘零，无论是乡野的故事、传说、歌谣、段子，还是在节庆、庙会、红白喜事等场合演唱的野台子戏和民间曲艺，都浸染着乡土中国最浓的韵味，如果它们最后都逃脱不了"被展示"的命运，那么现代人的"乡愁"可能连寄托都无望。换言之，如果乡土变异、乡音不再、乡韵失色，那看得见山望得见水的乡愁又该往何处寻觅？

对于知识精英自上而下建构出来的"乡土"，永逸兄的忧郁是审慎的。以妙峰山为例，他指出，正是知识精英一次又一次、一代又一代将其装饰、层累、堆砌，使其从自然之山成为人文之山，从自然美景成为神山圣地的"箭垛式的山"。他推崇青年学者张青仁的研究路径，从北京香会内在的生态和运行逻辑入手，勾勒出庙会与香会复杂而微妙的图景，反映出他本人祛魅"妙峰山"的兴趣。他认同程为坤先生对近代北京底层女性日常劳作群像的深描努力，体现了他对近代中国公共空间形成和时代价值变迁中底层人物生存状态的重视。不满于流行的"返乡体"中令人作呕的精英主义和病态美学，他赞赏青年学者陈辉对于乡村日常生活的关注，认为围绕"过日子"展开的生活样态或许更能表征当下的乡土现实。总之，永逸兄试图在寻找一种合适的"乡土"呈现方式。他的作品或者他所推介的作品，既指出传统秩序崩溃后的尴尬，也注意仍在发生作用的"过去"；既关注那些停留在乡土的人们的生存境况，也关心那些离开乡土的人们的都市化际遇。

对于资本和权力共谋之下的"乡土"命运，他的忧郁是尖锐的。永逸兄并不否认像非遗这样声势浩大的文化清理和自救运动有着巨大的意义，但是，他却忧心忡忡于那些原本充满地方性、随机性、多样性的民间文化传衍实态，最后成为一种符合"形式美学"的程式化、标准化、视频化和书面化的展示品。他并不反对民间文艺的现代改造，但是，他又清醒地意识到像"小剧场"这样的尝试，正在沦为一小群人自娱自乐、自说自话的"空壳艺术"。他认可乡土民俗对于近代宏大叙事的内生支持，但是，他又担心那些活态的、具有丰富内涵的传统（例如端午节），可能会在爱国主义的幌子下成为一种简约的、空洞的、僵硬的意识形态符号。这所有的担忧来自于这样一种日渐清晰的可能：传统再造正在成为相关利益主体共谋、共构、共享的事业，它与什么都直接相关，除了"文化"以外。

永逸兄总是警惕精英主义高高在上的视角，总是试图去发现、还原、理解一个真实的、当下的、民间的中国。如果这种忧郁并非杞人忧天，更不是吹毛求疵，那么，富有意义的追问是：我们应该站在怎样的位置来守望这交织着爱与恨、愁与欢、希望与迷茫的乡土？

对此，永逸兄在本书及此前的诸多作品中已经给予大量的阐释或提示。我以为，至少有如下三点值得重视。

首先，"乡土"是流变的、不断生成的现实。传统已经崩溃，新的秩序和伦理正在重建。这样的乡土，上亿人口每年像候鸟一样流动，不断在进行着从农业社会到后工业文明社会的穿越。这样的乡土，不断用村庄、麦地、田埂、水塘置换出高楼、超市、社区与车道，不断提供一批又一批城市寻梦之人，又不断接纳一波又一波乡土寻愁之人。这样的乡土，一个打工者逃票被查处，就会引爆一次关于规训和人道的讨论，进而触发群体性身份认同的危机。这样的乡土，显然不是农耕社会的典型代表，也不是现代都市高高在上的心里投射，它缘起于乡村，弥漫于城市，重合于主体民族与少数民族的繁衍之地，纠集了先进与落后、高级与低级、文明与愚昧等种种事象，成为现代中国的独特表情。现代中国就是从乡土里长出来的，而这个成长转型还远未完成，因此，"乡土"之于当下的中国，不是静态的或仅具有审美意义的静态过往，而是动态的、具有调适性和适应力的活生生的现实。

其次，乡土重建和民间文化重构是可能的，也是必须的。虽然永逸兄对民间文艺的现代畸变保持了深刻的警惕和批判，但是，我想他并不会反对重建乡土及其文化的合理性。问题的实质不在于应不应该建构，而在于如何建构。作为对长期占主导的精英主义视角的一种矫正，永逸兄基于"小我"立场，展开对民众日常生活和生命经验的"裸写"，在当下具有别样的意义。

一方面，对于"小我"的关注和礼敬，并非琐屑狭隘的"自利"浅见，而是对于不断生成的新传统的高度关切。永逸兄曾经表示，无论在城市还是乡村，对当下民众生活及其文化的关注是他的都市民俗学最为简单的起点。如果说在传统社会，占绝大多数的农民成为乡土中国的民众；那么，在当代，日益庞大的中产阶层则是新的民众主体，他们不断运用网络技术和新媒体孵化着新的风俗时尚、公共表达和伦理规范，重释了乡土中国的现代含义。还必须注意到，在一个变化了的政治社会生态下，"人民"重回政治话语和社会治理视野，它虽与这里所言的"民众"具有全然不同的逻辑与理论内涵，但是却由此打开了对乡土中国主体力量的再一次集体审视或者说重视。

另一方面，乡土民俗在传统中国走向现代中国的历史进程中，本来就具有不可替代的重要性和强大生命力。正如永逸兄所揭示，那些曾经风行于市井百姓间的民间文艺，例如相声、评书、莲花落、苏州评弹、温州鼓词、四川竹琴、山东快书等，"形塑了绝大多数中国人的听觉、世界观、道德观与价值观，在事实层面扮演了千百年来中国民众的史诗"。正是这样的民间文艺而非主流的精英文化，源源不断地为远比精英群体更为庞大的民众，提供了富有意义的生活文化和伦理规范。它们的作用显然不应当被低估,更不应当仅仅被限定在过去。因此,乡土民俗的发掘和传承,丝毫不亚于精英传统的现代阐扬;民间传统的现代复兴,其功也不在于坐而论道,更在赤脚走入田间社区;乡土重建与文化重构,应当成为知识精英的必然要求,而非心血来潮的"恩赐式"回顾。

最后,重建乡土需要多元力量的参与。虽然传统的现代转型必然伴随变异,民间自救必然产生相反的作用,新的风俗必然变动不居;但是,我们不应当片面地去否定这一进程中的任何一种力量,正如不应该片面地去推崇任何一种力量一样。在尊重传统和文化自身逻辑和生命力的前提下,应当探索一种基本的制度安排和边界设定,以期能够合理而谨慎地运用技术、资本和公共权力的力量。永逸兄敏锐地发现了"技术"可以使传统"退化",也可以使之"蜕化",凸显出平衡人文内涵与技术表达之间关系的重要。同理,我们既要隔断资本和权力的利益纽带、打掉资本无所不能的幻想、放下权力任性的傲慢,同时也要借助资本和权力的力量,建构一个或如永逸兄所想的"乡土":它不是"一个"苍白无趣的城镇,不是一片没有蓝天、阳光的钢筋水泥"森林",而是一个个有着自己乡音、乡情、乡韵,有着自己个性、历史、记忆、温馨与乡愁的"村落"城镇!当下,远比非遗更为宏阔的"中华优秀传统文化传承发展工程"正在兴起。可以肯定的是,类似非遗的问题还会出现,但正是有了永逸兄们的忧郁,有了对多元力量的理性激励和约束,类似的文化实践也才有了回归文化发展逻辑的可能。

如果上述的"乡土"观察不被理解成一种四面讨好的"乡愿",那么,"乡土"叙事也就需要更加多元的视角和更新的话语体系。这当然不仅仅是民俗学的使命了。我们需要一种更加综合的视角和理论来对正在发生的、生成的、新的乡土做出阐释和导引。永逸兄的民俗学书写至少提示出，精英阶层的"乡土"重构不应当制造出阅读者与乡土的"隔阂"、凭空凸显自身的智力优越，而应当还原一个真实的现场。在其中，尽可能克制那些田园牧歌式的陈词滥调，尽可能清理那些对乡土唱出的末日挽歌，尽可能推倒那些抽离了乡土、背离了传统、毫无文化内涵的政绩。

我们或许由此碰触到更为核心的问题意识。在经济和技术的全球化日益成为现实的今天，民族、国家、意识形态之间的鸿沟却再度凸显。中国倍增了自身的经济体量，却又遭遇令人苦恼且着迷的自身问题和外部问题。中国人似乎从来没有像现在这样迫切需要去辨识自身的文化基因和情感密码，去寻找仗剑天涯之后安顿身心的依靠，去重新平衡个体挣扎与集体认同之间的关系。因此，永逸兄这样的宣称并不令人意外："中国民俗学的核心问题应该是中国人何以成为中国人，何以称之为中国人。即，在中国这块土地上生活的形形色色的个体的最大公约数是什么？今天全民还在共享什么？"如果这个问题无解，或得不到严肃的回应，那么，这将是乡土守望者们（而不仅仅是民俗学者）最不可释怀的忧郁。

这样说的时候，我可能对永逸兄的作品扭曲太多了。不过，既然受他鼓励以"自己的方式"理解民俗学，那么，我想说，我感佩永逸兄作为一个乡土守望者的永恒忧郁，但是，我更希望这样的守望并不孤独。如果更多人能够以"自己的方式"顺着这忧郁的目光，集结同行、风雨相伴，切进那个想象中或正在生成的新"乡土"，这将不啻为一个过度躁动时代的幸事。

永逸兄以"无形入有间"为新书之名，传递了一种传统建筑的重制理念，隐喻了让无形的文化和伦理充实现代人有形世界的可能。类似于无形与有形、空间与时间充满张力的对应，他把海子的诗句"天空一无所有，为何给我安慰"作为全书的开篇，彰显了无和有、天和地、精神世界和物质世界的二元对立和相融。既然如此，我以为，同样为他所喜欢的艾青的诗行，富有类似的玄机，在本书中亦不该缺席。故在这篇絮语（而非序言）的最后补出："为什么我的眼里常含泪水？因为我对这土地爱得深沉……"

目　录

1　时令·小悟

你们不是要看祭灶吗？………… 3
"非遗"的雾霾 ………… 8
粽子与龙舟 ………… 19
家国土地 ………… 29
"箭垛"之山 ………… 39
轻学术的自我救赎 ………… 52
"杂吧地儿"：一种方法 ………… 61

2　剧场·漫步

民俗的变脸 ………… 89
小剧场的光晕 ………… 103
技术世界曲艺的可能 ………… 116
舞姿的声音 ………… 135
暴风雪的热度 ………… 144
批评的限度 ………… 156

乡土庙会的开放性及艺术性 ………… 174

3 市井·名士

文化的狂欢 ………… 183
人穷了当街卖艺 ………… 187
城镇化的乡愁 ………… 196
天眼、日常生活与街头巷尾 ………… 204
一切坚固的东西都烟消云散了 ………… 219
水穷云起 ………… 225

4 乡野·荒原

人类所做的挣扎都是相似的 ………… 261
以无形入有间 ………… 269
骆驼、马与"过日子" ………… 274
仪式、演剧与乡土 ………… 282
山乡小庙 ………… 289
我像一只闲狗 ………… 296

跋 ………… 301

1 时令·小悟

你们不是要看祭灶吗？

农历腊月二十三，对绝大多数中国人而言都是一个重要的日子，很多地方俗称"小年"。是日，人们都要祭灶，又称送灶。

这里的"灶"，即灶王爷的简称。传闻，灶王爷本姓张。关于他如何成为灶王爷，在全国各地有着很多地方色彩浓厚的传说故事。这些传说故事多少都有着道德说教的色彩。其大意是说，因为种种原因，在与原配妻子离异后，他迅速陷入穷苦的生活，沦落为乞丐，以至于一次乞讨时进了生活美满的前妻的家门。虽然前妻对他很好，善待以美食，但他却为自己昔日的荒唐而羞愧，并自绝于灶膛中。于是，玉皇封他为灶王爷。在他自绝的这天——升天日，即腊月二十三，他就得到天庭向玉皇汇报每家每户一年来的长长短短。玉皇会根据他的汇报，对该户人家进行赏罚。因此，是日人们会祭祀他，采取"糖瓜粘"等种种手段，让他只说自家的好，或者直接让他说不出话来。大年三十，人们纷纷再将灶王迎请回家。

2017年1月20日，既是农历小年，也适逢二十四节气中的大寒。陕北绥德县郭家沟是日的温度低至-18℃，是入冬以来最冷的日子。与周边的众多陕北黄土高原的村落一样，户籍人口六百余人的郭家沟原本默默无名。绝大多数村民都在外打工或上学，留守在家的多是老人。

因为一度作为电视剧《平凡的世界》的拍摄地,郭家沟骤然有了知名度,成为全国出镜率最高的村落之一。正是因为郭家沟全面与技术时代的都市生活发生了密切关联,由政府主导、意在唤起都市人乡愁的"陕北榆林过大年"活动才在这里于是日首次拉开了帷幕。当然,政府将启动仪式选择在这里,也与郭家沟村民小年"吃杂面,送灶王"的传统年俗有关,与绥德被文化部命名为唢呐之乡、石雕之乡、秧歌之乡、剪纸之乡、锣鼓之乡有关,更不用提天下皆知的与"米脂的婆姨"相提并论的英俊帅气的"绥德的汉"。

经过榆林市、绥德县两级政府的长期努力、精心组织与部署,20日早上的郭家沟已经洋溢着浓郁的节庆氛围。在朝阳的照耀下,为了央视拍摄而准备的人工降雪虽然并不均匀,范围也小,却仍然营造出了一个粉妆玉砌的北国冰雪世界,醒目耀眼。为了迎接宾客,在政府的统一布置下,各家各户窑洞的门窗两侧都提早贴上了红色的春联,红、黄、绿的窗花点缀其间,喜庆而斑斓。不少人正忙着扫除自家门前的积雪与冰块。冰封的河面上有人在玩充满童趣的"土"溜冰。溜冰的大人、小孩坐在小板凳上,手持铁棍猛撑冰面以作为滑冰前行的动力。对此,三三两两外来的大人小孩都乐此不疲,笑声不断。去年拍摄的过大年的摄影展在露天井然有序地一排排铺呈开来。比邻摄影展的是各种洁净的绥德小吃摊,腾腾升起的蒸汽让人在冷阳中感受到丝丝暖意。摊主都身穿白褂,头戴高耸的厨师帽,俨然五星级酒店的大厨。从附近各地征调的唢呐队、秧歌队,不同级别媒体的新闻记者、摄影师,为启动仪式保驾护航的当地公安、消防陆续汇聚在此。原本空旷的郭家沟一下明快、拥挤了起来。

十一点半,在有各级领导参加的启动仪式结束后,重要的外来人被分派到了不同的家户吃派饭——杂面。在隔壁村的第一书记小马书记的带领下，我们一行四人到了被分派的人家。虽然已经小年，主家仍然只有夫妻两人在家。男女主人都已经年过花甲，儿子在绥德县城开出租，在西安上大学的孙子也尚未回到家里。男主人是一位退休工人，退休后，心脏不好，于是回到老家，因为老家的空气是西安、绥德县城都没法比的。女主人一直坚守在郭家沟，养儿育女，已经六十多岁，依旧有着陕北人天生的好嗓子。我们刚坐下寒暄不久，女主人就热情大方地为大家唱起了现在多数中国人都熟悉的陕北民歌《三十里铺》。高亢、悦耳的乐音，让我们感叹唏嘘了好一阵。

因为早就接到通知，知道我们几个"外人"中午要来吃饭，主人早早备好了杂面和调料。杂面是手巧的女主人自己擀的。羊肉臊子、绿绿的香菜与葱花、红红的辣椒油、金黄色的泡菜等佐料，是主人自产自制。在我们边吃边聊的过程中，男女主人都强调，小年吃杂面是这里的传统习俗。饭后，是主人家例行的祭灶。

如今，就我们走过的几户人家而言，灶王既不是石雕像，也不是常见的纸画神像，而是红纸上写着"灶王之神位"的简易纸马。与他地不同，在这些简易纸马的下方，还贴有一张象征兜肚的菱形黄纸，紧邻黄纸下方的是红黄两色纸折的小香炉，供插放燃香。在香炉下方的灶台上，供奉有大个儿花馍。有的人家花馍上还蒙有一张绿色的剪纸，我们的主家也同样如此。主家的两眼窑洞有炕，有两个灶台，因此就有两个灶王。老人说，早先通常在神马两侧还写有"上天言好事，下界保平安"之类的对联。现在，一切都从简了。

遵从"男不拜月，女不祭灶"的习俗，整个送灶仪式都是男主人操持完成的。送灶时，男主人先打开窗户顶上的小窗，以给灶王打开上天的通道。然后，在灶王神马前点香、插香后，依次到门边、仓房、石磨碾子、厕所、路口等处，分别给财神爷、门神、土地、天地、青龙、白虎、厕神、路神等诸神点香。在所有的神位前，男主人都在小香炉中插放了一支燃香。最后，在院门口燃放鞭炮，恭送灶王，待鞭炮燃放完毕，再回到室内关上刚才打开的顶窗。

虽然主人一再强调这是他们儿时就有的习俗，但我后来还是在村委门口的黑板上看到了主家给我展示的祭灶流程同时也是各级政府要求村民给外人操演的规定性动作。在村委门口黑板上有题为《欢欢喜喜过大年》的板报，开首就明白地写着：

> 为了积极配合、响应陕北过大年暨首届全国陕北年俗摄影大赛活动，彰显平凡的世界不平凡的魅力，推动乡村文化旅游业的发展，建设美丽乡村，我镇根据活动任务书，特制定如下安排，以确保此次活动取得圆满成功。

板报的后边依次罗列着这两天各家各户要统一完成的规定性动作。然而，这些自上而下的欢欢喜喜"过大年"的规定性动作，对于我们前往吃杂面的主家而言，却有着另外的难度，甚或苦衷。闲聊中，我们知道，就在年内，老人的父亲刚刚过世。按照当地的习俗，守孝的3年内，家里是不能贴春联的。可是，为了给我们这些外来人看当地欢欢喜喜过大年的年节习俗，在政府的安排下，主家不得不如同村里其他人家一样，贴上了红彤彤的春联。在我问及老人如何处理这个矛盾时，老人很是平和，淡然地说："没事儿，等你们走了，明天我就把春联撕掉。"

或许是老人在外工作过多年，有很强的家国情怀，因此他采用了这种既不违背官方旨意，也不违背习俗和自己良心的折中做法。官方的意志和习俗的惯制在他这里并行不悖。在我们吃完杂面后，老人就热情地说:"吃完杂面后,就该祭灶了,我们祖祖辈辈都是这样做的,就是中午吃完杂面后就祭。你们不是要看祭灶吗?"正是他的反问,再次激发起了我们一行四人手拿相机进出室内外、尾随其身后的热情。

如果说政府投入了大量人力、物力、财力张罗的这个"我们的节日"实际上还是官方、电视台、摄影家,甚或大小领导等外来他者的,那么它确实也在细枝末节的层面将国家的观念、大局意识,通过整齐划一的春联等符号、祭灶等动作,进一步熔铸到被展示的、居于客体位置的当地人的精神世界中,甚至有可能成为其心性的一部分。这些原本应该是主体的"被客体化"的村民,多少也有了这就是"我们的节日"之类的意念与镜像。传统的节俗也就慢慢地在这些互动中发生着悄无声息的变化,抑或被均质化。无论是阳春白雪还是下里巴人,中国人的家国情怀或许就是这样在千百年来官民不断互动——教化、安排与回应——的过程中形成的。何况,虽然可能会扰乱他们原本有序的生活,但当下这个官办的节日也确实给困守郭家沟的父老们带来了外面世界的各色人等,给枯寂的乡村增添了一道道亮色,也使他们有了聊天、观赏、品评与回味的对象。

显然,"我们的节日"不仅仅是"外来的我们"在看"本地的他们","本地的他们"也在满脸笑意地默观、揣摩并迎合着"外来的我们"。这一切都凝聚在"你们不是要看祭灶吗"这句看似无心的问话之中。互视、互动、互文、互现,进而激发的内省,或许才是"我们的节日"之于我们这个时代最大的意涵。在此意义上,"我们的节日"也就真正地成为城里人和乡下人这个合体的"我们"之最大的"乡愁"。

"非遗"的雾霾

谁的多样性

21世纪以来,学界的呼吁、政界的强力推进、媒体的张扬使得作为语词和事实的"非遗"(非物质文化遗产)已经耳熟能详。作为一项事业、一种运动,社会主义精神文明和文化建设的一个重要组成部分,似乎会长时间持续下去的非遗运动完全可以和20世纪最后二十多年进行的十套民间文艺集成工程相提并论。后者已经有"文化长城"的美誉。二者都是精英阶层对主要源自民间,并在民间传衍多年的文化的重新审视、定位,并且都最大程度地动用了社会资源,群策群力,全民参与,可圈可点。当然,非遗运动是以十套民间文艺集成工程为基础的。作为一个新生词汇,"非遗"正在势不可挡地全面取代"民间文艺"。

受西方思潮,尤其是五四新文化运动、民俗学运动、民众教育运动影响的"民间文艺"在整个20世纪的中国都是一个红火、正面、光明的词汇。在五四新文化运动中,它被视为"反动""没落""腐朽"的上层文化的反面,被认为蕴藏着民族的"新的精神"。继而,在民族存亡的生死关头,鼓词、快板、木板年画等民间文艺都成为抗日的利器,并最终在中国共产党这里形成了文艺服务于政治和人民的系统的新型文艺观。

1949—1966年,民间文艺不仅是社会主义精神文化建设的一个重要组成部分,还有序地纳入新的社会主义意识形态的宣教序列之中。万恶的地主、英勇的太平军和义和团、舍生忘死的革命先烈等爱憎分明的形象通过"民间"文学的采录、传播深入人心。在国家一穷二白的状态下,杂技、民间工艺品等成为外交场合重要的媒介、黏合剂。演出成本低廉的相声等曲艺则成为"文艺的轻骑兵",驰骋在抗美援朝的战场和大江南北的建设工地。改革开放后,虽然民间文艺的政治功能在弱化,但将其定性为优秀的传统文化时,其正能量也就苍翠欲滴。

简言之,虽然也有单线进化论等外因的进入,但民间文艺的红火更主要是中国这个历史基体蜕变而产生的"内发性发展",或者说"固有的展开"。与此不同,非遗概念的嵌入则更主要是对国际语境这一外因冲击的回应之果。

联合国教科文组织的《保护非物质文化遗产公约》意在保护人类文化的多样性,但其世界性依旧是片面的。不但唯我独尊的美国没有率先加入该公约,老牌帝国英国同样也迟迟不加入。反之,在世界的东方,中、日、韩、越等国家则痴迷于晋升世界非遗名录。对昔日这一大儒家文化圈留存的有形、无形遗产的争夺,大家铆足了劲儿,明争暗斗,不乏刀光剑影。该地域自古以来就有的"执拗的低音"回响在非遗的战场。

确实,联合国教科文组织的非遗公约的口号是保护世界文化的多样性,有费孝通所言的"各美其美、美人之美、美美与共"的善意。但是,这个多样性究竟是以什么为标准?其圆心是什么?始终都语焉不详。与平等、自由、民主一样,多样性成为了一个不证自明的具有道德优越感的普遍评判。从美、英至今都将自己置身事外，或者大致可以明了这个多样性的参照物在哪里、是什么了。

由此，也就不难理解为何在中国被极力荐举的非遗保护经验主要是日本和韩国的。事实上，正是因为韩国要将其江陵端午祭这个地方性庆典申报为世界非遗名录的这个事件，使得非遗以迅雷不及掩耳之势嵌入中国人的话语体系，并促生了轰轰烈烈、红红火火的非遗运动。原本就意在保护中国文化多样性、丰富性的十套民间文艺集成等有声有色的文化工程、事业随即也就渐渐淡出公众的视野。联合国教科文组织的非遗公约不但是横刀立马的非遗运动的基本旨归，举国上下更是以晋升其名录为幸为荣。

非遗的形式化

20世纪末，十套民间文艺集成工程的践行者首先是低姿态地到街头巷尾、田间地头、炕头灶边去问、听，主动地去采，然后记录、编辑、出版。换言之，对于本质上是自上而下、眼光向下的这场文化运动而言，民间文艺依旧是民间的、民众的。虽然有居高位者遴选、淘汰的机制，但十套民间文艺集成的真实性、客观性反而无声地言说着中华文化的多样性与丰富性。

自上而下的非遗运动也是一场声势浩大的文化清理与自救运动。不仅如此，它还是从底层开始，层层上报、审查、评定的文化运动。悖谬的是，在本质上，这一看似尊重文化传承主体和基层的申报是形式化的。诸如要说清申报项目的起源、传承谱系、具体技术/艺和社会影响/效益等诸多方面的问题。直至新近，申报者必须有挂靠单位，必须提供逼真的图片资料，甚至必须提供5分钟左右的视频才能进入评审环节。

原本地方性、多样性的民间文化的传衍实态经常是随机、随性的，不一定完整与完美。而且，与下里巴人捆绑一处的民间文化经常都是精英文化要改造、教化甚至否定的对象。因此，长期处于草根状态的民间文化，其多数很难有连续性的书面记载，口述的历史常常也是一种残缺的状态。非遗申报书的制度化要求，使得其填报本身就是一个步履维艰、绞尽脑汁的过程。在这个自我梳理也是回望的过程中，没有的要建构出来，可能与评审专家和政府不合拍的内容要切除。最终，在申报环节对一个非遗项目的立体性叙事和言说中，可能表格填写得工工整整，视频也做得美轮美奂，但这实则是将一个原本活态的文化事象纸面化、视频化，也即剥离生活而形式化的过程。

无论是表格、报告书还是视频，这些立体化的非遗申报叙事已经成为一种有着鲜明自我风格的文类，有着不容置疑、千篇一律的形式美学。在申报环节的非遗叙事美学中，因为志在必得，有意迎合上级官员和评审专家的完美、完善是其最高准则。

在叙述起源时，大体尊崇神圣叙事的原则。这又有三个维度：一是要将原本传说中的人物，尤其是创始人坐实，并考据其生平，撰写其家世与家谱；二是夸大原本名不见经传的作为常人的创始者的功绩、伟力，将其虚化，进而神化；三是强调与上层文化，尤其是宫廷文化、帝王将相、文人雅士之间的关联，甚至将大历史叙事中被定格为负面形象的历史人物反转成为眼光独到并具有前瞻意识的文化保护、非遗运动的先驱。

在北京地区不同级别、类别的非遗名录中，完美的神圣叙事随处可见。不少花会都张扬自己的"皇会"历史，将慈禧或光绪纳入其历史叙事中，从而使昔日的旧皇会跻身当下的新"皇会"。太平歌词、双簧的传人分别会强调"抓髻赵"、黄辅臣这些曾经被"老佛爷"召进宫表演过的艺人，并强调这两个原本街头市井的玩意儿之得名就是老佛爷"金口"御赐的；相声传人则会强调"穷不怕"朱绍文的旗人出身、文化水准及其与王公府邸的亲密；中幡传人则言必称宫中的礼部大执事与皇室仪仗队的旗杆；掼跤会直接与善扑营对接起来；"泥人张"会浓墨重彩徐悲鸿1943年写的那篇《过津购泥人记》；"面人郎"会渲染冰心1957年写的《"面人郎"访问记》；"葡萄常"会引用杨朔1955年的文章《十月的北京》和邓拓1956年7月发表在《人民日报》的《访"葡萄常"》。

在叙说传承的韧性时，被正史否定的"文化大革命"一定是叙述的焦点。人们会强调在这举国上下迷狂、混沌的时期，该事象如何被个别不畏生死的人私下里传承，从而延续了丝丝薪火、点点香火。在言其成就和影响时，除说某位传承人的天下无人不知、无人不晓的"大师"身份外，学生、徒弟、治愈的患者或追随者的人数，产生经济效益的钱数、作为文化大使的外出次数、作为文化名人参展参演的次数、获奖的级别等，都纷纷出炉。这样，处于申报过程中的非遗已经被表格化、数据化、符码化。

在决定是否进入评审环节时，下层非遗申报管理机构的工作人员评判的标准首先是这些不同形制文本的完美度。与此大同小异，通常而言，坐在会议室的评审专家也基本是根据这些"完美"文本来评头论足，指手画脚，决定取舍去留。就这样，表面上自下而上的非遗运动实质上是自上而下的。

当然，在地方政府的一把手将申报高级别的非遗提高到政治高度，作为头等大事时，不但会组织临时的班子来负责申报工程，还会想方设法获取高级别评审专家的信息,将之请到现场感受、考察,让专家们对申报大业建言献策。这样,在居高位的评审专家们走、转、改的历程中,获其芳心。必要的话,地方政府还会组织召开专门的研讨会,尤其是尽可能举办能引起媒体关注、报道的国际学术研讨会。在名与利等工具理性的驱使下,要保护的也可能是确实值得保护的非遗沦为大、小名利场和交际场的工具与符号。换言之,看似井然有序、一本正经的非遗申报实际上是职能部门、专家和申报对象的传承主体之间的共谋、共构,并最终形成利益均沾的共享。

在此历程中,不少有着话语权和投票权、行色匆匆的专家同时也就扮演了出纳和会计的双重角色,并在申报环节中加速着非遗的工具化、离地化、形式化与空壳化。原本应该具有为民请命、为民代言、为党与政府建言献策等担当和良知的有机知识分子,却沦为不折不扣的机会主义分子。

在晋级高级别的非遗名录后,作为地方政府相关职能部门的例行性工作,因为有前期人力、物力、财力的大量投入,地方也就有着要晋级后的非遗回报的诉求。理念上,如何让非遗产生更多的社会影响和经济效益是政界、商界、学界以及非遗传承主体都关注的事情。于是,动态传承、活态传承、生产性传承,甚至产业化传承等计谋纷纷出炉。这同样与非遗运动的初衷相背离。

原则上而言,非遗多数是前工业文明时期的文化遗产。这些非遗,是乡土的,不是口耳相传就是手工的或小作坊的,有着精神内蕴,与特定地域的自然地理、社会生态、物产、历史人文、风俗习惯、宗教、节庆等息息相关。要使前工业文明时期的文化事象在工业化、信息化和都市化的当下实现产业化传承,只能对原本想要保护的文化形态进行有预谋、有组织的破坏。即使能成功改进、进行大规模的机器化生产，这些产品也已经不是属于文化的非遗，而是买来后可以轻易舍弃的商品了。然而，在保护声浪中，产业化的生产性传承却是被推崇的主流。在此潮流中，原本"精神性存在"的不少非遗不可避免地被形式化为商品，沦为彻头彻尾的物，或"物化的存在"。

纵然确实无法将之进行类似的形式化，在居上位的精英操作层面，非遗保护的现状也大抵流于形式。在"文化走出去"的主观愿景下，非遗也可能成为迎合都市等他者想象的"被展示的非遗"。上至国家文化部，下至县（区）级的非遗保护单位，在展览馆、博物馆等室内的展柜、墙上，以精美图片以及部分实物为核心内容的非遗展览蔚为大观。只不过，文化部的直属部门可以到欧美国家或港澳台地区办展览，而一般的地方职能部门只能因陋就简地在小范围内办。这样，层层下拨的非遗保护经费有相当一部分也就花费在大小名目的徒有其表的展览上。进而，为了向上级要到更多的钱，也为了能花掉更多的钱，修建非遗博物馆、展览馆、广场等耗资不菲的土木工程也就名正言顺地被提上了议事日程。

除了静态的空间设置与展示，在保护的名义下将非遗形式化的，还有兴师动众动用知名导演、使用声光色电等现代科技手段所举办的在舞台上和镜头前的不同级别的会演、调演。表演性非遗项目原本大多都是仪式性的，幕天席地，是在特定的时间、地点、场域才能举行的，多少有着精神交流和对个体生命、村落、族群祈福的神圣意味。然而，以会演、调演之名，这些基本迎合都市对乡土想象的舞台化、舞台剧式的且随时都能表演的非遗，更在意的是空洞的视觉效果，其操演完全屈从于高清的镜头与对受众想象的想象。

此外，看得见、摸得着的宣扬非遗的举措是诸方都愿意积极参与的。诸如成立传习所、举办传承人培训班、编写书籍、将各种资料数码化、建立非遗数据库，等等。传习所的房子尽可能修建或装饰得宏伟、豪华；传承人培训班尽可能大张旗鼓，山雨欲来风满楼；书籍、光碟的内容不一定上乘，但形式一定要精美；数据库的数据不一定多、全面，也基本不对他人开放，但一定要将之说得大得吓人。在都市，电视台、广播电台纷纷开办非遗节目；图书馆、档案馆、群艺馆、文化馆、文联等各种相关部门纷纷染指非遗；高校等科研机构则建立非遗研究所，将非遗作为一个独立的研究方向，创办非遗杂志或在已有杂志中开设非遗专栏，发表非遗研究论文、出版非遗研究专著，等等。就对某个非遗项目的论文写作而言，也早已形成了历史、现状和政策建议的四平八稳的太极招式。

标准化的隐忧

在形式化的大背景下，在这块文化生态丰富多样的国土上，被不同程度形式化、空壳化的非遗还有着以爱国主义的名义而被标准化、单一化和乌托邦化的隐忧。

在"保卫端午"的号角吹响后不久，以非遗的名义，"保卫春节"之声又高亢响起。以爱国主义、民族主义、弘扬优秀传统文化的名义，这些急于表白、邀宠的吁请者首先将自己放置在道德的制高点。谁要是提出异见，语不惊人死不休的引吭高歌者就会正义凛然地用"你不爱国""欺师灭祖"之类的唾沫星子淹死谁。其实，这不仅是狭隘的国族主义作祟，也是一种可怕的霸王心态和夹杂着虚无主义、夜郎心性的褊狭的文化精英主义。究竟保护谁的春节，保护什么形态的春节，是否要全国人民过一样的春节，都不置一词。

"保卫春节"有着名实不符的窘境。不仅如此,已经"保卫"成功,晋级联合国教科文组织非遗名录的端午节反而出现了一些危险的信号。众所周知,中国的端午节进入该名录是湖北秭归、湖南汨罗、湖北黄石和江苏苏州四地联合申报的结果。之所以要这四地联合申报,在国家层面看重的就是四地有着差异性的端午节的典型性。秭归是屈原的诞生地,汨罗是他殉难之地。两地端午节紧紧与这位伟大的爱国主义诗人联系在一起,自然而然,合情合理。苏州是伍子胥曾生活过的旧地,那里的端午节也天然与伍子胥联系在一起。

虽然都在湖北,黄石的端午节却与屈原的关联不多。它的主色是持续40天的原本有"厘头会"之称的神舟会。作为西塞山前道士洑村的地方性庆典,神舟会的主旨是通过净化、布施等手段,祈福、禳灾、驱瘟、除恶、祛病、求子、联谊。正是因为申报非遗,神舟会被定格为"官名"。不仅如此,在官民的合力下,原本在神舟正仓的"(送子)娘娘"将正位让给了屈原,而退居神舟后仓。在2005年以来的当地的官方叙事中,祈祷丰收、健康、村庄安宁的神舟会被言语化为悼念屈原、弘扬爱国主义精神和以热爱祖国为荣的端午节。

2015年6月,地方政府与相关的职能部门合作,在黄石举办了规模盛大的"中国端午节节俗与屈原文化学术研讨会"。在会上,虽然还不是主流,但已经有了这样的声音:屈原是伟大的爱国主义诗人,为什么端午节还有纪念别的人物的说法?端午节就应该只许提屈原。这样伟大的爱国主义者不纪念,我们纪念谁?

这样"义正词严"的声音是高亢的,也是阴森可怕、张牙舞爪与狰狞的。对于当下生在长在都市中国的大多数人而言,端午节已经简化为粽子和龙舟两个符号了,也即所谓"奶奶的丝线,爷爷的船"之类亲情化的表达。原本五彩纷呈的起源传说都被定位于一格而标准化,更别提有些地方端午节划的不是龙舟,而是凤舟,甚或根本就不划龙舟。如此这样,不远将来的端午节或者就只能举办屈原诗会了!

其实,形式化本来就直接指向的是标准与标准化。不符合某些基本的标准,再有特色的文化事象也只能在非遗这个条条框框明确的体系之外。如果再有爱国主义、民族主义这样被盗用的"大词"作为虎旗,蒙蔽、胁迫、绑架众人,越来越同一的标准化的非遗也就指日可待了。

当然,无论是形式化还是标准化,都不是非遗运动的全部。何况,从管理、操作层面而言,形式化与标准化有着不言而喻的合理性、便捷性。但是,无论从哪个方面而言,谁的非遗、谁的多样性应该是非遗运动中时时警醒的问题。究竟是谁赋予了我们将"非遗"非遗化的权力?我们究竟是在向被命名为"非遗"的东西索取什么?是在切实地保护那些被称之为"非遗"的文化并使之有益于地方的文化生活吗?有益于传承、享有它的人群的日常生活而增强他们的幸福感吗?

晋升到高一级的非遗名录中的文化越来越多,保护、传播的手段也越来越多样,冠之以非遗名目的展览、会演也越来越多。可是,我们的文艺事业似乎并未见繁荣多少;他文化主动将我们当下的文艺请进去的事儿更是寥若晨星。事实上,弥漫在我们身边更多的是对文艺贫瘠的焦虑。

党和政府早就意识到生态环境对国计民生的重要性。1971年1月26日《人民日报》第5版和同年3月11日《人民日报》第6版都曾刊文批评美国的环境污染,将污浊的空气、河流视为"美帝国主义一天天烂下去"的标志。1999年3月9日,《北京晚报》的头版头条就有"绝不让污染的大气进入新世纪"的大幅报道和誓言。这是政府的远见和国家对人民的承诺。该篇报道前面还有引题:"近期,国务院将专门审议北京治理大气污染的目标和对策"。然而事实是，14年后，在2013年7月10日《参考消息》中，有中美学者突破性研究发现"雾霾缩短中国北方人五年半寿命"的醒目报道。2014年1月18日，人民网时政上有"北京市长：治不好雾霾提头来见"的军令状，并配有官员们胜券在握的轻松淡定和盈盈笑意。

所有的这一切似乎都是严肃的语言游戏！

2015年12月7日晚些时候，为了应对后续3天的重霾，北京市的中小学幼儿园不得不首次因为雾霾而放假了。这可以看作是对花朵的关爱，也可以看作政府防霾治霾的决心与有效举措。12月9日，《环球时报》的头版整版都是关于"首次拉响最高级警报 被赞展现治理雾霾决心"的"北京'红色预警'引世界热议"的报道。

肆虐地侵袭、腐蚀着肉身的霾，如此步履轻盈，悄然无声。它向世人证明了自己的强大，所向披靡，如同一个挥之不去的梦魇，一个荒诞的寓言。将霾与非遗相提并论或许有些牵强，但一个指向人身，一个关系人心。因为人，二者有了难分彼此的相关性。这或许是一个绝配的隐喻：霾与身，非遗与心。形式化与标准化就如同本意在于要保护文化多样性的非遗的雾霾。果真如此，如果不警惕萦绕在非遗周围的雾霾，那非遗运动同样有可能环环相扣地成为梦魇、寓言、笑话抑或一幕幕滑稽剧。

话又说转来，身心真的必须同步前行。古语云："皮之不存，毛将焉附？"可是，皮要真的没了，毛有啥用？

（原文刊载于《读书》2016年第3期）

粽子与龙舟

一

作为生活节律中的节点,春节、清明、端午、中秋等任何一个传统佳节都是中华文明的整体性呈现。儒家的亲情伦理、慎终追远、尊老爱幼,道家的道法自然、顺势而为、天道行健、以柔克刚无不蕴含其中。在不同民族、不同时代、不同地域,这些节庆的时长、仪式、形态等外在形式千差万别、丰富多彩,而且远播海内外。这也是在韩国江陵端午祭之后,湖北秭归、湖南汨罗、湖北黄石和江苏苏州四地的端午节能以"端午节"之名成功地申报为联合国教科文组织"人类非物质文化遗产代表作名录"的原因所在。

上述三省四地的端午节各有特色,主要是围绕屈原、伍子胥等历史文化名人而展开的,有着能够得以系列阐释粽子、龙舟等节庆"关键符号"(key symbols)或者说标志性符号的传说故事。但是,粽子、龙舟这些得到越来越多认同并有标准化倾向的关键符号显然不是大江南北端午节的全部。[①]早在1926年,江绍原在《端午竞渡本意考》中

---

① 分别参阅黄石:《端午礼俗史》,东方文化书局1963年版;陈连山:《话说端午》,上海外语教育出版社2008年版;冯骥才:《我们的节日·端午》,宁夏(转下页)

明确提出：起源于送灾的竞渡"本是一种用法术处理的公共卫生事业"。在该文的首节，他直接提出了"竞渡是吊屈原吗"这样尖锐的问题，并进行了否定性的回答：

> 我以为我们从《荆楚岁时记》的记载，可以看出：（1）此俗实在比屈原、伍子胥、勾践三人都早，但是（2）后来吴、越、楚的人又都想把这个风俗归到本国的某一位大人物身上去。三地的人的地方主义，已经够讨厌；我们既然不是楚人之后，为什么要特别替屈原捧场？①

显然，经过近百年的发展演进，当中国全面进入信息化时代、技术世界时，尤其是在21世纪以来申报和保护非遗的浪潮中，端午节出现了更倚重于以屈原为依托的粽子、龙舟等关键符号，而日渐标准化、趋同化、简约化。

二

因应不同时代、地域、人群以及特定的社会语境，尤其是节庆的主要仪式活动，端午节有着众多别名，是中国传统节日中名称最多的一个。诸如五月节、端五节、端阳节、重五/午节、菖节、蒲节、龙舟节、粽子节、天中节、地腊节、诗人节、女儿节，等等。

（接上页）人民出版社2008年版；刘晓峰：《端午》，生活·读书·新知三联书店2010年版；宋颖：《端午节：国家、传统与文化表述》，商务印书馆2016年版。
① 江绍原：《江绍原民俗学论集》，上海文艺出版社1998年版，第206页。

从根本而言，端午节是因人们对自然时令转换的理解而生的一个节日。在更多的地方，它是人们面对即将来到的炎热夏天举行的一种群体性的"过关礼"。换言之，在相当意义上，端午的关键在于"季节的交替，夏至即将到来，固民众要举行各种予以准备和应对的季节性仪式"。①

"端午节，天气热；五毒醒，不安宁"，故五月又有"恶月"之称。《荆楚岁时记》有言："五月俗称恶月，多禁忌曝床荐席及忌盖屋。"因此，端午节又形成了一系列除瘟避毒、祛邪的节俗。艾蒿、菖蒲、桃枝、朱砂、雄黄、五彩/色缕等都是端午节常见的节日用品与物饰。是日，人们在门前系朱索、贴五毒符、张天师像、钟馗像，在门窗插艾叶、挂雄黄袋，把蒲剑、桃枝放在床边，用兰汤沐浴，喝雄黄酒、艾酒，给小孩佩戴香囊、穿五毒衣、老虎肚兜、系五色丝缕，等等。从而祈求小孩健康成长、祝愿老者延年益寿。

这也是至今包括有名的嘉兴粽子在内，人们习惯性用五色线捆系粽子的原因。当然，端午节的节令食物不仅仅是粽子，会因地方物产而异。周作人的《儿童杂事诗·端午》写道："端午须当吃五黄，枇杷石首得新尝。黄瓜好配黄梅子，更有雄黄烧酒香。"

除了采取种种措施防护，人们还会在端午采药、制药并用药。② 这在曾经长期共享相同历法的东亚，尤其是中、日、韩三国有着相当的一致性。③

早在汉代，就有"蟾蜍辟兵"的说法。在成书于北魏的《齐民要

---

① 李亦园：《宗教与神话论集》，立绪文化1998年版，第322—346页。
② 周星：《本土常识的意味：人类学视野中的民俗研究》，北京大学出版社2016年版，第102—129页。
③ 周星：《东亚的端午：以"药物"为中心》，《中原文化研究》2014年第5期。

术》中，有五月捉蛤蟆制药的记载。后来，不少地区都有端午捉蛤蟆之俗，主要是在端午这天收蛤蟆，刺取其沫，制作中药蟾酥。在杭州，过去人们还给小孩子吃蛤蟆，以求消火清凉、夏无疮疖。这一土法在去年福建乡野还有人实践，导致孩子中毒，被权威的央视"探秘"。此外，有的地方人们还会在端午这天往蛤蟆口中塞墨锭，悬挂起来晾干，做成蛤蟆锭，以之涂抹脓疮。

在北京，有"癞蛤蟆躲不过五月五"的谚语。明人的《长安客话》有载，太医院的御医会在端午这天派遣人到南海捕捉蛤蟆挤酥，再将其合药制成紫金锭。有一年，干这活的人敲锣打鼓，彩旗飘飘，大张声势地列队前往。看不惯的人就写诗讥讽，云："抖擞威风出凤城，喧喧鼓吹拥霓旌；穿林披莽如虓虎，捉得蛤蟆剜眼睛。"官方带头捉蛤蟆延续到清代。王士禛的《居易录》说："今端阳节，中官犹于端门鬐内造紫金锭，是其遗制也"。在续上述事迹的同时，《闻史掇遗》还专门提及有人只刺蛤蟆一只眼睛的善行，云："……以针刺其双眉，蟾多死。吾乡朱公儒为院使，俾两眉止刺其一，蟾虽被刺得活，后遂因之。"

明代，赴南海子捉蛤蟆取酥的官人的具体手法，《帝京景物略》也有载："针枣叶刺蟾之眉间，浆射叶上，以蔽人目，不令伤也"。1929年出版的《民社北平指南》中还有这样的句子："亦有纳古墨于蟆腹，向日晒之，谓其墨可疗疾，故有'癞蛤蟆脱不过五月五'之谚语。"

对于女性而言，端午同样是个特别的节日，所以才有"女儿节"的别名。早在明代，五月初一到初五这数日，京城家家户户都会把小女孩打扮得玲珑剔透，出嫁的女儿也会在这几天回娘家。打扮闺女时，人们要用石榴花，使之尽态极妍。沈榜的《宛署杂记》云："燕都自五月一至五日，饰小闺女，尽态极研。已出嫁之女，亦各归宁，俗呼是日为'女儿节'。"《帝京景物略》还专门提及这几天人们打扮闺女要用石榴花,所谓"家家妍饰小闺女,簪以榴花"。同时,该书还提及,京城人五日群入天坛避毒、吃粽子、南耍金鱼池,西耍高粱桥,东松林,北满井等习俗。到康熙年间,以女儿为中心的端午节俗一如既往,人们不仅用石榴花装扮闺女,还给女儿佩灵符。同期的《大兴县志》说:"五月五日,悬蒲插艾,幼女佩灵符,簪榴花,曰'女儿节'。"《百本张岔曲·端阳节》云:"五月端午街前卖神符,女儿节令把雄黄酒沽,樱桃桑葚,粽子五毒,一朵朵似火榴花开端树。一枝枝艾叶菖蒲悬门户,孩子们头上写个王老虎,姑娘们鬓边斜簪五色绫蝠。"

《北平风俗类征》抄录的关于过去北京端午的风俗条目[①]另一重要的内容就是对小孩健康的关爱。

富察敦崇的《燕京岁时记》有载:"每至端阳,闺阁中之巧者,用绫罗制成小虎及粽子、壶卢、樱桃、桑葚之类,以彩线穿之,悬于钗头,或系于小儿之背。古诗云:'玉燕钗头艾虎轻',即此意也。"让廉的《京都风俗志》也有相似记载:

> 人家妇女,以花红绫线结成虎形、葫芦、樱桃、桑葚及蒲艾、瓜豆、葱蒜之属,以彩绒贯之成串,以细小者为最,缀于小儿辫背间。或剪纸,或镂纸,折纸做葫芦蝙蝠卍字各式,总谓之"福儿",杂五色彩纸以衬之,总谓之"葫芦儿"。妇女买通草小虎、草绒福儿,带钗簪头上。至初五日,惟神符福儿留之,其葫芦等物,尽抛街巷,谓之"扔灾虫"。是日小儿额上,以雄黄画"王"字,又以雄黄涂小儿鼻耳之孔,谓如此,夏月能避诸虫,亦有饮雄黄酒者。

---

① 李家瑞编:《北平风俗类征》,商务印书馆1937年版,第72—78页。

在《民社北平指南》中,端午节期间巧妇秀女的作为与上述文字同,只不过"葫芦儿"有了"长命缕""续命缕"等别名。

虽然近些年北京的端午节期间有了应景的端午诗会,但是过去北京的端午节俗显然与屈原基本没有关联。事实上,在辽金元时期,北京端午节俗是以国家祭天仪式为中心,并具有演武性质的射柳、击球等竞技;明清以降,北京的端午节日益世俗化、家庭化[①]。随着社会的发展、时代的演进,与不少端午习俗消逝不同,因为现代民族国家的建构,赛龙舟、吃粽子反而日渐盛行大江南北。由此,在当下的中国,用"奶奶的丝线爷爷的船"[②]来指代端午节也就大体可行。

需要追问的是:为何不是别的,而是"奶奶的丝线"——粽子,和"爷爷的船"——龙舟,指代了原本内涵丰富、复杂多变的端午节?

三

鸦片战争以来,在各色精英的引领下,时刻感受到阵痛的"老大"中国以西方列强为标杆,或者以明治维新后的近邻日本为楷模,持之以恒地沿着工业化、机械化、技术化的步伐前行。洋务运动、戊戌变法、辛亥革命都是这样一路走来。1949年后,大政方针依旧是效仿苏联,率先发展工业。在这一绵延不绝的机械、工业、科技至上的发展诉求中,与农耕文明相连的文化、生产生活方式、知识成为了需要抛弃的负担、需要斩断的脐带,是负面的,有了迷信、愚昧、落后、封

---

① 萧放:《北京端午礼俗与城市节日特性》,《华中师范大学学报(人文社会科学版)》2012年第1期。
② 葛冰著、李莉绘:《奶奶的丝线爷爷的船》,中国少年儿童出版社2015年版。

建等种种污名化的标签，是要革命的对象。四个现代化、乡村城镇化、乡土中国都市化等大政方针、基本国策都是以"科学技术"为核心。因此，一直到今天"科技是第一生产力"的巨大命题并未有多少人质疑，并导致了文化也要成为生产力、软实力、核心竞争力的次生命题。如憋足了劲儿的在弦之箭，离弦之后的箭——文化，浩浩汤汤地迈向资本化、产业化的伟业、宏图。

21世纪新兴起的对传统文化的再审视与重新定位，尤其是非遗的申报与保护运动，貌似是对此前文化"革命"逻辑的反动，实则在相当意义上延续了这种逻辑。因为，只有有"遗产"资格的文化才能申报与保护，在申报之前就必须筛查掉不具有遗产特征的那一部分，要将最能展示中华民族传统美德、勤劳智慧也即"高大帅""白富美"的那一部分呈现在世人面前，让世人瞻仰、称贺、进而膜拜，终止于资本化与产业化。即使说这个筛查和自我审查（阉割）的过程不是一个革命的过程，至少也是一个简约化的过程，也即传统意义上的去粗取精、去伪存真、变俗为雅。

正是在这个简约化过程中，在良莠并存、雅俗比肩的整体性社会事实面前，不同层级非遗申报的具体操作者不约而同地都选择能彰显正价值、正情操、正能量的部分，或者对之进行调试、整编、整改，强行去除地方性的"上不得台面"的符号，嵌入被霸权话语裹挟的有着道德优越感的正面符号。进而，将原本在地化、世俗功利化、个体化的大小非遗剥离原有的生活场景、传衍人群，使之飞地化、博物馆化、舞台化、视频化。这一携带横暴权力的普化模式也就成为非遗运动的底色与软肋。因为都与伟大的爱国主义诗人屈原或主动或被动的关联在了一起，吃的粽子和划的龙舟也就自然而然地在端午节中凸显了出来。

关于端午节的缘由，有多种说法。如起源于祭祀伍子胥、孝女曹娥等，在北中国还有起源于祭祀介之推的说法。今天，流传最为广泛的端午节起源传说是纪念战国时期的伟大诗人屈原。当然，最晚在唐代，就有了端午源于屈原的说法。文秀的《端午》诗云："节分端午自难言，万古传闻为屈原。堪笑楚江空渺渺，不能洗得直臣冤。"才华横溢的屈原不但怀才不遇、报国无门，反而遭到怀疑、诽谤、放逐，终至自沉于汨罗江。传闻，龙舟竞渡是为了打捞屈原。打捞无果，往水中投粽子是为了让水中鱼类不伤害屈原尸身。这即大江南北端午期间赛龙舟、吃粽子这些端午节俗的由来。

现代民族国家是以民族主义、爱国主义为双拐的。正是这两个基石导致了在中、日、韩三国各自"一国民俗学"框架体系内，对有着同源的端午实行文化民族主义资源化，并努力使之成为各自国家现代国民文化的重要依托。以民族主义和爱国主义为名，自然而然膜拜英雄。虽然伟大诗人屈原"愚忠"的是楚国和那个明显昏聩的楚王，并因为历代王朝尊儒的关系而成为历史上一个"执拗的低音"[①]，但其身上天然地将现代意义上的民族主义和爱国主义集于一身。于是，此前就有一定声名的屈原这个历史符号在20世纪初叶"打倒孔家店"的革命性总体语境中，被重新定义、诠释，有了更多的文化正统性、道德感和正义感。只要与他进行了有效的勾连，被黏合的事物就具有了不可置疑的威权。

即使不是作为节令食物，因应冻库、冰箱等冷藏术和当下快捷的交通物流，粽子很容易被产业化、资本化。何况，它确实还有节庆的文化传统与日渐趋同的缅怀忠君的伟大爱国主义诗人的文化起源？所以，作为节庆文化工业化、产业化的成功案例，年产值数亿的"五芳

---

① 王汎森：《执拗低音：一些历史思考方式的反思》，生活·读书·新知三联书店2014年版。

斋"有了夸示的现代意义。在此粽子工业的突飞猛进中,五色丝线虽然还是五色丝线,但其与五毒、恶月、保幼护幼爱幼的文化内蕴、内价值已经没有多少关联了。

因为有竞技、强身健体等再生点,即容易顺势举办规模化、集团化的赛事,龙舟竞渡也就成为重整端午节庆的另一亮点与由头,使端午不但具有了现代意义,还有了可具体操作的实践价值和规模效应。①与粽子一样,背后支撑的文化逻辑依然是对忠君的伟大爱国主义诗人屈原的缅怀。但是,在赛事化、表演化、展示化的演进中,原本社区性的洁净禳灾和整合社区、凝固邻里的内价值不是位居末路,就是日渐萎缩、无足轻重,甚至滋生一个地方、一个群体内部因追名逐利而被撕裂的危险。

自从荣登国家级非遗名录以来,湖北黄石西塞神舟会名声日隆,关注研究日多。②原本有"厘头会"之称的神舟会,时长达40天,可清楚地上溯至清朝道光年间。它是以道士洑村为核心,民众自发组织、自愿参加的,通过净化、布施等手段祈福、禳灾、驱瘟、除恶、祛病、求子、联谊的大型民间祭祀活动。

20世纪80年代,厘头会改称为"龙舟会"。21世纪以来,不但因应申报非遗,这一大型民间祭祀活动有了"神舟会"的官名,原本在神舟正仓的"(送子)娘娘"也主动将正位让给了屈原,而退居神舟后仓。③2005年,在入选国家级非遗名录之前,有神舟会会首参与的宣传资料明确宣称:

---

① 高丙中:《民间文化与公民社会:中国现代历程的文化研究》,北京大学出版社2008年版,第207—217页。
② 吴志坚:《西塞神舟会》,湖北美术出版社2011年版。
③ 宋颖:《端午节:国家、传统与文化表述》,商务印书馆2016年版,第226页。

神舟会祈祷丰收、健康,悼念屈原,弘扬爱国主义精神的宗旨,与现在提出的"八荣八耻"中的第一项"以热爱祖国为荣"相符合,有现实意义,我们要办好纪念的神舟会,让这个民俗瑰宝闪烁出新的光芒。

2006年,名列国家级非遗名录之后,西赛区区委宣传部明确表示要在保护民俗文化的同时,建设社会主义先进文化,即,"借神舟会列为非物质文化遗产的契机,进一步挖掘这一民俗文化的内涵,逐步剔除封建迷信色彩,加强西塞龙舟会的管理,做好宣传保护工作,着力打造民俗文化特色品牌。"

顾颉刚对孟姜女故事的研究,是想力证"历史是层累构造"的假说。[1] 换言之,顾颉刚通过孟姜女故事传衍的例子要说明,后人不停地对发生在过去的事——简约的历史——的添加、涂抹与虚饰、演绎形成了当下眼花缭乱、层峦叠嶂的"历史"——复杂的历史。端午节正在发生的演进似乎给我们提供了历史演进一条相反的路径:从"复杂的历史"到"简约的历史"。

(原文以《粽子与龙舟:日渐标准化的端午节》为题,刊载于《中原文化研究》2016年第2期)

---

[1] 顾颉刚编著:《古史辨》第一册,朴社1933年版;顾颉刚:《孟姜女故事研究及其他》,商务印书馆2014年版。

家国土地

一

将土地与女人联系在一起，是人类社会长期固有的思维方式。至今，不仅是诗人才子，乡野村夫都还习惯性地将大地比作母亲。天父、地母是众多族群架构其世界、宇宙的基本词汇。在讲实在、实用，不语怪力乱神的儒家文化那里，在天、地之后还加上了君、亲、师的字眼，做成了芸芸众生顶礼膜拜的牌匾。鲧禹治水中的"息壤"则以神话修辞术表明土地变化、增产的能力，补天的女娲娘娘抟土造人更明言人类本身就是源自泥土。在久远的过去，甚至是殖民者肆虐之初，人类一度还曾在田地以自己的交媾或模拟性行为促进大地丰产。在詹姆斯·乔治·弗雷泽爵士（James George Frazer）那里，这被称之为"交感巫术"。

总之，在人类文明史相当长的一个时期，土地都是活的，是有生命的，是被人尊崇、敬拜、效仿的。我们的传统文化也不例外。只要是破土动工，有可能惊动、伤及土地，人们就有不同的告罪或请求大地宽恕、恩赐的仪式。立春时，在各级官吏主导下，官民一道鞭打春牛。修建房屋、道路、桥梁等破土动工的日子，不但要请专人择期，还要祭祀土地。朝廷在京城则专门修建有祭祀土地的地坛、社稷坛，肃穆庄严也神秘。慢慢地，有生命的土地也被赋予灵性，并进一步拟人化，那就是大江南北皆有的土地爷。一家有一家的土地，一村有一村的土地。土地庙不但守护村落，也成为人出生、死亡后报庙"上户口"和"销户口"的地方，成为生死两界的关隘和人们日常生活有机的一环。

关于土地爷，不同地方又滋生出了很多的传说故事。更为有趣的是，尽管是相对晚近的事情，不少地方的人们还是按照自己的生活习惯，怕土地爷寂寞，给土地爷找了个老婆——土地奶奶，并将他们夫妻一同供奉。但是，因为土地爷太多了，也太寻常了，人们对土地爷的恭敬反而减弱了。如《西游记》中叙写的那样，不仅仅是顽劣、天不怕地不怕的泼猴孙大圣，稍有神通的妖魔鬼怪都可以把"土地老儿"从地下提溜出来玩耍、叱责、奴役一番。

随着地产经济在事实上成为国民经济的龙头，随着传统文化是遗产的话语定位，在发展经济、保护文化遗产等新的语境下，土地敬拜在当代社会也与时俱进，发生了相应的转型，但城乡还是异途。在城市，早已香消玉殒的土地庙中的土地爷和土地奶奶借尸还魂，直接转化为现实社会中实实在在的人，或大权在握的官，或财大气粗的商，或又有权又有钱的官商-商官。这些人要么是人上人，要么被主流媒体欲说还休、欲盖弥彰地贬斥为阶下囚、替罪羊。在大小城市，有着财神爷、慈善家、爱国人士等多幅面孔的"房地产商-地王-土地爷"还在层出不穷——即使说不上日新月异。对土地交换价值、商品价值的看重，使得官商对土地的推崇达到了无以复加的程度，并引导大众加入到迷狂的行列，心甘情愿地被房地产附身。当然，这不是对土地的敬拜，而是利用、揉捏与践踏。

在乡村，淳朴的乡民则借用"优秀文化遗产"这一霸权话语，重新陷入"戊戌变法"以来"毁——修——再毁——再修"的循环链条，趁机修复土地庙，烧烧香，磕磕头，报报庙。物质生活充盈的乡民的心智似乎依旧如同"迷信"的先祖！

二

何为"土"？《释名·释天》云："土，吐也，能吐生万物也。"换言之，土就是能吐生万物的大地母亲。

与现在人们强调个体能力而藐视天地的"顶天立地"不同，先秦时期的人们常将地与天联结一体，尊天亲地。《礼记·郊特牲》中说："社，所以神地之道也，地载万物，天垂象，取财于地，取法于天，是以尊天而亲地也。故教民美报焉。"《孝经·援神契》云："社者，五土之总神。土地广博不可遍敬，故封土为社而祀之，以报功也。"祭天与祭地-社也就成为古代两项最重要的祭祀活动。对于社的祭祀，《礼记·祭法》明确记载了其阶序层级："王为群姓立社曰大社，诸侯为百姓立社曰国社，诸侯自立社曰侯社，大夫以下成群立社曰署社。"

又因为《左传·昭公二十九年》中有"共工氏有子曰句龙，为后土。后土为社"这样的句子，后人就常常认为社即后土。到汉武帝时，已经出现"后土皇地祇"，并被奉为总司土地的最高神。在今天的口语中，"后土"还总是与"皇天"相连。作为地方神祇，后土皇帝或后土奶奶在今天的河北、山西广有供奉，香火旺盛。这是关于土地敬拜中取中间的一路，与朝廷的土地敬拜和普通乡民的土地敬拜并行不悖，形成了乡土中国对土地敬拜的三种互补的基本生态。

在官方,对土地的敬拜衍化到后来的最高级别就是将对社神敬拜和五谷敬拜合为一体的社稷坛敬拜。汉代的《白虎通》卷二"社稷"有言:"人非土不立,非谷不食。土地广博,不可遍敬也;五谷众多,不可一一祭也。故封土立社,示有土尊。稷,五谷之长,故封稷而祭之也。"因为在农业生产为根本的年月,二者事关国家命脉,于是汉语中"社稷"与"江山"一道常常意指国家。明清两朝,帝王对社稷坛的修护、敬拜也就格外看重,并允许地方州府修建社稷坛。大大小小的社稷坛也就成为中华帝国晚期一道耀眼的人文景观。

始建于明永乐十九年(1421年)的北京社稷坛是国内规模最大的社稷坛。该坛呈方形,高三尺,用汉白玉砌筑。坛面东、西、南、北、中五个方位分别铺以青、白、红、黑、黄五种颜色的土——"五色土",象征五行,也表示"普天之下,莫非王土"。坛中央有一土龛,明清时立有代表社神的石柱和代表稷神的木柱各一根,后二者合为一石柱,即"社主石""江山石",意为"江山永固,社稷长存"。明清时期,每年农历二月和八月,皇帝便率领文武百官前往祭祀社稷,祈祷丰年,声势浩大,惊天动地。

辛亥革命后,或许是革命者要表达彻底推翻封建帝制的雄心,地处北京的这个皇家祭坛经改造后,成为最早一批向市民开放的公园之一。1914年的"双十节",社稷坛正式对市民开放,时称中央公园,后易名为中山公园并沿用至今。在《四世同堂》中,老舍笔下那位运数不是太好,但又不太安分、胆大妄为,终日以色事贼的"美女"冠招弟就是在这个公园练习滑冰、赶时髦的。如今,中山公园里的社稷坛仅仅是见证北京这座国际化大都市历史悠久的风景,官民两界都少有人敬拜,发思古之幽情凭吊了。

三

与皇家把持的社稷坛的庄严肃穆且不乏神秘不同，和绝大多数乡民的日常生活融为一体的土地爷是亲民的、多能的、和善的，也是敬拜者可以控制和欺负的。"土地老腾空——神气（起）来""土地爷被虫蛀了——自身难保"等歇后语和"黄酒白酒都不论，公鸡母鸡总要肥——尽管端来""多少有点神气，大小是个官儿——独霸一方"等对联，都说明了土地爷在神祇世界中的低微和敬拜者的任性。

学者们一般都将土地爷的前身与古代的"社神"联系在一起。这既因为《风俗通义·祀典》的相关表述，也因为清代翟灏《通惜编·神鬼》有"今凡社神，俱呼土地"的断语。康熙五十六年（1717年）修订的台湾《诸罗县志》亦云："中秋祀当境土神，与二月二日同；祈秋报也。四境歌吹相闻。为之社戏。"

至明代，土地神已遍及全国乡村。桥头土地、栏头土地、灶头土地、田头土地、山神土地……名目繁多。在不同的地方，人们对土地爷有不同的称谓，如土地公公、田公，直至直接简称土地。根据文人士子的记述，在不同的地方有功于家国、地方的名人纷纷进入当地土地神之列。三国时蒋子文曾经是南京的土地神，汉末的祢衡曾经是杭州瓜山的土地神，南宋岳飞也曾是杭州太学的土地爷，"文起八代之衰"的唐人韩愈则成为清代翰林院的土地神，江苏吴县人曾将汉代的朱买臣、南朝的顾野王奉为土地。

当然，在曾经村村都有土地庙的岁月，一般的乡民并不知道土地爷是何许人也。但是，在乡民生活中，匿名的、低等级的土地爷却是不可缺失的。死人了，无论是在出殡前还是出殡后，人们都要到土爷那里报丧，注销死者的"户口"。生小孩了，人们先要到土地爷那里报到，给孩子"上户口"。在山西平定，当一个小孩子生病迷糊不醒时，家里长辈就会出面，乞灵于土地为之招魂。在闽台，土地爷还身兼财神。那里的商家有"作牙（迓）"的习俗，即在农历每月初二、十六，祭拜土地公，又称"牙祭""作祃"。二月二日叫作"头迓"，十二月十六日叫作"尾迓"。是日，商家为了答谢员工一年的辛苦，要请吃"尾牙"宴。在有些地方，人们会将男女双方的生辰八字贴压在土地庙的香案下，看两人八字是否相合。早已家喻户晓的凡人董永与七仙女的良缘就是位卑的土地爷促成的。

四

　　土地爷为何有了老婆？2003年5月，在河北赵县的一个村子，我听到这样的释因传说：村子里，很长一段时间都有女人诉说夜里有男人翻墙入室，极尽骚扰之能事，入室的男人很像村边土地庙里的"土地"。但是，谁也不敢得罪神灵。便有聪明人出了个主意，在土地爷旁边恭敬地塑了一尊土地奶奶。从此，再没有发生过以前女人们所说的事。有趣的是，在地处东南的福建，同样不难听到类似的故事。只不过女主人公不是匿名的多数女性，而是大富人家的千金小姐。因为土地爷夜夜都来缠磨，使得这个千金很快面黄肌瘦，魂销玉殒。就在骨瘦如柴的闺女临死前道出实情后，不愿意闺女死后守寡的财主将闺女许配给了土地爷，把闺女的塑像安放在了土地爷旁边，成了名正言顺的土地奶奶。

　　如同凡间一样，在不同地方，不同的土地奶奶有着不同的命运。

传闻湖北油坊张沟的土地爷好赌，经常和小张沟的土地爷赌博。结果，油坊张沟土地爷把自己的老婆输给了小张沟土地爷。输掉老婆的油坊张沟土地爷整日愁眉苦脸。村民见状，就到小张沟把油坊张沟的土地婆给抬了回来。当然，小张沟土地爷不同意，拿不出钱的油坊张沟土地爷只好让小张沟土地爷再把自己老婆领走。次日，油坊张沟村民又去把自己村子的土地婆抬回来，可晚上又被领走，如此反复三天。油坊张沟村民无法可施，只好让自己村的土地爷打光棍了。

与油坊张沟土地爷把自己老婆输掉不同，宁波的土地公则是因为自己老婆愚笨，错误执行自己的指令，愤而休了老婆。当然，也有故事夸赞土地奶奶聪明的。大江南北广为流传的"大风顺河刮，别叫穿梨园。白天太阳晒晒盐，晚上下雨浇浇田"这句俗语就是如此。传闻当土地奶奶回娘家时，不同的人到庙里来为了自己的事祈求土地爷保佑，一个要刮风，一个不要刮风，一个要下雨，一个不要下雨。就在土地爷一筹莫展时，晚上回来的土地奶奶就用这句俗语给夫君吹枕边风，巧妙地解决了难题。

可是，无论与特定村落相应传说中的土地奶奶是愚笨抑或聪明，因为土地爷的卑微，土地奶奶整体上都没有更好的命运。民间更多的俗语都是在不遗余力地贬损这位女神，如：土地奶奶戴花——老来俏，土地奶奶放屁——好神气，土地奶奶跟王母娘娘比美——天地之别，土地奶奶和玉皇爷结婚——远亲，土地奶奶坐月子——养神，等等。甚至这位神祇的女儿也成为嘲弄的对象，认为土地女儿嫁了玉皇，就是攀高枝，一步登天了。

虽然今天的大中城市基本都没有土地爷和土地奶奶的身影，但在地产经济处于龙头地位的年代，媒体爆料出靠不法手段倒买倒卖土地而发横财的"土地奶奶"或者"土地爷"却越来越多，如湖南郴州的杨秀善等。当然,这是一个随心所欲、语义错乱的时代。无论是在媒介帝国还是坊间里巷,热衷于在内地捐资做善事的霍英东、李嘉诚等也都有着"土地爷"的美名。

五

尽管城市中的土地庙这个建筑实体早已荡然无存,但人们还依然有着零星的记忆。在重庆,根据老人回忆,曾经有位于现五一路自立巷内街道转角处的总土地,有千厮门顺城街石壁之上灵验异常的鸡毛土地,有校场坝土地,有铁板巷和复兴巷交汇处的黄葛土地,有新华路长江索道附近的双土地,有解放西路即原三牌坊的矮土地和三牌坊广东会馆侧面的倒坐土地,有五福街的窍角土地,有朝天门信义街的三层土地,等等。

在北京,供普通市民敬拜、报庙的土地庙也不少。在清末民初,土地庙庙市与白塔寺、隆福寺、护国寺一道名列京城四大庙市。这座至今都在旧京人心目中留有些痕迹的土地庙在宣武门外下斜街(原名槐树街)南口内路西,据传始建于元朝。清末民初,人们常将这条街直接称为土地庙斜街。这座土地庙原有大殿三层。然而,从有庙会起,三层大殿只剩前面一层殿,内供土地爷、土地奶奶。清末每月逢三开庙,民国后则改为阳历每月逢三开庙。只不过到了20世纪30年代,对土地的敬拜已经锐减,逐渐转化为纯商业性的集市。《同治都门纪略》中的《都门杂咏·土地庙》云:"柳斗荆筐庙市陈,布棚看遍少奇珍。缘何游客多高兴?眼底名花最可人。"富察敦崇的《燕京岁时记》有载:"月之逢三日,聚于南城土地庙,凡人家具用等物,靡不毕具,而最多者，鸡毛帚子，短者尺余，高者丈余，望之如长竹茂林。"20世纪50年代，土地庙西的空地修建了宣武医院，土地爷夫妻的住地也彻底沦为大杂院。

与都市土地庙不可能重建的境况相反，不少乡村的土地庙则名正言顺地得以重建。2010年，山东枣庄东龙头村村民自觉积极地参与到当地土地庙的重建潮流中。在六株古槐的拥庇下，手扶拐杖的土地爷在重修好的土地庙内正襟危坐。村人的重修碑文有下述文字：

> 神祠历经沧桑之变，年久失修，毁圮殆尽，已夷为平地，其遗址仅存"槐抱椿"等老树六株，实难秉承殡葬之祭，益难慰藉逝者之亲。故重修土地神庙，诚为村民之夙愿也。今逢盛世，党恩浩荡；政通人和，社会安定。为尊崇民间风俗习惯，尊重宗教信仰自由，传承古代传统文化，不悖先人懿德，不负后人懿行，村民自行发起，重修土地神庙。兹议一出，杂然相许；慷慨解囊，众心成城。祈望土地之神安位，并广施恩露，荫庇众生，泽及百世。使一方百姓，安居乐业，家和事兴；人丁兴旺，财运亨通；四季安泰，福寿康宁。特镌石立记，以润后昆。

曾经尊贵的社稷坛已经完全失去往日的尊贵了。但无论是建还是毁，土地庙中的土地爷从来都没有离开过我们，甚至建构、规训、主导着我们的日常生活。当今，不论是因应经济的名还是文化的义，换脸后的土地敬拜又一次主宰了我们的生活。以前的土地敬拜似乎是因为理性缺失的"迷信"，今天的土地敬拜则是赤裸裸的追名逐利的理性选择。迷信与理性的界限在时空位移中错乱、消融了。事实上，静默的土地本身并没有什么变化，变的是我们人自己，是我们迷失的心性与膨胀的欲望。

　　生态越来越糟糕,这是不容置疑也令人绝望的事实。于是,生态移民成为政府"惠民"的仁政。但是,在大西北轰轰烈烈的生态移民浪潮中,无论是民还是官,抑或生态专家,并未表现出多少对土地的敬畏之心。以让生活更美好为名,土地继续被忽视,更多的土地可能继续被破坏。

"箭垛"之山

"箭垛式的人物"是胡适的发明。他将黄帝、周公、包龙图都视为此类人物,即"有福的人物"。为什么有福呢?因为上古很多重要的发明,被后人追加到了黄帝身上;中古的许多制作,被归到了周公身上;无论是载于史书还是在民间流传,许多精巧的折狱、侦探故事大都被推到了包拯身上。由此,胡适贴切地给"箭垛式的人物"下了个描述性的定义:"就同小说上说的诸葛亮借箭时用的草人一样,本来只是一扎干草,身上刺猬也似的插着许多箭,不但不伤皮肉,反可以立大功,得大名。"①

以此观之,从自然之山到人文之山,从自然美景到神山圣地,庙祀"天仙圣母碧霞元君",民众俗称"老娘娘"的"金顶"妙峰山,同样是一座"箭垛式的山"。随着时间的推移,人们在不断地赋予其新意,而且越聚越多,越积越厚。

一

由于地处京郊,学界很早就关注、记述、研究妙峰山庙会。清末

---

① 胡适:《胡适文存三集》,黄山书社1996年版,第329页。

以来，妙峰山庙会的正日子在农历四月初八，会期从四月初一至十五，持续半个月。1925年四月初八到初十，受北京大学国学门风俗调查会的嘱托，顾颉刚、容肇祖、容庚、孙伏园、庄严一行五人，前往妙峰山进行了调查。由于仅仅申领到五十元的调查经费，他们目的明确地对当时被社会舆论视为"迷信"的妙峰山庙会的调查也就只有三天。调查者之一的孙伏园时任《京报副刊》主笔，他们五人撰写的报告也就开始在同年5月的《京报副刊》中以"妙峰山进香专号"陆续刊出。因为还从社会上征集到一些稿件，始于5月13日的专号历时半年方告结束。1928年，在《京报副刊》上刊载的这组专号，经顾颉刚编辑后，在广州由国立中山大学语言历史学研究所出版。自此，妙峰山在学界成为了一个响当当的名字。

事实上，在顾颉刚等人前往调查之前，金勋、奉宽等有心人早就对妙峰山进行了卓有成效的记述。在顾颉刚的力推下，奉宽的《妙峰山琐记》作为国立中山大学"民俗学会丛书"之一种于1929年出版。在为之写的"序"中，因对其翔实而"汗颜"的顾颉刚不乏赞美之词："把我们出版的《妙峰山》和它一比，显见得我们的质料太单薄了。我惊奇世上竟有这样一本正式研究妙峰山的著作；我又欣喜世上竟有这样一个注意民众信仰问题的学者！"然而，不容否认的是，正是顾颉刚一行学界精英"破天荒"式的考察、书写，眼睛向下的身体力行，妙峰山才成为智识界的一个话题，成为学术界的一根常青藤。

在顾颉刚等调查、书写妙峰山的20世纪20年代，其基本语境是与启蒙、图强相伴相生的反迷信语境。因此，在"《妙峰山进香专号》引言"中，顾颉刚不得不对可能存在的明枪暗箭率先予以回应，"预先拟出一个答辩"。在这个自问自答的答辩状中，顾颉刚强调自己一行的调查目的，一是为教化民众的社会运动，二是为了研究学问，要实现这两个目的,都只有先直面"民众的生活状况"。换言之,他们试图发现被一刀切地视为"迷信"的朝山进香可能有的正向价值。这也就是在抄录了百余个香会的"会报子"后,顾颉刚总结出的也是被后人反复征引的观点:从妙峰山的香会可以看出国家的雏形来,即民间社会的自组织能力与风范。

因为顾颉刚本人在学术界的身份地位和他因拓荒而有的垂范性,与之同时代的其他人关于妙峰山的写作常常被有意无意地忽视。这既包括顾颉刚本人力助出版的《妙峰山琐记》,也包括稍晚些时候魏建功等人对妙峰山的调查和记述。1929年,在顾颉刚直接呼召、号令下,魏建功、罗香林、周振鹤、佩弦等人对妙峰山庙会进行了"回访"式的调查。客观而言,此次调查将顾颉刚一行四年前的调查推进了一大步。遗憾的是,这些调查成果仅仅是作为《民俗》69—70期合刊"妙峰山进香调查专号"(1929)的形式刊行,并未出版专书,流传范围同样有限。

时隔七十余年之后,在20世纪晚期,当学界再次将目光投向妙峰山时,相关的研究成果也就成井喷之势。作为其中的佼佼者,吴效群在当时盛行的国家与社会的二元话语中,运用巴赫金的狂欢化理论,审视、细读了妙峰山。其专著《妙峰山:北京民间社会的历史变迁》(2006)也是继顾颉刚编著的《妙峰山》之后,又一本关于妙峰山研究征引度颇高的著作。借助他捕捉到的历时性经验事实的建构,吴效群将妙峰山描画、阐释为民间社会有意营造的"紫禁城"。

与八九十年前的情况雷同,因为吴效群研究的盛名,近十多年来关于妙峰山研究的不少新著并未引起足够的重视。2002年,王晓莉完成的博士学位论文,《碧霞元君信仰与妙峰山香客村落活动研究——以北京地区与涧沟村的香客活动为例》,就尝试在村落的日常生活世界中观照、审视妙峰山与老娘娘。稍晚,在孙庆忠的指导下,中国农业大学的数届本科生、研究生不遗余力、前赴后继地对妙峰山进行了持续数年的调查,先后结集出版了《妙峰山:民间文化的记忆与传承》(2011)、《妙峰山:香会组织的传承与处境》(2011)、《妙峰山:香会志与人生史》(2013)。在保护、传承非遗的大语境中,这些大多数来自外省的青年后学观察、叙写着自己眼中的妙峰山、香会与信众的生命史。

作为学术界的常青树,美国学者甘博(Sidney David Gamble)、韩书瑞(Susan Naquin)、日本学者樱井龙彦以及法国学者范华(Patrice Fava)等,都在不同时期对妙峰山基于自己的学科立场、兴致和视野展开过研究与记述。2006年,范华拍摄完成的妙峰山庙会的纪录片,更是以引人眼球的"妙峰山庙会——四百年的历史"为题。此外,作为被他者视为研究对象的妙峰山庙会的实践者、传承者,如今已经在妙峰山金顶被勒石立碑称颂的"香会泰斗"隋少甫(1920—2005),在其生前也出版过《京都香会话春秋》(2004)等专书。

这样,妙峰山香火的兴衰起伏不仅与社会变迁有着明显的关联,不同时期精英阶层或直接或间接的观照、参与、写作也多多少少影响到妙峰山庙会的生态与形态,并被叠加进了多重相互含括、交互感染而成互文的意涵,直至"学科之山"成为射向妙峰山这个"箭垛"的强劲有力的金箭。

改革开放后,既是出于对历史的尊重,也是为了进一步提高妙峰山的知名度与影响力,为老娘娘的香火助燃,从而增产创收、繁荣地方经济,除张罗组织花会联谊会之外,妙峰山镇政府和妙峰山景区管理处特别重视与学界的合作,诸如:积极配合国内外学者、高校师生的调研,联合高校、科研院所等学术机构、协会团体召开学术会议,资助出版关于妙峰山的学术专著,等等。作为新生的景区和庙会的管理机构,妙峰山景区管理处这些具有远见卓识的举措,为在日后非遗运动中,妙峰山庙会成功晋级第二批国家级非遗名录积攒了资本、奠定了基础。

1995年,在顾颉刚等人调查妙峰山70周年之际,在妙峰山行政区划归属地的门头沟举办了首届"中国民俗论坛"。时年,已经92岁高龄,有"中国民俗学之父"之称的钟敬文先生和82岁高龄的著名语言学家马学良先生不但亲自参会,还于5月7日一同登上了金顶。两位长者的壮举,让与会者振奋无比。也就是在这次会议上,妙峰山之于中国民俗学、民俗学者的重要性被强化,甚至定格,成为一座无可厚非的"学术圣山":

> 自从1925年(民国十四年)顾颉刚等人对妙峰山民俗进行实地考察后,妙峰山就不再仅仅是民众信仰的中心,它早已成为中国民俗学者心目中的一块圣地,或一面旗帜;妙峰山也不仅仅是中国民俗学田野调查的象征,而且已成为中国民俗学者推动事业发展的情感动力之源。①

长江后浪推前浪。2005年5月8日,在召开纪念顾颉刚等妙峰山调查80周年学术研讨会之际,在寸土寸金的金顶之上,妙峰山景区管理处与中国民间文艺家协会、中国民俗学会、北京大学、北京民间文艺家协会和门头沟区文联联合竖立了"缘源"碑,即"中国民俗学调查纪念碑"。通过立碑的这个群体性仪礼,妙峰山作为"学术圣山"的

---

① 刘锡诚编:《妙峰山·世纪之交的中国民俗学流变》,中国城市出版社1996年版,第330页。

理念被具化、固化与硬化，万古流芳。碑文如下：

> 北京仙山首属妙峰明末建娘娘庙清康熙帝敕封金顶庙会规模甲于天下每年阴历四月初一至十五有来自全国及海外数十万香客朝顶数百档香会进香献艺公元一九二五年四月三十日至五月二日北京大学顾颉刚携庄尚严孙伏园容庚容肇祖到妙峰山考察庙会民俗活动开中国现代民俗学有组织的田野调查之先河为震动学术界之大事件此后北大清华燕京中山数所大学联合组团来此调查十多个国家数十位学者以妙峰山为研究中国民俗之首选地有多名后学青年以妙峰山民俗研究为博士硕士论文选题获得学位妙峰山被誉为中国民俗学研究之田野大课堂民俗知识宝库数十年来妙峰山民俗文化之研究方兴未艾一九九五年首届中国民俗论坛在此地举办数十位国内外著名民俗学者云集于此以妙峰山民俗为切入点研讨中国民俗学之发展二零零五年数十名学者再次会集于此进行民俗研讨八十年来妙峰山与中国民俗学结下不解之缘成为中国民族民俗文化的一方宝地妙峰山民俗研究对弘扬中华民族文化构建和谐社会大有裨益值此妙峰山民俗学调查八十周年之际立石于妙峰山金顶以纪念前辈对中国民俗学所作出的不朽贡献
>
> 公元二零零五年五月八日

因应这些"事件"，在妙峰山景区管理处的对外宣传以及媒体一年一度关于妙峰山庙会的采访报道中，缘源碑文中原本公允、持平之言常常被无限夸大，甚至简单地将妙峰山说成是"中国民俗学的发源地/发祥地/摇篮""中国民俗文化的发源地"。作为北京重要的报纸，《北京青年报》2014年10月20日A07版的《明年妙峰山庙会将举办文化论坛》的开篇就是:"作为中国民俗学发源地的妙峰山明年庙会期间将举办首届文化论坛,以恢复其重要的文化历史地位。"直到2016年11月,百度百科中"妙峰山娘娘庙会""妙峰山风景区"和互动百科中的"妙峰山"诸多词条都有上述大同小异的断语。

这些经不起推敲的"日常表述"与媒介写作,与成为国家级非遗的妙峰山庙会之间因果循环。2014年以来,在金顶巨大的宣传展示牌"妙峰山传统民俗庙会国家级非物质文化遗产"中,共有六支追加给妙峰山的小金箭。其中,除国家级非遗这个牌匾没有争议外,连同"妙峰山被誉为中国民俗学研究的发祥地"在内的其他五支小金箭大致都是孤芳自赏、坐井观天的硕果,经不起推敲,它们分别是:"妙峰山传统民俗庙会是华北地区规模最大的庙会""妙峰山庙会是民间自发形成、自筹自办、自营自治的庙会活动""妙峰山庙会与其他地区的香会组织比较,在目的和行为方式上有很大的不同""善会茶棚——文会,是妙峰山的独创"。

除"学科之山"这支金箭之外,在发展地方经济、非遗运动的语境之下,射向妙峰山这个箭垛的大大小小的金箭还有很多。这既包括"金顶"释名、抗战的"正义之山"这样劲道十足的小金箭,也包括与"香/花会之山"互现的"泰斗之山"这样令人瞩目、驻足的大金箭。

二

在中国诸多名山中,很多名山的山顶都俗称"金顶",如武当山金顶、峨眉山金顶、贵州梵净山金顶,等等。在北京,均庙祀老娘娘的妙峰山和丫髻山都竞相自称"金顶"。就近一百多年的情形而言,妙峰山金顶的盛名显然压过了丫髻山金顶,以至于人们经常也会倒过来说"金顶妙峰山"。对于京畿之地的相当一部分人而言,"金顶"就是"妙峰山"的等义词,"朝山进香"也常说成"朝顶进香",或者直接简称为"朝山""朝顶"。

关于妙峰山"金顶"得名的由来,吴效群将既往的陈说归纳为三类:其一,自然成因说,因为夕阳照射的山顶呈金黄色;其二,册封说,即可能是康熙或乾隆册封的;其三,京城镇物说,按照五行五方的观念,妙峰山在京西,西方庚辛金,得用金做镇物,所以妙峰山有了金顶之名。进而,以上述陈说为基础,吴效群做出了"一种更符合中国民间文化特点的猜测":妙峰山"金顶"名号的由来,"既可能是皇朝参与的原因,也可能是人们对它们香火极其旺盛的一种敬仰性表达,更可能是两种原因兼而有之"。[①]

在相当意义上,为俗说"金顶"的正名,也就是向这座圣山插射金箭的过程。与此同时,人们也在强调这座圣山在政治史、革命史等大历史中的正位。如同有名的狼牙山、太行山等一样,妙峰山同样被表述为一座"抗战之山"、张扬正义之山。相传,当年在日寇飞机轰炸时,山上通往灵感宫路边的一棵松树,救了当年在此抗日、后来出任北京市市长的焦若愚,抑或某位抗日战士的性命。成为景区之后的妙峰山,一度还专门在这棵"救命松"旁边竖立木牌宣扬此事。被固化和展示的俗说顺理成章地成为金顶这个地方的"正史",被反复向他者展示与讲述。在这些雨点般的金箭中,与"学科之山"同等重要的是和"花会之山"珠辉玉映的"泰斗之山"。

[①] 吴效群:《妙峰山:北京民间社会的历史变迁》,人民出版社2006年版,第42—46页。

如今，作为国家级非遗，妙峰山景区管理处在组织、举办一年一度的妙峰山庙会时，或打"民俗"牌，或打"传统"牌，或打"非遗"牌，或打"休闲观光"以及"祈福"牌，不一而足。然而，无论打哪种牌，基本都是以可以大张旗鼓宣传的或老旧或新生的花会（香会）表演为主色的。反之，对于信众在灵感宫内老娘娘塑像前一如既往践行的，与个体日常生活、生命历程紧密相关的叩首敬拜、抽签解签、许愿还愿等人神交往的仪式基本三缄其口。正是因为管理方、操办方"婉饰"妙峰山庙会之宗教性内核的这一策略，原本"为老娘娘当差"、娱神并极具表演性的"幡鼓齐动十三档"等花会，对于今天的妙峰山庙会更加重要莫名。

改革开放后，因应生活节奏的加快、拜金主义的盛行、都市生活方式的弥漫渗透，完成"日常生活革命"的都市民众的价值观念也骤然转型。昔日一心一意为老娘娘当差的花会传承也面临困境。虔诚而耗财买脸的"朝山进香"变为多少要谋求名利的多向度的"行香走会"，诸如：庆寿、走红白局，参加店铺、公司、单位的开张、周年庆等庆典，参加不同级别的会演、展演、竞赛，甚至纯粹的公司化运营，等等。在非遗时代，虽然围绕妙峰山老娘娘的绝大多数有些年月或有特色的花会基本上都成为了不同级别的非遗，也有了进校园传承的尝试，但完全无法从根本上改变后继乏人的窘境与香会整体性的颓势。[1]

花会这种外热内冷的现状，使得妙峰山金顶之上的管理组织者不得不屈尊下山，与重要花会的会首礼尚往来，及至随份子参加会首家的红白喜事，以换取来年会档的上山。正是在一定意义上代表老娘娘

---

[1] 张青仁：《行香走会：北京香会的谱系与生态》，中央民族大学出版社2016年版，第107—116页。

的管理者与艰难维系花会运转的会首互惠交往的总体语境中，最终出现了官民合力对"香会泰斗"的命名、称颂和勒石立碑于金顶的盛举。在琳琅满目也是不折不扣的"花会之山"这支耀眼的金箭之外，妙峰山又多了支"泰斗之山"的金箭。

在述及当下被"圣化"的"香会泰斗"之前，有必要回溯与金顶妙峰山关联紧密的另一位"人神"——王三奶奶。传闻，京东人氏（亦说天津人）王三奶奶本是位老娘娘虔诚的信徒，因修行而成神。每月初一、十五，她都前往金顶妙峰山上香。平时，她为人扎针、瞧香治病，无不奇效，远近闻名，生前就被信者视之为神。根据周振鹤 1929 年的调查，至晚在民国四年，坐化后的王三奶奶已经享有了香火，信众还为她在金顶妙峰山建起了小庙，塑上了神像。民国十二年，还有善人在那时同样庙祀老娘娘的位于今石景山区的天台山为王三奶奶修建了行宫。

1925 年，顾颉刚在妙峰山看到的王三奶奶尚是"青布的衫裤，喜雀窠的发髻，完全是一个老妈子的形状"。仅仅四年后，周振鹤在妙峰山看见的王三奶奶已非"老妈子"模样，而变为菩萨了："头上戴着凤冠身上披着黄色华丝葛大衫。脸带笑容，肤色像晒透的南瓜蒂腹，红中带黄，盘膝坐。像高约五尺。"周振鹤也注意到，信众为了强调王三奶奶由人成神的真实性，在王三奶奶的塑像边还摆放了其真容："用黄铜镂成的一座屏风式的镜框里面，嵌着一张在丁卯年摄得的六寸半身的灵魂照片。"在庙会现场，还有了《妙峰仙山慈善圣母王奶奶平安真经》《灵感慈善引乐圣母历史真经》《慈善圣母王奶奶亲说在世之历史大略》和王奶奶的表牒、印章在传播、使用。不仅如此，几乎每个香会在灵感宫内老娘娘前上过表牒之后，就立马到王三奶奶殿叩首焚表。面对王三奶奶几乎与老娘娘分庭抗礼的盛况，周振鹤感叹道，与老娘娘"抢生意"的王三奶奶大有后来居上的势头,从而为老娘娘鸣不平。①

抗日战争的爆发,使得在妙峰山几近于并驾齐驱的老娘娘和王三奶奶都没了香火。与此不同,在抗战期间受日寇侵扰稍小的丫髻山,老娘娘和王奶奶的香火依旧照常,并明确地成为京城内外"四大门"信众的上级神灵。②无论怎样,在20世纪20年代,金顶妙峰山都浓烈地上演了乡土宗教中"奉人为神"③的社会剧。虽然已经过去了近百年,具体情形也大相径庭,但上述这种将凡人"非人化"抑或说圣化、称颂的现象仍然出现在了当下的妙峰山,并且是官民合力的结果。

确实,隋少甫对改革开放之后妙峰山香会、庙会的重整居功至伟。1983年元宵节,中华人民共和国成立前就随"万里云程踏车老会"朝过金顶妙峰山的隋少甫在崇文区的南岗子小胡同组织了四档花会表演,观者如堵。借重隋少甫,崇文区文化局1984年春节在龙潭湖公开举办了花会表演,1987年组织了"龙潭湖全国花会大奖赛"。1990年妙峰山庙会期间,在金顶的庙宇尚在重建修复时,隋少甫就带了十个会档朝山。这些辉煌的经历和壮举,使隋少甫生前在北京花会界就牢牢地树立了"龙头老大"的权威地位。在他过世后两年,即2007年,在金顶的缘源碑近旁,北京市崇文区文联民间花会委员会、北京市崇文区文化馆和妙峰山景区管理处联合为其竖立了"香会泰斗"碑,以示"永世追念"之志。差不多与缘源碑同等大小的香会泰斗碑,开创了近四百年来在金顶核心区为个人——凡夫俗子——立碑、命名的先河。

---

① 周振鹤:《王三奶奶》,《民俗·妙峰山进香调查专号》1929年69、70期合刊。
② 李慰祖:《四大门》,燕京大学法学院社会学系学士论文,1941年,第102—108页。
③ 岳永逸:《行好:乡土的逻辑与庙会》,浙江大学出版社2014年版,第166—171页。

2015年,在隋少甫逝世十周年之际,他的众弟子不仅带领自己的会档在香会泰斗碑前献艺表演、追念恩师,还有徒弟在碑前举行了自己的收徒仪式,亦有诚起的会档举行贺会仪式。时过境迁,王三奶奶的香火早已今不如昔。虽然只是一块石碑,也没有八九十年前的王三奶奶那样有分抢老娘娘香火的可能,但是随着上述这些仪式不时的操演,香会泰斗碑与其永世追念的"泰斗"的神圣性也将递增。事实上,隋少甫这个人已经俨然成了当下妙峰山香会界以及北京香会界的"祖师爷"。对于隋派香会而言,因为这块巍然耸立的香会泰斗碑,原本公共开放的金顶也就有了几分私人空间的色彩。除感恩的心之外,这一切的有序进行,都是因应着文化、遗产的名,老娘娘也懂事地退居幕后。

此外,与当代都市子民的生活观念相适应,妙峰山景区管理处始终同步强化着妙峰山"美丽神奇"的自然属性,以增加庙会会期之外的游客。2008年庙会期间,在金顶悬挂的巨幅宣传画就是以"美丽神奇的妙峰山"为题。其宣扬的主旨,完全是当下都市人认同的"亲近自然,享受生活"的愿景,并分设了"春赏桃花""夏看玫瑰""秋观红叶"等多个版块。

无论是作为一种历史观,还是一种历史研究方法,顾颉刚"古史是层累造成的"与胡适"箭垛式的人物"都有异曲同工之妙——剥去层层的面纱,求真。然而,就近百年来的妙峰山的演进而言,虽然有着从老娘娘、王三奶奶到香会泰斗的历史演进,但之于特定的历史语境、社会事实与群体心性而言,老娘娘、王三奶奶和香会泰斗都有其或形而上或形而下的真实性。换言之,无论是"箭垛妙峰山"还是"层累的金顶",如果抛弃"以今审古"的立场,即不是从果来推因而是从因推果,我们就会发现历史的相对真实性。此时,马克·布洛克所言的"历史事实在本质上是心理上的事实"①也就有了更多的信度。

或者,对于"箭垛妙峰山"抑或"层累的金顶"而言,2008年金顶之上的那幅宣传画上的诗歌《妙峰山颂》进行了最为精当、凝练又饱含赤子之心的总结,云:

> 京西群山深处,
> 有一个古老的圣母殿。
> 金顶苍松傲雪,山谷潺潺清泉;
> 民俗文化交汇三香,一秉虔心广结福缘。
> 啊!美丽的妙峰山,神奇的妙峰山。
> 多少人为你向往,
> 多少人为你感叹,
> 你那不朽的民俗丰碑将世代相传。
>
> 京西群山深处,
> 有一个古老的娘娘庙。
> 香客祈福纳祥,百姓乐业安康;
> 玫瑰争艳香飘四海,特色旅游富裕农庄。
> 啊!古老的妙峰山,世代的妙峰山。
> 多少人为你讴歌,
> 多少人为你祝愿,
> 你那不熄的民俗之光将永远辉煌。

---

① 〔法〕马克·布洛克:《历史学家的技艺》,张和声译,北京师范大学出版社2014年版,第159—160页。

轻学术的自我救赎

一

新近,严优书写中国远古神话谱系的力作——《诸神纪》,广受好评。

严优,这位近年来声誉鹊起,曾经荣获《中国作家》新人奖、冰心儿童文学佳作奖的女作家,实际上是一位学者型作家。她本科毕业于北京大学中文系,研究生则是在北京师范大学专攻中国民间文学。作为一位有着专业训练的作家,写出受到老、中、青三代都喜爱的神话专著,就有着其必然性。那《诸神纪》究竟是怎样的一本书?魅力何在?

虽然古代中国的神话是碎片化式的,但仍然有着海量的文献需要去耙梳、阅读,更不用说20世纪以来官方和民间搜集到的大量的口传文本。因此,没有甘心坐冷板凳的文案功夫,没有大胆的取舍、超强的逻辑思维能力和游刃有余的表达力,要在一个基本合理的架构中轻快地讲述、叙写五彩纷呈的中国神话都是不可能的。显然,对神话有着多年浓厚的兴趣,广泛阅读和思考,并也给自己闺女持之以恒讲述中国神话的严优,具备这些条件和能力。

就框架而言,《诸神纪》分为上、下两篇。上篇主要是以黄河流域为主的中原系,下篇主要是黄河流域之外的非中原系。中原系又按照时序,依次是创世时代、大母神时代与男神时代。男神时代又按照三皇五帝排序。五帝之后还讲了中原大天神的终结者,帝喾。下篇主要按地域来分述神系,诸如西边的西王母和昆仑山神系,东边的帝俊、羲和等东夷神系,西南的廪君、蚕丛、杜宇等古巴蜀神系,南边的东皇太一、东君、云中君、湘君和湘夫人等南楚神系。此后,还就特色明显的女神和少数民族神话各写一章。这样,在有限的篇幅内,《诸神纪》将中国神话的基本风貌井然有序又详实地呈现在了人们面前。

如何在纷繁复杂且碎片化的中国神话中建构出一个谱系,是个仁者见仁、智者见智的事情。冒天下之大不韪,严优这一大胆的开创性工作之目的只有一个:让更多的国人知晓在中华大地上千万年来流传的这些蕴藏着先民智慧的优秀传统文化。

当下,无论是基于文献的梳理,还是田野调查,不同类型、厚薄不一的中国神话集已经很多很多。然而,除了专业的研究者,这些花费大量精力的神话集很少有人问津,大抵是在图书馆的一角"蒙尘",未有编辑者初想的"救世"功效,也未掀起多少阅读的热望。为了克服这个蒙尘的魔障而能流传开来,《诸神纪》对这些系列神话的叙写、讲述也进行了创新性的尝试。即,每个单元分为了导言、故事、掰书君曰、原文出处和插图五个版块。

导言是引子,三言两语,有话则长,无话则短,主要介绍某个神话的基本主旨。故事,乃每个单元的核心、重中之重,是严优对这些可能散见于典籍或乡野的神话故事的当代译写,抑或讲述。换言之,这一部分也可以视为是作家严优的"神话新编"。虽然是新编，这些篇幅适中的神话故事，语言优美、活泼，接今天的地气，不但可读，还可听，在有着散文诗般玲珑剔透与精致的同时，又有着民间故事的俏皮灵动、朗朗上口，还未丢失神话固有的丰富想象以及伟岸、高远和让人心生敬意的庄严肃穆。

掰书君曰、原文出处和插图三个版块都是围绕新编的故事而来，但又自成体系。在掰书君曰部分，作家严优明显加重了她自己作为神话学者的比重，主要是给大家分享她对这个神话的认知与诠释，还包括学界对这个神话有些什么研究成果、有哪些点可以商榷与探讨等，对话色彩浓厚。很多当下的，包括网络用语、流行词汇，学界一些新的观点，她都能手到擒来，融入自己的解读体系，推心置腹，娓娓道来。这样，虽然是试图导引读者明白这些神话故事背后的意涵以及文化逻辑，掰书君曰丝毫没有学术写作的苦涩、枯燥，反而是写出了不同读者会各有所获甚或会心一笑的剧情，俨然一幕幕曲径通幽、暗香藏袖又跌宕起伏的小剧。像后羿、嫦娥、河伯、宓妃等多角的情爱，就典型地呈现出严优式的"神话学"或者说"神话美学"。

原文出处，则几乎是一个严谨的学者的工作。它将与新编神话故事相关的典籍记载，当然是相对集中和主要的文献资料之原文——列举出来。这样，原文出处在与故事、掰书君曰之间形成一种互文性关系的同时，也供读者检阅、审视，从而在写作与阅读之间，在作者、古人、神祇、读者之间形成交互感染与叠合的对话关系。如果说"故事新编"更适合于母亲读给婴幼儿听，适合于中小学生直接品读，那么掰书君曰和原文出处就更适合于青年人、中老年人玩味了。一千个读者有一千个哈姆雷特，无论是引起读者的共鸣还是引发读者的冲突甚或反感，同时呈现自己创作、文献和理论视点的严优，都坦坦荡荡，可圈可点。

让人称道的插画则是男女老少读者通吃。这些增强视觉效果的插画，与或抒情或说理或纪实的文字并驾齐驱，让《诸神纪》有着连环画般的轻漫、欢快又不失其谨严、庄重。因此，别出心裁的这些插画，绝不仅仅是简单地为了调节视觉的审美疲劳。插画实则又分为两个序列。一是历代典籍中有的，以小幅呈现的绘像。通过这些绘像，即使不读文字，这些流变的绘像也大致勾勒出了相应神祇在中华文明长河中的演进历程。另一个序列是每个单元都有的新创的彩画插页。就其原创性、一体性而言，严优搭档七小的这些绘画创作，同样是同类体裁的书籍以及影视作品扮相上未曾有过的。没有对神话人物本身的理解，没有对中华文明更多的参悟，这些插页彩画的神圣感、宗教性，尤其是其直击人心的冲击力是不会那样强烈的。如同年画，这些彩页插画的颜色浓烈，却艳而不俗，反而增强了插画的磁力，有着百看不厌的美感。

在轻阅读时代，无论对于作者、出版人还是读者，一本能让人手不释卷而读下去的书就是好书。在这个意义上，图文并茂、深入浅出成为当代好书的必备条件。毫无疑问，《诸神纪》都做到了。

二

"轻学术"是严优自己对《诸神纪》的定位。何为"轻学术"？不是学术书，却又有着学术的味道；妙趣横生，却又处处隐藏着机智与理性；图文并茂，又不花里胡哨，反而典雅清透。这种通俗和学术之间的中间状态、过渡状态的取径，绝对是危险的。但正如所呈现的那样，处处有着创新的《诸神纪》做到了，并获得了成功。

对于神话的重述方式，通常有两种路子：一种是强调科学性、资料性而所谓学术的路径。即，强调神话的原生态，要求全方位一字不落地记下讲述的每个细节、甚至音量的高调强弱以及表情等等。另一种方式是改编或创编，即结合具体时空以及受众的接受期待，叙述者或讲述者按照自己的理解进行文学加工，以求让神话更易于让时过境迁的生活在当下、眼前的人们接受、理解甚或传承传播。在具有道德优越感的科学主义路径的规训下，整个20世纪对中国神话的采录，"忠实记录"的前一路径始终都是主流。反之，任何有违"真实"的改、编、创都会被人不同程度地质疑、诟病与批判。然而，哪怕是同一个神话讲述者对同一神话的讲述，每次都不可能完全相同。在这个意义上，口头流传的活态的、原生态的神话，都是流变的，同样是有意识的创编之果。

正是因为这些认知，严优根据自己的美学追求，对神话大胆地进行了洋溢着时代气息的"新编"。基于早年作为一个聆听者、阅读者、研习者的经验，当下将自己主要定位为作家的严优认为，对简洁却恢宏壮阔与诗情画意浑然一体的神话阅读，应该是兼具崇高与优美的审美体验。所以，她对新编的神话力求在文学性的描述和简洁之间找到平衡，且不违背神话要解决宇宙、人类和文化一些根本性问题与人类童年期的幼稚与朴拙等基本的美学特征。

这种变通与灵活是当下多数在高校、科研机构从事学术研究的人难以做到的。学者们习惯的是引进某个理论，或创设某个阐释模式、范式。对于如何将纯理性的认知亲力亲为地变得浅白通透以让更多人了解，要么是不愿、不屑为之，要么是心有余而力不足。在此意义上，自我解放和释然的严优是幸运的。她的神话学是一个没有镣铐的舞者在天地间的随风起舞，酣畅淋漓，如痴如醉。这种基于严肃的态度、充分的准备，而对自由的追求、对时代的敬畏、对读者的尊重，使得《诸神纪》俨然一本"大家小书"。

三

如果将《诸神纪》的出现，跳出狭隘的神话或神话学的圈子进行审视，我们就会发现这本书的出版和受到读者的青睐，有着更为深远的象征意义。本旨在于让更多世人了解并热爱中国神话的《诸神纪》，不仅是一种文化自觉的表现，它还承载着一位作家对中华文化的自救意识。甚至从其前言、后记，我们也能感受到通过对该书呕心沥血的写作，具有浓郁家国情怀的严优，也在相当意义上完成了她的自我救赎。如果考虑到其变动不居而游离在体制外的身份，将严优力图弘扬中国神话的写作称之为"民间"对传统文化的自救运动也未尝不可。

在当下要弘扬优秀传统文化的大语境下，神话显然是其中无可置疑的一个部分。无论东西，对于一个特定族群或者一个特殊的文明体而言，主要意在解释天地万物起源和族群生发、演进的神话，作为一种智慧抑或思维，都具有独一无二的不可替代性，有着本雅明深度诠释的"光晕"。与古希腊罗马神话的谱系相对简明和因为基督教的横扫而基本藏匿在书籍中不同，在中华大地上传衍的神话是多源共生、多元一体的，而且还是活态的。然而，中国神话的传承始终面临着一种受抑制的不利局面。

在儒家思想大行天下的时代，神话，尤其是中原系神话不是被历史化，就是被伦理化。千百年来，碎片化、边缘化是远古神话在精英文化中的常态，虽然皇帝们为了强调自己"君权天授"的合法性而在循环往复地炮制着新的神话故事。鸦片战争以来，因落后挨打而求自强的总体语境，又长期使得对本土文化的污名化成为一种革命性的姿态。在相当意义上，不同时期知识精英倡导、实践的启蒙、运动以及革命，都是以西方为标杆的。周作人一直热衷于翻译推介希腊神话，以至于20世纪50年代，童痴般的他还在做这些事情。对周作人而言，希腊神话是美的，文学的，是有创造想象力的。反之，本土的神话，神话中的很多神祇，也是在大江南北的庙里被民众供奉的这些神祇，则被结结实实地贴上了"迷信"的标签。为了反对所谓的迷信，神话也成为了破除迷信和庙产兴学运动要革命、抑或改造而被株连的对象。所以，尽管在20世纪二三十年代，包括茅盾在内的很多学者都在写神话学，但这些拓荒者们更喜欢译述西方的理论，征引西方的例子。

换言之，对本土文化的自贬、自毁在这一百多年是一以贯之的。这使得在今天，当官方突然说要恢复传统文化、弘扬优秀的传统文化时，与百姓已经惯性接受的关于传统的观念之间有着相当大的错位，甚至裂缝。其实，就政府主导的非遗运动的名与实而言，也有着语言的遮蔽术，有着欲说还休的尴尬。虽然甘肃、河南的伏羲女娲祭典都已经名列国家级非遗名录，但无论是申报文本还是申报成功后的媒介报道，都基本屏蔽了老百姓向女娲娘娘求子等仪式实践。这样的状况，同样不利于古典神话的再生与传承、传播。

另一方面，远古神话作为一个"武库""弹药库"，其元素、符号又接二连三地被《花千骨》《三生三世十里桃花》等当代流行的影视剧断章取义地恣肆使用，成为其取悦大众而"吸金"的遮火皮，成为功利主义与消费主义主导的快餐文化的工具与策略。因为其基本的卖点还是"白富美"女演员的脸蛋、三围，男主角的"高富帅"与"小鲜肉"属性，当然还有煽情的狗血剧情。看似传承神话的当代"神话剧"这些乱象，实则也是促使严优为神话正本清源而进行"轻学术"写作的动力之一。

或许是出于一个现代自立女性的直觉与敏感,严优曾经直言不讳地指出,这些形式上是大女主剧、大女神的"神话剧"的本质依旧是"小女人剧"。即,这些流行剧只不过是以女性为主角、女性戏份多一些罢了,它不但无助于女性主体意识的树立,还悄无声息地弱化着女性的主体意识。因此,在《诸神纪》中,不但有"孤独的大母神"这个单元,还有专写月神嫦娥、爱神瑶姬、美神宓妃、战神九天玄女和性爱兼音乐之神素女的"诸女神"单元。再加之散布在其他单元的女神,女神的篇幅、比重远大于男神。细心的读者不难发现女作家严优这一偏袒女神,并希冀当代女性自信、自立、自强而自由、自在之"私心"。

正是这些深思熟虑,严优以自己的方式将远古神话盘活。《诸神纪》既给读者揭示了丰富的情意满满的神话世界、大气磅礴的神话思维与大开大合的智慧,还在自我救赎的同时,希望完成女性的救赎。这样的"轻学术"写作,显然是与时俱进地真正地在传承、传播优秀的传统文化。传统成了现代的传统,现代也是传统的现代,二者之间不再有永远无法跨越的银河。所幸的是,严优并不寂寥,《诸神纪》也非孤例!

四

2017年,中国出版界有两本书的出版具有标志性的意义,而且随着时间的流逝,这种界碑意义会更加凸显。这两本书,一本是《诸神纪》,另一本是5月由中信出版集团出版推出的一苇的《中国故事》。

一苇,真名黄俏燕。她之所以集六年之力要写出一本中国自己的"格林童话"——《中国故事》,就是有感于我们孩子的世界几乎被《格林童话》占据了,但丰富多彩的中国故事却几乎与孩子的世界无缘。出于这种文化自觉,黄俏燕漫长而孤独的中国故事重述工作,就是殷切地希望能用这些与《格林童话》一样优美的本土故事给孩子们撑起一片更广阔的天地,"拯救"中国故事的同时也滋补中国的孩子,进而寻找中国文学和中国人灵魂深处的根源与动力。通过与孩子们的课堂互动,没有经过民间文学专业训练的黄俏燕,基于对数万个中国民间故事的阅读理解,创编出了她自己的81个"中国故事"。令人称奇的是,《中国故事》同样掀起了一阵"中国故事风"。

显然,与非遗运动和优秀传统文化进校园等自上而下的制度性行为相比,引起广泛关注和好评的《诸神纪》与《中国故事》的创作、出版与阅读,完全可以称得上是基于优秀传统文化的自救的"民间运动"。这其实是非常值得玩味的现象。一年之内,中国民间故事与神话两本佳作的相继出版,也在一定层面上意味着中国整个社会都有了文化自觉的意识、对于本土文化的自信和传承的践行。

当然,《诸神纪》也不是完美无缺。如果能就其已经建构出的大小神系,画出一个谱系图,并在地图上标示出来,就会让读者更加一目了然。其次,鉴于中国神话在黄河内外、大江南北的活态传承,与神话关联度高的人文景观、仪式地景也是可以简约呈现的。再次,就地域神话而言,《诸神纪》明显更偏重山川秀美的南国,而疏远广漠彪悍的北国,以至于蒙藏等广阔之地的神话基本是缺位的。也许,这些"瑕"仅仅是作家严优的下一个计划、芳心与野心。

(该文简略版曾以《重述中国神话:轻学术文化传承与自我救赎》为题,刊载于《新京报·书评周刊》2017年12月2日B08版)

"杂吧地儿"：一种方法

老街

在新农村建设、乡村城镇化过程之中，"社区营造"之理念也随之回流中国。在文化保护的问题上，强调空间、呼吁居民享有知情权甚或参与权的社区（community）保护大有后来居上之势。正如人文区位学（human ecology）强调的那样，空间、人口和文化是一个社区的三个基本要素。无论有形还是无形，文化都不外在于人，而是与特定的人群捆绑一体，这个特定的人群又始终是生活在具有支配力的特定时空之中。换言之，民俗、非遗以及传统文化的社区保护，不仅是要关注似乎外在于人的文化，更要关注与人和特定时空——村庄或街巷胡同——一体的文化。因应时间维度的"遗产"，空间再次高调回归人们的视野。时空一体、人物互动互现、惯习与文化弥漫而个性独特、有内在逻辑、韧性十足的"场域"（field）、"地方"（place）重要莫名。

在此语境下，似乎逆现代性而动、指向过去、远方之"乡愁"的"故乡""家乡"与"乡土"更加强调的是文化与人的土地性，是乡景、乡邻、乡音、乡情、乡韵的五合一。与此不同，浓缩、凝聚"城愁"

的大城小镇之"老街",守望的则是街坊可以踟蹰而行、游湖浪荡、气定神闲的"慢"城古韵。究竟何为老街?

作为一个场域与地方,老街是居住者创造、拥有、享用与消费过的一种物理空间、社会空间与文化空间,是人情味、生活气息浓厚,让人心暖的某座城市的标志性存在。对长短不一的居住者而言,随着岁月的流逝,人的挪移、空间的变形,老街会漫不经心地转型为一种情感性的存在,是印象也是愿景,是温馨也是感伤。对于短暂置身其中的游客抑或过客而言,老街有着让其过目不忘、念念不忘的魅力。对于不一定身临其境的他者而言,通过不同媒介获得了老街的相关信息之后,老街就成为其心向往之的所在。进而,通过老街,一座城市在远方的他者那里也有了别具一格的意义。

无论是作为具体时空还是一缕情思,家长里短、人情世故等浓厚的生活气息都与"老街"唇齿相依,如影随形。在人们的记忆或愿景之中,老街是发小放心打闹追逐、街坊邻居互帮互助、叫卖吆喝声此起彼伏、不疾不徐的货郎定点定时游走的地方。它留存并显现在个体的感官感觉世界中。如同乡愁一样,作为"城愁"的核心,温馨、慢节奏与人情是指向过去抑或理想的老街的基本组分。换言之,老街首先是人们能够存身生活、具有安全感、回想起具有幸福感的地方,至少是让人有"念想"的地方。对于一座历史悠久的城市而言,老街所指向的空间和在该空间的生活方式、日常生活本身既是群体心性、社会事实,也是一种理想型的人生图景与文化形态。

简言之,在人与之或长或短互动的架构关系中,老街如"家",同时兼具地方(place)的安全与稳定以及空间(space)的敞阔与自由。[①]

---

① 段义孚:《经验透视中的空间和地方》,潘桂成译,台湾编译馆1998年版,第1页。

"杂吧地儿"：一种方法

然而，当人们在念想、叙说老街时，理想型的老街并不一定就是指向过去。反之，它完全可能是针对当下的一种批判性的存在，是观察、理解当下世界的一种认知论与方法论。尤其是在新近自上而下、强力规划的对老街"历史文化街区化"的运动式治理过程中，老街原有的居民——原住民/坐地户——基本处于缺位的状态。他者强调、看重并试图在此留住、堆砌的不少文化符号，成为支配居民挪移、拆迁抑或腾退的工具。"老街"始终秉持的人情和以人为本，反而在街区化的实践中成为拦路虎。在乡野，与都市的"历史文化街区"同步的则是"历史文化名村——古村落"，或变脸的"生态博物馆"（ecomuseum）。

正是这种"老街-城愁"的长期存在，随着近代以来北京的巨大转型，在日新月异且不知明日是何番风景的快速巨变中，北京城本身也有了浓厚的"老街"意味，被人反复以不同的方式叙写。林海音的《城南旧事》、刘心武的《钟鼓楼》、萧乾的《北京城杂忆》、王世襄的《忆往说趣》、北岛的《城门开》和维一的《我在故宫看大门》等文学创作，都是如此。同样，王军《历史的峡口》对大历史之下大北京宿命的幽思，季剑青《重写旧京：民国北京书写中的历史与记忆》对厚重民国北京不同文类的辨析，杨青青《空间现代化与社会互动》（*Space Modernization and Social Interaction: A Comparative Study of Living Space in Beijing*）对当下北京胡同空心化日常生活的民族志细描，谢一谊《营销怀旧》（*Marketing Nostalgia: Beijing Folk Arts in the Age of Heritage Construction*）对近些年来十里河和潘家园两个新生市场民俗艺术"市场化乡愁"的洞察，莫不如是。这些不同文类背后都有着对作为"老街"之北京——理想化北京——的眷恋与深情厚谊，有着研究者对北京挥之不去的其乐融融的乌托邦梦想。

与此同时，《老太监的回忆》《老北京人的口述历史》等记述的在北京城上演的如蝼蚁般的个体生命史以及将之视为"真实"的大小口述史，同样占有重要的学术地位。20世纪40年代，在北京作为千年帝都终结的语境下，罗信耀就撰写了传记色彩浓厚的《吴氏经历：一个北京人的生命周期》(*The Adventures of Wu: The Life Cycle of a Peking Man*)，试图通过个人的生命史来展现被终结的帝都之日常。异曲同工的是，70多年后，面对北京向国际化大都市的华丽转身，关赓《我的上世纪：一个北京平民的私人生活绘本》同样试图通过其家族三代人的"流年留影"，再现20世纪北京的风俗、人物、自然景观和人文建筑的诸多变迁，图文并茂地记述着他自己的"老街"北京。

或直接或间接，或感性或理性，这些叙写回望、回味的似乎都是一去不复返的北京。在一定意义上，将"旧"京与"新"京对立了起来，至少，旧京成为新京的参照，新京有着无处不在的旧京阴影。其实，无论有多少帝王将相、皇族贵胄、文人雅士、名伶俳优、大德高僧在此风流、点染，因农耕文明而生的"流体"北京始终都有着浓厚的乡土性、杂吧性，抑或说杂合性。由于国际化的追求，这种乡土性、杂吧性可能在城市外在景观上不停地退缩，可在理念、气韵上却难以挥之即去，反而甚至变形为现代性的诸多面孔，散布新京的大小角落。在相当意义上，无论是一度的放与倡导，还是当下的收与治理，城中村以及私搭乱建就是杂吧性以现代性的名义在官民合力之下的强势回归。项飙笔下的"浙江村"、胡嘉明和张劼颖深度观察的"拾荒部落"占据的六环外的冷水村以及群众演员扎堆的杨宋镇等等，作为近40年来突飞猛进且不容置疑的现代性、全球化支配下这些北京城内外"飞来峰"般的城中村或城郊村，很快也就具有了同时兼具乡愁与城愁的另一种"老街"。

如今，哈尔滨的道外、上海的城隍庙与田子坊、南京的夫子庙、开封的大相国寺、成都的宽窄巷子、西安的湘子庙与骡马市等,都是海内外知名度很高的"老街"。在北京,当进入这个巨大城市的内部,让人们念念不忘的老街更是多多。比如地处内城的东安市场、西安市场、荷花市场、前门外的大栅栏、天桥等等。毫无疑问,在这众多被人念想的老街中,被老北京人惯称为"杂吧地儿"的天桥,更是别具一格,五味杂陈。

老天桥,它没有黄发垂髫的怡然自得,却有"体面人"对之的鄙夷,有下等阶层的生计无着、平地抠饼、等米下锅的艰辛,有假货、旧货,有下处、鸡毛小店,有乞丐、缝穷妇,有光膀子的耍把式卖艺,等等。人生的悲剧反串为喜剧的黑色幽默、冷笑话,在老天桥随处可见、日日可见。尽管如此,杂吧地儿天桥却让人念想,甚至魂牵梦绕,以致一个多世纪来始终在不停地被叠写、刷新,如奇幻而瞬间即逝的沙画。

遗憾的是,经过不停的刷新,如今朝夕在天桥这个空间存身的人及其生活不再是文化,更不要说杂吧地儿天桥曾经具有的李景汉所称道的北京市井文化、"东方的文化和中国人民杰出的智慧"的典型性与象征性。尤为关键的是,如同被强制节育的人体,天桥这块多年被誉为"民间艺术摇篮"的沃土、母体,不再具有生产文化、艺术的能力。

市场

鉴于一战后到中国的日本游客日渐增多,与鲁迅、周作人都交好的日本人丸山昏迷为其同胞编写的"指南书"《北京》,在1921年出版。虽然篇幅不长,甚至仅仅是一个词条,但此前不大被注意的"天桥",以"天桥市场"之名在这本颇受欢迎的导览书中占有了一席之地。原

文如下:

> 天桥市场位于前门大街南端,天坛以北,日本人都知道琉璃厂的古董店很多,而天桥市场除北京当地人之外知道的人不多。这个市场都是露天经营,古董、日用品、寝具、服装类等物品廉价出售是这里的特征,在这里往往可以发现珍奇物品。这类露天经营的景象是中日风俗研究的一个特色。①

在《文化殖民与都市空间:侵华战争时期日本文化人的"北平体验"》一书中,王升远指出,丸山的写作、介绍,开启了日本人对天桥的关注,也是日本人对北京进行文学想象进而欲实现其文化殖民的一个转折点。正如丸山不长的文字点明的那样,无论在中国还是日本,城市中的露天经营既是一种社会现实,也是一种历史记忆,更是一道东方本土主义的人文地景,是中日共有的"风俗"。因为有着东京浅草的参照,明治维新后多少有着"亚洲救世主"情结的日本文人关于天桥的写作,很快经历了将天桥和浅草类比、强调其平民性,到污名、抹黑天桥的质变。这个看似是被文化殖民主义逻辑支配而将天桥定义为"文明的'耻部'",并非全然是王升远强调的在东方主义射程之内殖民逻辑的"双重战胜"。

正如王升远意识到的那样,日本文人无论是否到过天桥,其写作大抵是以张次溪的天桥书写,尤其是张次溪的《天桥一览》为向导、为底色。在那时北京城的现实地景中,天桥的脏、穷、乱、俗甚至"邪""贱",确实是其真实的状态。不仅仅是诸如张次溪这样有心文人

---

① 〔日〕丸山昏迷:《北京》,卢茂君译,北京联合出版公司2016年版,第98—99页。

的写作,民国以来,政府主导下对天桥一带香厂"模范市区"的规划、建设,城南游艺园、新世界等大型前卫的购物、休闲、娱乐中心入主天桥,模范厕所的修建和北平城女招待在天桥一带饭馆的率先出现等,都是试图改变天桥作为"贫民窟""红灯区",尤其是"杂吧地儿"的行政努力、资本实践和文化试验。20世纪50年代初期,地处天桥的龙须沟换颜的成功,对天桥一带八大胡同、四霸天、会道门的清理,都是新北京、新社会、新中国建设卓有成效的标志性成果。包括老舍殚精竭虑的话剧《龙须沟》在内,这些标志性成果实际上延续与强化的是本土精英对可以反复试验、不停刷新而成本相对低廉的杂吧地儿天桥的基本定位。换言之,对本土高度认同西方文明标准并力求奋起直追的精英而言,人欲横流的旧京"下半身"——杂吧地儿天桥[①],一直都是传统的"耻部",是不同时期精英都试图割舍的阑尾。

有些不同的是,民国北京对天桥的"平民"定位,多少延续了北京城这个肌体内在的演进、生长逻辑,顺应了既有的"城脉"。因为既有的权力格局、交通条件,清末以来的天桥是穷人、落魄者扎堆的地方。吃喝拉撒睡玩、满足人最低生存需求的物什,在尔虞我诈、真假参半、欺行霸市、弱肉强食与江湖义气、相互砥砺、抱团取暖、互帮互助中应有尽有。穷人可以短暂地游荡到大栅栏、东单、西单甚或紫禁城,但他们明白自己的归宿在天桥。作为北平这个大市场的一端,天桥以最低成本养活着与之相依为命的一群群市井小民。蹦蹦戏、估衣、大力丸、瞪眼儿食、骂街的、乞讨的、耍把式卖艺的、鸡毛小店、倒卧儿等,使天桥如一张五彩斑斓的拼图,熙熙攘攘还叮当作响的风中拼盘。换言之,作为一个具有强大吞吐能力的北京城巨大的胃、储

[①] 岳永逸:《老北京杂吧地:天桥的记忆与诠释》,生活·读书·新知三联书店2011年版,第309—355页。

存物品的小阁楼、垃圾回收站,①买卖不一定公平的天桥,作为市场却为各色人等,尤其是"低端人口"之生存、生计提供了可能性,哪怕是昙花一现,虚无缥缈。

改革开放后,迎合众多健在的中老年平民的"天桥"情结,天桥市场的营业、天桥乐茶园率先的股份制运营、天桥乃"民间艺术摇篮"之命名、重建老天桥此起彼伏的呼声等,都有将天桥老街化、文化化、符号化进而资本化的诉求。显然,观演一体、任心随性、舒展欲望、夸饰下半身,时时洋溢着末世狂欢之歇斯底里的天桥与规范化、绅士化、西方化也即文明化之都市化的主潮背道而驰。即使想保留一丝丝杂吧地儿老天桥的气息,也只能远离中心,位居地理意义上的城市边缘。对于孕育了老街坊念念不忘的天桥文化、天桥特质的都市空间杂吧地儿天桥而言,已经处于城市中心地带的它,只能东单西单化、大栅栏化,必须要浅草化,要穿西装打领带,进而要百老汇化。"耻部"的残酷美学与穷乐活的贫民性、阿Q胜利法,只能也必须遮掩、驱离和阉割。这就出现了一种对杂吧地儿天桥悖论的诗学表达与黄粱幻景:

"土得掉渣儿,洋得冒尖儿!"

在天桥地界上重建天桥之不可能,促生了20世纪和21世纪之交北京城三环沿线内外诸多"天桥"的出现。2000年,依托已经声名鹊起的东南三环潘家园旧货市场,欲再现"原汁原味"老天桥的"华声天桥民俗文化城"隆重开业。不但云集了各色旧货古玩,相声、中幡、掼跤等与老天桥有关无关的艺人,纷纷在此现身卖艺。2001年,厂甸庙会重开后,老天桥的表演成为每届庙会组织者必然首先要邀请的对象。同样,地坛庙会、龙潭湖庙会等众多的庙会都争相以老天桥艺人的表演为特色。

---

① 董玥:《民国北京城:历史与怀旧》,生活·读书·新知三联书店2014年版,第175—215页。

在北三环,目前已经基本被腾挪却存活了数十年的金五星批发市场,虽然没有强调老天桥这一文化符号,其五行八作、天南地北的各色人等、各色物品纷纷汇聚在此。这些都为不同阶层的人的生计、生活提供了可能。不断拓展的北京城,依然显现出其抚育众生的博大、厚道与慈祥。

市声

随着一座城市核心功能区持续外扩、三环沿线原本有着杂吧地儿意味的大小"天桥"抑或说"类天桥"市场,也只能继续被远迁。这正如近四十年来扎堆的北京的哥的聚居地之撤退。随着生活成本的提高,家在远郊区的的哥们在北京城的租住地从三环边挪移到四环边,再到五环边,直至很多的哥不辞劳苦地直接回远郊的家。然而,我们不必为核心区有形杂吧地儿的不断被改造、驱离和阉割焦虑。因为无论采取哪种手段,酒神精神与日神精神同在、善恶并存、美丑混融的人之杂吧性,抑或说主体性永远难以根除、无处不在。作为旧京"人力车夫"的延展,今日北京的哥虽然也是在消费肉身,但较其"骆驼祥子"等前辈,则明显豁达、开朗,有着更多、更强支配自己感官世界的能力与意愿。以主人翁的姿态和责任感,的哥乐观地建构着他们自己的感官北京,并同样曾在北京奥运会中与其他人众一道,扮演"形象大使"的角色。

堵在北京城任何一个高架桥或角落,的哥当然会对食物、空气、教育、医疗、月供(份儿钱)等高谈阔论,但也完全可能心安理得地沉醉在马三立、单田芳、田连元或他们喜欢的任何一位艺人以及节目主持人依托声音建构的传统性浓厚的"古典"世界中。妲己、东汉、三国、隋唐、包公、民国、袁世凯……一切远去的东西,似乎一直萦绕在他们身边。用着智能手机、吹着空调、嘻哈骂娘聊天侃大山的他们,对乘客眉飞色舞地说着"哪吒城""四九城"的他们,似乎与以高架桥、高楼、拥堵为基本表征的今日北京关系不大,自得其乐地沉浸在其迷离的感官世界之中,流连忘返。正如李伟建和武宾合作的相声《出租司机》那样,这些生活实景被艺术标准化后,更多表达的是一种哈哈一笑的空洞的娱乐美学,少了挣扎的厚重与哀而不伤的矜持。

2005年金秋,香山红叶节期间,人们既能在香山脚下听到失明的乞讨者用大喇叭唱"铁门啊铁窗啊铁锁链"的高亢歌声;能听见卖锅摊贩的"单口":"不省油不省盐,咱这锅就不收钱";也能听到卖刀具小贩唾沫横飞地"吆喝":"走过路过,不要错过!大家看,大家买。切得多,就像北大清华的博士多,切得烂,好像美国在伊拉克扔炸弹……"同样,直到如今,密布京城的不少酒店,为了生意兴隆,得到客人的青睐而财源滚滚,不但要求服务员给客人端酒,还要求服务员定期创作以更新端酒词。这些充满才情、智慧,不时插科打诨又朗朗上口的吉祥话,见招拆招,眼到嘴到。其化腐朽为神奇的野气、地气与阿谀且不带脏字的缠斗,俨然当年在大街小巷游走、耍牛胯骨的数来宝的回归。诸如:

夕阳无限好,老人是块宝,给您端杯酒,祝您身体好!

第一杯祝您万事吉祥,万事如意,万事多赚人民币;第二杯祝您好事成双,出门风光,钞票直往兜里装;第三杯,一杯金二杯银,三杯才喝出个聚宝盆。

头发一边倒,钱财不会少;头发往前趴,事业顶呱呱;头发根根站,好运常相伴;头发两边分,喝酒一定深。

戴眼镜学问高,喝酒肯定有绝招!

感情深，一口闷；感情浅，舔一舔；感情厚，喝不够；感情薄，喝不着；感情铁，喝出血。

金杯银杯世界杯，不如一起干一杯。

在《梦想的权利》中，巴什拉（Gaston Bachelard）有言："不管我们是谁，我们所有人都有一个私密的博物馆……人的幸福本身就是阴影中的一束微光。"在今日豪奢的北京，这些古老帝都之市井常见的方式——大小不同空间的聆听、叫卖、让人亢奋的祝福抑或喃喃自语，携带着不同个体的隐秘、欲望，穿过耳膜，直渗心田。对感官世界的全方位包裹、抚慰，使在"快城"北京中奔波的芸芸众生有了丝丝喘息，有了巴什拉所言的"一束微光"。

拉图尔（Bruno Latour）曾指出，人与物之间不仅是互为主体的关系，二者还有着互为物体的本体关系。谢一谊对于效仿老天桥的潘家园和十里河两个"旧货"市场，尤其是对相对新生的"文玩核桃"的深度观察，就深受拉图尔认知论的影响。在其长时段的民族志研究中，谢一谊描述出了在快速国际化、都市化、资本化与市场化的当代北京，文玩核桃者等对旧京有着一定文化认同和怀旧的"类中产者"，也是"北京老大爷"哺育出的"类北京老大爷"——"北京老大噎"——的群像。在车水马龙、高楼林立的今日北京，这些"北京老大噎"执着地建构出了指向旧京的感官世界。通过长期的揉搓、抚摸、聆听、赏玩、评说，人与核桃之间形成的一体感，似乎是有意抵抗"现代北京"的旧京象征与实践。[①] 换言之，对当下在京城生活的相当一批市民而

---

① Hsieh I-Yi（谢一谊），"Nuts: Beijing Folk Art Connoisseurship in the Age of Marketization", *Asian Anthropology*, Vol.15, No.1（2016），pp.52—67；《北京老大噎与文玩核桃：后社会主义的市场民俗志》，《当代中国研究通讯》2017年第28期，第2—6页。

言,如同数十年前的玩票、提笼架鸟、品茗听曲儿、玩鼻烟壶、斗蟋蟀、养鸽子、逛琉璃厂、上妙峰山等,在双手拥抱新北京带来的红利、便利,并力求改变自己经济收入、生活水准的同时,人们又不自觉地在对"物"的把玩、经营而与物互现、互感的过程之中,建构着现代北京的"传统性",稀释、解构着新北京的"现代性"。

尽管大音渐稀,这种对传统性坚守的执着,在八角鼓子弟票房的勉力坚守中,同样有着鲜明的体现。当然,相对文玩核桃者这些"北京老大噎"而言,强调自己子弟属性抑或身份的八角鼓票友们,有着其不言而喻的典雅属性,抑或他们格外珍视的皇族-旗人之正统性。这种对典雅"回旋式"的强调和追寻,也出现在始终闹热的相声界。在 20 世纪 50 年代,其表现是似乎"现代"的由俗变雅而主动服务于政治的自我蜕变,近十多年来则是反向回归传统的"清门儿"之自我归类。同样,当京城一角的某个子弟票房可能正在演唱《大过会》时,因为非遗运动的助力,众声喧哗的金顶妙峰山不时也有了锣鼓的回响、笼幌的摆动,烧香磕头者络绎不绝。纠缠一处的"皇会"与非遗在金顶上下、四九城内外举案齐眉,相互唱和,一往而情深。

《大过会》唱演的是昔日京城诸多会档在妙峰山等"三山五顶"庙会时,前往行香走会而耍练各种技艺的情形,是多年传承的行香走会这一仪式化行为的音声呈现。因此,在流传过程中,子弟票房中传唱的《大过会》有着多个版本。由于不同的时代背景与规范,这种绵延不绝的音声化呈现的"大过会"为改革开放后京城内外各会档的重整提供了相当的基础。换言之,在行为北京、景观北京,也即可视北京的身后,还存在着一个不绝如缕的可听的"音声北京"。当然,这个音声北京远远不只是近些年来反复被高调宣扬的街头巷尾的"吆喝"。音声北京始终与行为北京、景观北京互为表里。不仅如此,因为只需人体和空气就能产生、传播与传承而具有的不可摧毁性，无论是素朴的日常交际抑或审美的艺术表达，音声北京甚至能更多、更好地承载北京的记忆与屐痕，从而延续北京这座老旧帝都的香火。于是，无论从哪个角度而言，要了解、知悉一座城市，也就有了聆听、甚至"伏地"侧耳倾听的必要。

正是因为有了这些小而微的气息与声色，今日亮丽的物化北京、都市北京，或隐或现地延续着、弥漫着、飘荡着旧京的文脉，气若游丝，袅袅不绝。

剧场

何以让"土得掉渣儿，洋得冒尖儿"不是一种悖论，而是有着可能？

将原本"平铺直叙"且参差错落、横七竖八、一点也不规整的胡同，修建成有22栋楼房、122个楼门的天桥小区显然是21世纪初一个标志性的"惠民"工程。因为这一工程，2000年前后福长街一带大小胡同的"贫民窟"风光荡然无存。通过建筑的毁容改观，传统意义上狭义的老天桥已经完全都市化、街区化。在外观上，天桥小区甚至比被很多建筑专家、规划设计师染指的菊儿胡同更加高大上，至少更宏伟。这种改变使得央视拍摄与老天桥相关的专题片要取昔日街景时，除了从老的影像资料中剪辑、拼贴之外，只能扛着摄像机到永安路北侧尚未改造的留学路、大喇叭、赵锥子胡同一带取景。当然，就是这片待腾退的"棚户区"，依然有鲜花、绿叶，有在秋风中轻轻摇曳的鸟笼、饱满的葫芦，有声、光、影编织的情趣、惬意与梦幻，有老街、慢城的余荫，有着"下里巴人"的倔强。

对天桥小区整改的同时，人们没有忘记利用腾挪出来的空间，同步建造文化广场、修建大剧场、大厦。除原本附属于城南游艺园的四面钟重建在广场东端外，老天桥不同时期的撂地艺人穷不怕朱少文、拉洋片的大金牙、曹麻子曹德魁、耍中幡的王小辫、掼跤的沈三、顶宝塔碗的程傻子、砸石头的常傻子、赛活驴八位艺人，都以现代雕塑的方式固化在了这个存在多种可能性的露天"剧场"。作为一个没有关隘、四面敞视的"空的空间"，天桥文化广场多少延续了杂吧地儿天桥撂地卖艺的旧意，虽然没有人能在此摆摊设点，招揽生意。在这个专家称是、游客不时驻足的文化广场修建起的当时，昔日目睹过这些撂地艺人的老街坊们只是摇头叹息。包括这些"平地抠饼"的艺人在内，天桥各色人等生活的艰辛、恣睢、惨烈被荡涤得干干净净，只有被表现的唯美、轻松和雕塑的轻浮。然而，随着老街坊的凋零，这种后现代口味的现代艺术对前现代生计的揶揄、嘲弄，已经实实在在地成为现在和将来的他者的天桥之景。

对于雄心勃勃的管理经营者和想扬名立万的规划设计者而言，高楼林立的天桥小区和这个敞阔的广场，仍然无法与定调为国际化大都市的北京城的大气、豪气与洋气相匹配。作为一条被定格在必须改造与改变的"老街"，不少青年学生也纷纷参与到对天桥规划设计的行列中来。[①] 天桥必须更加强有力地成为他者的。工具理性和功利主义支配的必然结果，是剥离原有的互现的主客体，并将客体工具化、符号化。大栅栏的改造与保护同样如此。然而，与将大栅栏

[①] 马英等编：《演绎老天桥：2013 八校联合毕业设计作品》，中国建筑工业出版社 2013 年版。

定格为"精品商业街"并要打造成历史文化街区和北京城的金名片不同①，原本就是穷人穷乐活的天桥的娱乐色彩被凸显了出来。天桥必须走出其露天撂地和低矮的小戏院子之"痼疾"与阴影，而成为"首都核心的演艺区"，成为想象中八方来朝，万国来贺、来演、来观的"世界的舞台"。

于是，八竿子打不着的百老汇成为了新天桥理想的样板，急不可耐地要将天桥装扮成东方的百老汇。豪华的天桥剧场、天桥艺术中心、大厦迅速拔地而起，纷纷开门接客。国内外的音乐剧、歌剧、舞剧、话剧、儿童剧纷纷被邀请前来献艺。与国家大剧院一样，这里的门票是昂贵的。演戏唱戏的艺术家们是外来的，观众也基本是外来的。他们来演完就走，看完就走。全然没有过去杂吧地儿天桥演观一体，早不见晚见、抬头不见低头见的街坊邻里之熟人关系。因为一纸昂贵且绝不向平民低头的门票，为之腾挪出空间的天桥"土著"，基本被冷漠地阻隔在了透明的玻璃门和大小的闸机之外。在天桥地界的大剧场，像一根强行嵌入老天桥肉身的巨大钉子，在将老天桥的平民性用现代都市的傲慢、繁丽、排场与洋气羞辱之后，彻底粉碎踏平。

2005年前后，让郭德纲红火、坐地升空的天桥乐茶园原本是老天桥具有标志性的小戏院子：天乐戏院。在郭德纲走红之后，天桥乐茶园很快成为"德云社"的主场。天桥乐茶园墙体上原有的诸多老天桥艺人的图示，旋即大抵换成了郭德纲本人及其搭档的巨幅照片。天桥乐茶园也易名为德云社。在快速崛起的大剧场的俯视与逼

---

① 蔡加琪：《京城门脸大栅栏：老街的工具化与主客让渡》，北京师范大学硕士论文，2018年。

视下,德云社巨大的牌匾特意涂染成了醒目的大红色。然而,在大剧场的伟岸面前,主要以传统色彩浓厚的"天桥相声"著称于世的"德云社"三个不小的红字,依旧土气、低矮、憋屈。

更为关键的是,虽然是一朵"恶之花",杂吧地儿天桥长期都有着文化自生的能力,犹如一只营养不良、瘦不拉儿,却下蛋多多的老母鸡。至今,被称颂的人民艺术家连阔如、侯宝林、马三立、新凤霞等,都有着杂吧地儿天桥的滋养、哺育。无论人们去不去天桥,说到北京的市井文化、平民文化,人们自然会想到无奇不有的老天桥。也因此,在20世纪后半叶,老天桥才有了"民间艺术(家)摇篮"的钦赐牌匾。然而,大剧场入住的天桥,始终不断被改造的天桥,其自身却不再具备文化繁殖能力,俨然先天的不孕不育患者。

大剧场的建设与运营,至少在形式上,进而在舆论上给人以首都文化创新区、国际文化交流展示区的印象。然而,何以让天桥成为优秀传统文化的示范区,成为公共文化服务的引领区,从而实现"接地气""聚人气"的惠民目标依然是一个问题,是一道让人头痛的巨大难题。

与大剧场的建设配套,在北京城中轴线原有的位置,天桥那座曾经存在过的桥,作为景观被修建起来了。作为仅具展示意义的景观,桥下弄了一小池水的天桥,自然不能触碰通行。如果愿意,凭吊和追忆也只能按照在桥南侧树立的两通洁白的"御制"石碑之碑文有序进行。朱国良老人记忆中在桥头招兵的小白旗布景和招兵时"当兵吧,当兵吧,当兵吃馍呀!"的音声[①],遥远得如一个无法感知的神话,演

---

① 岳永逸:《老北京杂吧地:天桥的记忆与诠释》,生活·读书·新知三联书店2011年版,第177页。

绎、证实着缪勒（Max Müller）的"语言疾病说"，抑或是柳田国男曾感叹过的"不可捉摸的梦话"①。

博物馆

天桥这座桥的复建，为当下"洋的冒尖儿"的今之天桥添加了一点"土"味。当然，这是带有"皇气"自上而下的土味。与此不同，遵循当下时髦的城市记忆之影视形象建构的常规套路，2018年建成开馆的"天桥印象博物馆"则是自下而上地为今之天桥增加土味。它借用电子技术，竭力将杂吧地儿天桥"土"味还原、活化。规划设计者们自己也知道，所谓的杂吧地儿天桥也只能以这种方式留些许香火了。因此，说是印象，但并不轻盈，反而厚重、沧桑，还不乏悲壮，也就总有些说不清道不明的难言之隐。

正如印象博物馆宣传册声明的那样，博物馆"以彰显与传承天桥地域优秀文化为核心，以天桥历史文化发展传承为线索，通过现代展陈手段和高科技互动项目，全面展示天桥地区的历史沿革、景观风貌及悠久的历史文脉"。自然而然，博物馆重点展示在今天看来与老天桥有关的各种重要人物、历史故事、文化遗存。展柜里既有张次溪的天桥著作，墙上也同时悬挂有邵飘萍、林白水、赛金花以及诸多当年摆地卖艺、小吃摊、估衣铺等街景旧照。博物馆展厅的空间分布体现了历史与现实并重的原则，分为了序厅、天子之桥、文化之桥、百姓之桥、复兴之桥五个板块。而且，按照总体规划与布局，人们还会在此

---

① 〔日〕柳田国男：《海上之路》，史歌译，北京师范大学出版社2018年版，第87页。

配套开设天桥文化讲堂、老舍读书会、文创产品设计与研发、天桥艺人技艺表演、非遗互动体验、公共阅读空间及文化传播,以此实现服务市民的公益文化传播、提升天桥演艺区文化配套升级,创新公益博物馆与市场化文创品牌运营的可持续发展。

　　这些理念都是完美的,然而,如同当下众多的博物馆一样,在经营实践上,尽管增添了不少参观者可以体验的互动环节,主动前来的参观者却不多。设计经营者故意在掩饰、混淆老街和博物馆之间的本质差别。老街是潜意识中让人生根的地方,感到那就是"家"之所在。而源生于对过去崇拜的博物馆"只反映出一个思想习惯,与人把地方识觉为生根的、神圣的和不可亵渎的所在恰巧相反",仅仅是一个被迁徙移植的物体的组合。这些物体可能珍贵、奇特,却完全撕裂了其原有的我群与地方两位一体的情感意涵。换言之,陈列在博物馆中的孤零零的物之影像性大于确实性,而且还要使之有着教导性。① 这既难以感染作为他者的参观者,也使得"土著"对之天然有着距离感、陌生感。

　　自然而然,在天桥印象博物馆门口坐了半天的我,目睹了不少问路的长者。他们更热衷于正在举办的书画展,丝毫没有进印象博物馆一游、一观的冲动。主要展现老天桥这个文化符号的博物馆,依然远离当下在京城过日子的人们。天桥印象博物馆之"印象"命名,未强调展示的东西一定是真实的,它仅仅是印象。这种印象既针对过去,也针对复兴的当下和不确定的未来。而天桥印象博物馆的选址"天桥艺术中心下沉广场"之"下沉"犹如老天桥现状的隐喻,浓缩着新、老天桥之间所有的恩怨情仇。

　　在商务印书馆 2016 年出版的《现代汉语词典》第 7 版中,还没有

---

① 段义孚:《经验透视中的空间和地方》,潘桂成译,台湾编译馆 1998 年版,第 187—188 页。

"下沉"这个词。《说文解字》中,以"丅"之形出现的"下"与"丄/上"相对,指"底也";"沉"的解释是:"陵上滈水也。谓陵上雨积停潦也。……一曰浊黕也。黑部曰。黕,滓垢也。"将《说文解字》中"下"与"沉"两字的注解合在一起,"下沉"的意思大抵是:底部沉积的滓垢,或沉积在底的滓垢。早已频频出现在现代口语和书面语中的"下沉"与"上升"相对,指竖直向下的运动。对主要呈现杂吧地儿天桥的印象博物馆而言,无论是"下沉"的滓垢之古义还是向下之今义,明显都吻合作为事实或符号的老天桥的现状。

在定位为现代的、国际的、典雅的天桥艺术中心运营数年后,老天桥荣幸地在其地下分得呈现自我的空间,逼仄而阴暗,如弃妇。就二者的关系而言,新型的天桥艺术中心原本是依托于老天桥而生的,至少在言语和空间层面如此。也即,杂吧地儿天桥是母体,天桥艺术中心是其次生物、衍生物,虽然基因明显突变。然而,通过层层专家的论证、建筑规划师的设计、各种匠人技工的努力,最终以宏伟建筑景观呈现出来的二者之关系发生了反转:老天桥在下沉,只能在地下,终将成为过去,灰飞烟灭;由老天桥孵化出来的天桥艺术中心则阳光灿烂,必须在地上,并全方位覆盖、碾压老天桥;通过这种"弑父/母"式的建筑语言,天桥艺术中心高耸入云,拥抱蓝天白云。然而,在弑父之后、张扬的天桥艺术中心似乎并没有"西方"百老汇人流如潮的热闹、火红,于是它又不得不低头忏悔,凭吊其生身父母,在"下沉"的一角设置祭坛,重新认亲祭祖。显然,貌似孝顺的反哺其实是为了敲骨吸髓,自我壮大,即实现所谓化蛹为蝶的"配套升级"。这或者是新、老天桥凤凰涅槃的必由之路。

通过各色人等的合力,以简洁而繁杂、直白而隐晦的建筑语言,在杂吧地儿天桥这个天幕地席的巨大舞台,成功上演了一出今日北京版的悲喜剧"俄狄浦斯王"。当然,这出继续在演绎的悲喜剧之主角"俄狄浦斯王"——天桥艺术中心、天桥剧场这些大剧场——依然坚挺,并未放逐自己,也没有首先服务于当下在天桥地界生活的"土著"的情怀。洋的冒尖儿的它们,有更高远的梦想:拥抱世界、成为世界的王,成为效百老汇之颦的东施。

无论从哪个层面而言,与21世纪以来京城众多如雨后春笋般呈蓬勃之势的博物馆一样,天桥印象博物馆都是现代的、洋气的。它同样也有着博物馆的通病:按照某种标准抑或居支配地位的意识形态,将已经远离人们视域而僵死、垂死或者活态的东西装进大小的玻璃匣子,方方正正地贴在墙上,投影在屏幕上;在如此标准化、格式化、程式化和空洞化之后,又环绕、粉饰以各种镜头、灯光和闸口,将之珍宝化、神圣化与神秘化;对于所展示物品全无体认或潜意识认同的他者而言,设计的动手动脚的互动环节游戏化着原有的生活,完全无法抵达人与物曾有的互为主体、互为物体之循环再生的良性关系。这种困境,让对这几十年天桥演进熟悉而在博物馆临时充当解说员的义工深感苦恼。原本想展示的个性、特性、厚重感,对多数没有探知欲的他者和没有朝圣者之虔诚的游客而言,缺乏社区居民深度参与的博物馆成为了双重的撒谎者。

骨子里就像殖民者对待被殖民者一样,这些高调宣称要保护老天桥文化的上位者,以自己熟练操演的"普通话"之普适性,常常任性地低估、蔑视"每个人特有的声音"。其真实目的,正是通过其所宣扬的学习、了解、尊重,进而保护的积极姿态,来服务、强化其已经有的优越地位与身份。自然而然,老天桥的民与俗都仅仅是其冰冷的、强制性的且必须教化改造的工作对象,而非能互相示好、致意、交心的情感对象。在服务于民的口号与策略下,老天桥也就一本正经地被具有支配权的上位者文化化、文明化、旅游化与产业化。在强制性的将老天桥当作商品、产品而生产（消耗）、变卖（吞噬）、消费（咀嚼）——一种隐晦的食人主义——的过程中，天桥大小的十字路口也就布满了各式各样通往"文化"的路标与箭头。虽然天桥被抽空、一无所有，表现得却是空对空、以空证空的应有尽有，完全与专制的"全景敞视结构"水乳交融，天衣无缝。

一种声音的博物馆所张扬的艺术与文化、历史与文物，正在全面地哺育着伪文艺青年。在此意义上，作为现代性的标配，新兴与新型的博物馆，同样有着在现代性历程中精英们始终试图摒弃的老天桥的杂吧性抑或说杂合性。换言之，巧妙也悄无声息吞噬人之灵魂、鉴别力的博物馆，同样在将人庸俗化、市侩化，以文化的名义将人变得没有文化，更不知文化为何物。如同人头攒动的图书大厦，不时拥挤的博物馆成为今日北京的一种时尚。

地铁

在西方，地铁早已是生活中常见的事物。这对于一直奋起直追，在物质、技术层面师法西方的中国而言，地铁也就成为一个拿得出台面的现代性国际大都市的标配。借北京奥运会的春风，北京的地铁日新月异、成几何级数的增长。为方便人们出行，以任何一个点为中心，方圆数百米就有地铁站的地铁网，成为大力宣传的"新北京"、地下北京的蓝图。这一振奋人心的地下北京之伟大工程的稳步推进，将谢阁兰（Victor Segalen）想象中的勒内·莱斯出入北京内外城的秘密通道[1]变为了事实，也是对谢阁兰这个西方人对有层层叠叠城墙阻隔而内

---

[1] 〔法〕谢阁兰：《勒内·莱斯》，梅斌译，生活·读书·新知三联书店1991年版。

外城交通不便的旧京的嘲讽。而继续在延伸和加密的地铁也强力地改变着、刷新着北京人——在北京谋生者——的日常面孔。

然而，虽然如蛛网的地铁已经形成，但北京的交通状况并未得到根本的缓解。上下班的拥堵继续是常态。与此同时，"廉价"乘坐地铁的人们，也在以不同的方式把地铁变成自己的。在未施行分段计价而是均价三元的数年，为了降低成本，在物流员、快递小哥、聪明的小商小贩中，通常有人常住地铁，将大小包裹、货物从一个出口/进口安然地送到另一个进口/出口。在相当意义上，这延续了当年在老天桥讨生活的人的生存智慧与策略，是一种有效地对地铁高效、优质的利用与合法占有，使现代化的地铁猛然间有了杂吧地儿的属性。

当然，管理经营者不会允许这种现象长时间存在。他们会精心而迅速地塞堵住每一个"非法"占有——占小便宜——的动作。以分段限时计费的方式，对地铁化公为私的"小农"式占有很快消散。不久之后，一小簇人采取了另一种方式将地铁占为己有。这种方式迥然有别于小农或小市民经济学的精明算计，而是都市化的、文明的，被视为是与现代性、国际性大都市相匹配。在上下班摩肩接踵的高峰期，当百分之九十九的乘客都忙着拨弄手机、划拉屏幕时，地铁上出现了稀稀拉拉的读书人。

在那样拥挤的地铁，这些陆续现身、专注读书的人成为了一道靓丽的风景。正如拍摄者朱利伟所做的那样：不做个有心人，不坚持不懈地努力去扫描，这些必然会率先与勤奋、品味、高雅、心静捆绑一处的身影，只能擦肩而过。[①] 地铁上稀有的读书人与"手机控"的低头族、拇指族、游戏族、追星追剧族之间产生了巨大的张力。作为当下

---

① 朱利伟：《北京地铁上的读书人：挤到无法呼吸，也要有精神角落》，2018 年 7 月 18 日，https://news.sina.com.cn/o/2018-07-18/doc-ihfnsvza0158290.shtml。

北京城的稀有物类,因为朱利伟持之以恒拍摄和记述的集中呈现,很快被大小媒体高调宣扬、提倡的地铁读书人如一道划空而来的光。这道光让读书人自己,也让管理经营者、让地下北京、现代北京、蛛网般的地铁北京风情万种,风光无限。

在香港、台北、东京、巴黎、伦敦,在地铁、火车上读书是相当一部分人的日常,因此没有舆论媒体大幅度的报道,也没有大惊小怪的热议。物以稀为贵!在2018年盛夏的北京,地铁上的读书人必然会成为一个"美丽北京"的代名词。毫无疑问,真正在地铁上习惯性读书,到现在都少有发声的行动主体被客体化、对象化是无辜的。但是,对于对他们一厢情愿、一往情深的旁观者而言,他们无疑被同时赋予了传统和现代的双重意涵:乡下人的厚道、勤奋与坚韧;城里人的典雅、个性与洒脱。然而,无论旁观者、颂扬者将多少美德添加在这些确实值得尊敬与可圈可点的身影上,或是偏向于其中的哪一种美德,他们都忽略了一个基本事实:那就是这些读书人以自己的方式宣誓着对之或长或短存身的地铁空间的占有。他们之所以如此,是因为不得不如此,也只能如此!

无论地上与地下,北京是拥挤的。包括乘客在内,管理经营者批评并巧妙遏制的占小便宜的地铁运货者、媒体热议并张扬的地铁读书人,两者与飞驰的地铁这一空间之间的关系并无本质的不同:占有!用他们自己理解也可能的方式占有和使用。毫无疑问,在蓝天白云下,无论是开着凯迪拉克,还是肩挑背磨,如果一个商贩能在同样的单位时空获得梦寐以求的利润,他应该不会终日如夜行者潜伏地铁不出。同样,如果一个人不需往返奔波数小时的劳累,而是"当下"拥有一张窗明几净的书案,他也断然不会日复一日地在地铁上读书"充电",成为被他人"加持"抑或"扶贫"的客体。

连同永远清理不尽的"乞讨者",地铁上的这些少数人与绝大多数"手机控"一道,共同形塑着地铁、地下北京和今日北京的"杂吧地儿"属性。

不容此辈,何以京都?

"杂吧地儿"是旧京土语。它多年都专指前门外那个叫作天桥的地方。旧京的意义就在于它能容许老天桥这样的地方发生、发展,从而开放式地为各色人等提供生存的契机,为参差不齐的芸芸众生提供表达自己、完成自己的可能,不论是轰轰烈烈、红红火火,还是凄惨悲壮、不值一哂。如果注意到晚晴时期散布在大栅栏一带的"堂子"和参与、混迹其中各色人等的交互感染性,[①] 即长期被遮蔽的大栅栏的复杂性、杂合性,那么今天这个被高调宣扬和保护的世界闻名的历史文化街区实则也是一块与老天桥一样的杂吧地儿。千百年来,无论是作为一个空间还是一个地方,北京实则就是这些大大小小、有名无名、有形无形、若即若离或亲密无间的杂吧地儿拼凑、粘连、组合而成。这些杂吧地儿,既各自独立,又相互浸染、涵盖,互相物化的同时也互为主体。如同一个巨大的不停旋转、翻飞的彩色拼盘。因此,无论作为一个具体时空,还是作为一个思维符号、一个挥之不去的影子,说杂吧地儿天桥更能代表北京并不为过。何况,正如这里所言的蛛网地铁,北京的生机正在于其不断试图清理、消除的"杂吧地儿"属性和市井小民不断在刷新的"杂吧地儿"之韧性。

2014年11月,在广安门外国家话剧院上演的过士行编导的话剧

[①] 么书仪:《晚清戏曲的变革(增订版)》,人民文学出版社2018年版,第149—240、359—414页。

《暴风雪》,惟妙惟肖地在室内借漫天飞舞的雪花布景,上演着人性的杂合性和雪地这个场域的杂吧性,催人泪下。同样,无论是金宇澄的原著长篇小说《繁花》,还是2018年6月在天桥艺术中心连续三天上演的马俊丰导演的话剧《繁花》,都在事无巨细地表达着一个时代、由大小异质空间组成的一座大城市、一群身不由己的"草民"的杂吧性。悖谬的是,艺术家及其艺术竭力再现、尽力表演的这种指向不完美的杂吧性、复杂性——一座城市的真实生态、人性的普遍性——只能锁闭在敞阔而封闭的舞台上,只能印刷在纸张上。在现实生活上,力求完美的"现代化"城市追求的是单一、偏执的高贵与典雅,允许的是不乏畸形、病态的美,却拒绝、封堵美丽动人的丑。

在精神世界始终有一席之地的杂吧地儿,不是被政治医学化的"毒瘤",不是被殖民化的"耻部",也非拥有话语权、表达权,尤其是支配权的精英一本正经艺术化、娱乐化的"丑"。正如东区(East End)之于伦敦、科纳维尔之于波士顿、凯镇(Catonsville)之于巴尔的摩甚至整个美国、老城广场之于布拉格、浅草之于东京,古今中外,作为一种文化传统与动力,杂吧地儿才是一个空间、一座伟大城市真正的生态和常态,是一座城市前进的推进器。不仅如此,如果一座城市没有杂吧地儿,人们也会刻意制造出来,然后消灭,再生产,再消灭……如此循环往复,无穷匮也。

无论有多强大的权力、多尖锐的技术,只要愿意,每个人都是他自己空间的王,每个人都有生存下去的权利与本能。他必然会以自己习惯的方式抑或觉得舒服的方式表达自己、表现自己。以现代化为标准的均质化、标准化、格式化美学为基调的城市,仅仅是一种梦想,甚或说"异托邦"(heterotopias)。在此种意义上,北京也终将永远是一块大写的蕴藏着矛盾、生机和多种可能的"杂吧地儿"。

其实,包容、给更多人提供生存的空间以及可能的"杂吧地儿",

是传统中国城市甚至国都固有的底色。《世说新语》"规箴"第十三则记载了这样的故事：东晋元帝时，住在小集市的廷尉张闿，私自修建了里巷的总门，早晚开关，这给同居一地的百姓的日常生活造成了极大的困扰。在知晓之后，同时也迫于世交贺循的面子，张闿拆除了总门。与张闿利用特权而终知悔改的"私搭乱建"、小里小气不同，治世之能臣的谢安则有着民为贵的大格局，并赋予京都以人本主义。《世说新语》"政事"第二十三则云："谢公时，兵厮逋亡，多近窜南塘下诸舫中。或欲求一时搜索，谢公不许，云：'若不容此辈，何以为京都？'"

一千七百年前，谢安这句"若不容此辈，何以为京都？"的反问，道出了传统士大夫对于自己拥有主宰权的城市和黎民百姓生命二者之间必须妥协的结构性也是制度性的关系。作为一种空间的城市，首先是让各色人等有可能生存下去甚至自由生活的地方。这一洞见和顶层设计，实乃中国文化对世界城市的伟大贡献。

毫无疑问，在将杂吧地儿视为一种方法（论）时，上述论断难免会有"情人眼中出西施"或一叶障目而"见山不是山、见水不是水"的嫌疑。好在基于当下瞬间胜利性抑或灾难性的抉择，不可重复之"地方"的特质已经悄然改变。因为无论场域还是地方，其托身的空间都是"那个让生灵被迫互相遥远地生活的东西"。个体抑或说小我点染、占有的"内在化城市"从未退场。

蓦然回首，向来萧瑟。天桥是天桥，又不是天桥；北京是北京，又不是北京。

一切坚固的东西都烟消云散了！

（本文是在《老北京杂吧地：天桥的记忆与诠释（修订版）》"序"基础之上扩充、修订而成）

2 剧场·漫步

民俗的变脸

全民而不共享

长久以来,民俗被定义为民众创造、传承和享用的知识。换言之,共享是民俗的基本特征。然而,这个共享限定的人群范围,常常是一个大群体中的亚群体,或者是彼此关联不大的群体,更主要是被支配和左右、相对弱势的那些人——群众、民众、大众,甚或乌合之众、边民、刁民。进而,民俗与特定的地域群体关联一处。在现代学科意义上的中国民俗学——中国学者研究中国民俗的学科[①]——诞生以来,在发展进化论、阶级阶层论的认知前提下,强调地域之差,亚群体之异的"十里不同风,百里不同俗""隔行如隔山"有着不容置疑的合理性。不仅是在公众知识中,对于相当一部分民俗学从业者而言,润化万物、没人能置身事外的古语"风俗"事实上等同于现代学科意义上的被对象化、客体化、外在化的"民俗"。

与此同时,在中国,处于强势和支配地位的官、士等精英阶层被天然地排除在上述形形色色的"民"之外。根据这一基本的社会阶级

[①] 岳永逸:《忧郁的民俗学》,浙江大学出版社2014年版,第17—42页。

分类学,直到如今,民俗依旧延续了八九十年前在单线进化论框架下特设的基本内涵,即原始的、乡野的、低级的、上不得台面的,需要教化和提升、去粗取精、去伪存真的大众、偏僻的知识技艺。不难理解,在此框架下,明确对文化的上、中、下三层划分[①]被视为是文化分类学中的一大进步,民俗的范畴也因之扩展到了城市市井街头展演的中层文化。

对于初学者而言,简单、明了、泾渭分明无疑是教科书编纂的基本要求。遗憾的是,这也常常导致了不乏机械与片面的"教材式思维"。在绝大多数民俗学教科书中,当涉及民俗的特征时,传承与变异经常并置。可是,对传承的过分强调,使民俗学在相当意义上成为一门"保守"色彩明显的非"现代学"。经过学者、精英的"透视法"之后,"陋俗""假民俗""文化遗产"以及"本真性""原生态"也就成为当下民众真正享有的日常生活文化常见的标签。

在教材式思维中,明显存在矛盾的还有浓墨重彩的民俗的全民性。不论是单独列出全民性的条目,还是以集体性或群体性、地域性或民族性取而代之,这均与民众的界定和强调地域之别、族群之异的地方主义、亚群主义之间存在着不可调和的悖论。正因为如此,艾伯华敏锐地指出,在强化集权、一统的蒋介石当权后,有着浓郁民族主义和浪漫主义倾向,发生于军阀割据时期,且指向地方、强调地方的民俗

---

① 钟敬文:《民俗文化学:梗概与兴起》,中华书局1996年版,第15—17页。需要指明的是,早在1936年,杨堃对民俗学研究对象的定义,就涵括钟敬文所言的中、下层文化,云:"民俗学仅是研究各文明民族或历史的民间社会及其习俗的科学。……民间社会虽以乡村社会为主,但并非仅以乡村社会为限,因为还有都市社会的下层社会亦应包括在内。"参阅杨堃:《民俗学与通俗读物》,《大众知识》一卷一期,1936年10月20日,第10页。

学运动陷入瓶颈的应然与必然。①为何在民俗学这个边缘的弱小学科会有"全民而不共享"这个悖论?

20世纪60年代,钟敬文关于晚清民俗学思想发展演进的精深研究明显有着革命主义、单线进化论的时代局限②。但是,他爬梳的众多史料表明:中国现代学科意义上的民俗学运动的发生有着本土思想内发性发展的必然。换言之,现代学科意义上的中国民俗学的诞生,是中国这个"历史基体"以自身的内因为契机而辩证法式地"固有的展开",是一个犹如蟒蛇蜕皮而再生、新生的过程③,绝不仅仅是对西方思想以及传教士等洋人关于中国民俗调查研究冲击的简单回应。

明代李贽的童心说、公安派的性灵说、冯梦龙的真情说等等这些充满生机的思潮对清末民初智识界,尤其是周作人等五四先贤的深远影响、内在关联,已经是公认的常识。不仅仅是沟口雄三从史学的角度,苏文瑜(Susan Daruvala)从文学的角度,同样将中国现代性的起点追溯至晚明④。五四前后生发的现代学科意义上的中国民俗学同样从中大获裨益。然而,我们无法否认,现代中国民俗学的诞生更主要

---

① Wolfram Eberhard, *Studies in Chinese Folklore and Related Essays*, Bloomington: Indiana University Research Center for the Language Science, 1970, p.7.
② 钟敬文:《钟敬文文集·民间文艺卷》,安徽教育出版社2002年版,第208—352页。
③ 〔日〕沟口雄三:《作为方法的中国》,孙军悦译,生活·读书·新知三联书店2011年版,第55、84—116页;《中国的冲击》,王瑞跟译,生活·读书·新知三联书店2011年版,第71—125页。当然,中国这个历史基体的固有展开是一个十分复杂的议题。金观涛、刘青峰的《开放中的变迁:再论中国社会超稳定结构》《中国现代思想的起源:超稳定结构与中国政治文化的变迁》、甘阳的《通三统》《古今中西之争》和汪晖的《现代中国思想的兴起》都异曲同声地对此进行了深度阐释。
④ Susan Daruvala, *Zhou Zuoren and An Alternative Chinese Response to Modernity*, Cambridge, Mass.: Harvard University Asia Center, 2000.

是欧风美雨裹挟下的单线进化论强力挺进的结果。环形、静态的时间观被线性、动态的时间观强力嵌入，撕开了不能再愈合的裂痕。不仅仅是《天演论》渐入人心，与此思潮相伴的爱德华·泰勒（Edward Burnett Tylor）的《原始文化》、詹姆斯·弗雷泽的《金枝》更是五四前后在学界倡导、发起民俗学运动的学界精英的圣书。二书的宝典地位在中华大地上至少延续了近百年。在汹涌澎湃的革命、发展、进步三位一体的主流意识形态进一步推波助澜下，遗留物说、万物有灵论、原始思维、交感巫术、迷信成为认知民俗的前提。

1846年，英国人汤姆斯（William Thoms），创造性地使用了撒克逊人的土语"Folklore"（民俗）一词，用来指"民众的知识技艺"（the Lore of the People）。这是民俗学教科书固有的基本知识点。但是，从观念层面而言，以欧洲为中心、制高点的单线进化论思潮中的（原始）遗留物说对早期中国民俗学运动的影响要大得多，并延续至今。然而，无论是汤姆斯的民俗，还是泰勒的遗留物，二者的最小公倍数都是对全面来临的工业文明的礼赞，对即将远逝的农耕文明以及还"残存"的更低等级的"原始"文明的伤感、哀怜，是工业文明、都市文明对农业文明、乡土文明善意的揶揄、戏谑。阿兰·邓迪斯（Alan Dundes）开创性地将"民"的范围扩展到至少有一种共识和惯习的"任意群体"。① 这是在历史短暂和文化如同拼盘的美国，以多元移民文化为基础的都市文明大行其道的必然。但是，挥之不去的进化论同样使邓迪斯的亢奋中饱含伤感。当然，无论礼赞还是伤感、敬意抑或戏谑，其中都有浪漫主义的迷离朦胧、近悦远来和民族主义的居高临下、唯我

---

① Alan Dundes（ed.）, *The Study of Folklore*, Englewood Cliffs, N. J.: Prentice-Hall, 1965, pp.1–3.

独尊等高大上作祟，有自以为是的小群体自我意识的膨胀和不可一世。

当把民俗定义为农民社会必将消失的产物，是必然要被进化掉的原始社会或过去的遗留物时，也就导致了民俗"全民而不共享"这一悖谬。因为它不但全面规划好了先进、落后，高级、低级，野蛮、愚昧、文明这些阶梯，还高高在上地以自我为中心，对人群进行了分野。这也导致了后来在世界范围内的民俗学不停争吵，至今也尚无定论的"民"的范围，对"俗"也陷入长期的真伪、新旧以及是非之争中。西德的民俗学主义（folklorism）、美国的伪民俗（fakelore）、公众民俗学（public folklore）、日本的都市民俗学、现代民俗学大抵都是这些争论的具体表现或争论后的产物。

因为暗合了儒家文化强调的蛮夷戎狄、士农工商、三教九流等社会分类学和三纲五常等伦理学，现代学科意义上的中国民俗学更是长期固守在官民、雅俗、科学愚昧等制度性框架内。不仅仅是"俗"，被大写或小写的"民"始终都是居上位的精英要力求改造、教育、涂染的"物"——工作对象而非情感对象，延续着古老中国统治者唯我独尊、"教以化之"的自我中心主义[①]。

作为民族心性的民俗

如果人类社会真的存在一个所谓生产力低下，只求种的繁衍与生存的原始阶段，那么汤因比（A. J. Toynbee）关于原始艺术全民共享的基本观点显然值得关注：

---

① 岳永逸：《忧郁的民俗学》，浙江大学出版社2014年版，第189—199页。

原始艺术家的天赋并没有受到压抑,他们与社会的其他成员共享这些天赋。他们并没感到自己由于具有这样一种特殊的洞察力或才能而与自己的同胞产生隔阂,进而由于这种才能而不能重新进入完全的共享,除非他们成功地改变了自己同胞的情感、思想和行为方式。需要注意的是,他们并没有意识到自己与众不同,是专家或职业家。假使他们意识到了这一点,这丝毫不会给他们带来优越感,从而自我陶醉。反之,那将是他们的不幸,因为那将使他们感到自己被孤立起来了。①

在相当意义上,随着生产力的发展、人群的分野、分工的精细,原本全民共享的"情感、思想和言行"——民俗也被专门化,具象化,琐碎化。衣食住行、吃喝拉撒睡、人生仪礼、岁时节日经常成为不同场合中民俗的代名词。这在对人身体不同器官的定义、表述之中也有充分的体现。心脑远较手脚重要,所以劳心者治劳力者。在今天这个开放的时代,男子的头、女子的腰,他人依旧轻易触碰不得,属于禁忌范畴。手也远高于脚。在汉语中,巧手、能手、高手、快手、写手、三只手、云手、圣手、有一手、神掌、掌上乾坤、指尖技艺都是对手的颂扬,阳光、灿烂。就是"黑手",也常常是与"幕后"相连。可是,如果没有了手,再能干的脚,多少都有些哀悯的色彩,还不乏"跟脚棒"这样的贬义。

本质上,诚如马克·布洛克所言,历史事实是心理上的事实。在此意义上,祛除衣食住行等云山雾绕的种种物化形式,对一个作为能蜕皮的蟒蛇般的历史基体的文化群体或文明形态而言,全民共享的民

---

① 〔英〕汤因比等:《艺术的未来》,王治河译,广西师范大学出版社2001年版,第3—4页。

俗不是别的,而是一种沙漠中坎儿井般时明时暗的心性。哪怕仅仅是"想象的共同体"(Imagined Communities),如果现代民族国家这个概念成立,那么中国民俗学的核心问题应该是中国人何以成为中国人,何以称之为中国人。即,在中国这块土地上生活的形形色色的个体的最大公约数是什么?今天全民还在共享什么?近百年来的中国民俗学都在追随外国以及相邻人文社会科学的大小理论,做加法。或许,完全自立的中国民俗学应该从做减法开始。天然去雕饰后,清水才会出芙蓉。

清末以来,精英阶层不遗余力地废除旧历、推行西历①,对皇家禁地、城乡寺观、祠堂等神性空间、禁地向公园、学校、陈列馆、工厂等的世俗化改造②的不完全成功,根本原因就在于悠久并有着韧性的共享时空观、时空感这种民族心性。无论个体社会化及其所扮演角色的差异如何,也无论是留洋归来还是固守乡里,作为中国人长久共享的时空观并未随强劲的欧风美雨和无孔不入的科技而逝。一旦祛除"魔力",具有了不言而喻的"自然性",新的技术就成为回归的诱因,从空间、时间和社会不同层面全面拓展着"民间社会"的视阈与生态,进而呈现出统一在当地的"本土异域风情"、动态平衡的"历史因素的

---

① 左玉河:《拧在世界时钟的发条上:南京国民政府的废除旧历运动》,《中国学术》2006年第21辑; Poon Shuk-wah, *Negotiating Religion in Modern China: State and Common People in Guangzhou*, 1900—1937, Hong Kong: The Chinese University Press, 2011, pp.93—116。

② 分别参阅 Shi Mingzheng, "From Imperial Gardens to Public Parks: The Transformation of Urban Space in Early Twentieth-Century Beijing", *Modern China*, vol.24, no.3(1998), pp.219—254; 邰爽秋编:《庙产兴学问题》,中华书报流通社1929年版; Rebecca Nedostup, *Superstitious Regimes: Religion and the Politics of Chinese Modernity*, Cambridge: Harvard University Asia Center, 2009, pp.67—149; Poon Shuk-wah, *Negotiating Religion in Modern China: State and Common People in Guangzhou*, 1900—1937, Hong Kong: The Chinese University Press, 2011, pp.41—91。

去历史化"和模仿、戏仿、反讽、曲解的"统一文化"。① 如今,春节、清明、端午、中秋等传统节日成为法定节假日,以旅游、文物等各种名义对寺观、祠堂的修复以及文化遗产的官方认定、保护,要使看得见山、望得见水的"乡愁"滞留在新城镇等,都是明证。

数千年来,绝大多数中国人对专制的迷恋典型地体现在对包公青天的颂扬和对青天大老爷、贤明君主的痴迷、编造之中。如是,被反复阅读、上演和观赏的替天行道的梁山好汉反贪官不反皇帝,终至偃旗息鼓,回归天子之"正统"。形形色色的"上访"也延续了"拦轿喊冤"的古典社会剧的精髓。在《礼记·大学》中,物格、知至、意诚、心正、身修、家齐、国治、天下平的逻辑演绎是小圈涵盖大圈、大圈套小圈的双向互动。原文既像文人自恋的回文诗,也像小孩爱玩的有着荧光的回旋镖:

> 古之欲明明德于天下者,先治其国;欲治其国者,先齐其家;欲齐其家者,先修其身;欲修其身者,先正其心;欲正其心者,先诚其意;欲诚其意者,先致其知,致知在格物。物格而后知至,知至而后意诚,意诚而后心正,心正而后身修,身修而后家齐,家齐而后国治,国治而后天下平。②

其中,物人、心身、家国与天下实属互文。实而虚,虚而实。当实则实,当虚就虚。家、国、天下在身心之外,也在身心之中,是可视可感也能两忘的物。更为关键的是,这一原本有些玄妙,唯物和唯

---

① 〔德〕鲍辛格:《技术世界中的民间文化》,户晓辉译,广西师范大学出版社2014年版。
② 〔清〕阮元校刻:《十三经注疏》,中华书局1980年版,第1673页。

心杂糅的理性经过千年衍化,早已春风化雨,深入人心,成为中华文明的肌理、脉搏。无论是被一度猛烈批判的三纲五常,还是被颂扬的"达则兼济天下、穷则独善其身","天下兴亡、匹夫有责"都是家天下观的细流与枝蔓。家是我的,无论范围大小,只要成为一家之长,就可以理直气壮地为所欲为。也只有成为家长,才能随心所欲,纵横驰骋。对官的迷恋、对家的呵护或者反向无为的躲闪、逃逸,成为了一个民族的心性,既非仅属文人士子、官僚士绅,也非仅属无力无为还认命、相信宿命的小老百姓、凡夫俗子。

这种"家天下"全民观念上的守旧、恋旧的价值理性和金钱万能的工具理性,共同促生了20世纪颂扬贤明君主等青天大老爷宫廷戏的文艺畸形美学和不同形式腐败的温床。家庭联产承包责任制固然在相当意义上解决了绝大多数人的温饱,但其令举国相庆、上下称贺的根本原因在于从心意、心性上回归了耕者有其田的平均主义和大同理想,从而强化了普通人对"家"的拥有感和实在感,和进一步将"家"扩大延伸的可能。在"农民工"兴致勃勃进城散居街头窝棚、青年学子蜗居城市"蚁穴"的同时,希望集团等家族民营企业的兴起,娱乐明星、裸官的家属等既得利益群体则改换国籍、走出国门、购房置地、倒买倒卖,都是以各自的方式、技艺拓展着"家"的内涵与外延。以此为出发点,不难理解大致同期的"儒教复兴""新儒学""儒教资本主义"以及"儒教社会主义"等儒学支流纷纷在大陆思想界的粉墨登场、现身说法。

前现代的官、民有着共享的心思、心性,今天的官、民也并无多大的区隔。尽管在衣食住行等外在形态、在社会地位上,官、民始终泾渭分明,有着天壤之别。在以地产经济为龙头的这个时代,并行不悖的土皇帝、土豪、土地爷惹人眼球的三类形象的大行其道,充分寄托着国人的情思、好恶。中国历史反复演绎的官逼民反，不过是改朝换代，换汤不换药，不过是你方唱罢我登场地按着既定套路、构型的程式美学。在此意义上，民俗不是偏僻之地、旮旮角角的细枝末节，不是市井街头"止增笑耳"的大众文化，不是荧屏内外的流行文化、垃圾文化，而是一个打破地方主义、原始主义的民族文化的最大公约数。

对于作为最大公约数的民俗，无论群体的大小，置身其中的个体没有谁将自己置身事外，也没有谁能认为自己是独一无二的。因为，作为最大公约数的民俗，其"空间的和社会的本质"与"时间-历史的本质"都是根本性的。① 在相互交往中，他们按照自己的角色分工，均等地也是心领神会地共享着彼此的知识。没有障碍和区隔，更不需要翻译。正如在给"民间故事家"或"非遗传承人"命名之前，没有人会为自己能讲几个故事、唱几首民歌、吟诵史诗、剪裁捏制些玩意儿而自绝于左邻右舍，高高在上。拥有专业知识、技艺的工匠、祭司、香头，气宇轩昂的官员、滔滔不绝的专家会在其该出现的场域出现，并一丝不苟地施展自己的"才艺"。人情、关系、面子、排场是这些场域中演绎共享的最大公约数。说真话还是假话，真笑还是假笑，装腔作势还是一丝不苟，正襟危坐还是蹦蹦跳跳，甄士隐还是贾雨村，"风车车"还是"假老练"，一切都自然而然。

成为"交际花"的民俗

随着公共领域、沟通交际理论的盛行，共享的民俗是用来"交流"

---

① 〔德〕鲍辛格：《技术世界中的民间文化》，户晓辉译，广西师范大学出版社2014年版，第142页。

的成为时髦的命题。这是对民俗认知的巨大突破。它冲破了既有的静态观,将民俗还归生活现场,强调在过程中研究民俗的重要性和民俗的过程性。但是,这种交流理论,也暗中奉迎了庸俗工具论的潮流,不自觉中为这个功利化、市侩化的社会鼓起了风帆,使民俗成为"交际"的。或者说,在发展即进步的虚幻叙事美学中,交流被庸俗化为交际。

从先秦时期开始,在教化观引导下的"采",诗经、汉乐府、新乐府、冯梦龙的山歌、北大歌谣周刊时期的歌谣征集等多少都还具有正价值。将自己从民众分隔出来的这些精英们至少没有否认民众的知识产权,明白自己记录者的角色。21世纪以来,同样是在教化观引导下要反哺民众的官媒精英们,则完全反客为主,大言不惭地扮演起了携带横暴权力的全能全知的导师、恩师。[1]

发展经济的第一要义使长时间被否定、污名化的民俗必然会成为文化。"民间"和"原生态"两个语词分别在20世纪初和21世纪初的盛行虽各有内因外力,却都暗含了不同时代精英的急切与焦灼。[2]20世纪90年代,作为经济唱戏的舞台,不少民俗有了文化的标签。但是,这与此前学界将民俗与文化的粘连、表述并无多少关联。在学界,尤其是20世纪80年代文化热兴起的时候,作为文化被表述的民俗是不同知识分子之间交流的工具,对自己职业、专业正名的诉求举足轻重。到整个社会上下都在轰轰烈烈高举"文化搭台,经济唱戏"的大旗时,具体到某个地方的作为文化的民俗则是发展地方经济的力,至少是

---

[1] 岳永逸:《都市中国的乡土音声:民俗、曲艺与心性》,中国人民大学出版社2015年版,第70—71、245—250页。

[2] 同上书,第3—14页。

"软实力"。这种力,在21世纪以来的非遗运动中得以强化,由"软"变"硬",衍生成为文化产业化、产业文化化和将文化古国建成文化强国的理性基础。最终,作为一种生产力的文化大有取代作为一种生产力的科技的势头,至少并驾齐驱。

随着改革开放的推进,原本一个群体内部交流共享、心照不宣的民俗成为不同群体之间交际的工具,是外在的,甚至需要解释和翻译。为了"发财"而热火朝天的紧张繁忙与宗族文化、庙宇文化的重整交相辉映,热闹非凡。有点儿文化因子、影子并希望游客驻足"凝视"的旅游业在地方经济中占有相当的份额,甚或是地方经济的重头戏。民俗复兴论、宗教复兴论,以及依旧基于欧洲立场——欧洲透视法——的世俗功利论成为多数中西学者描述、阐释当代中国的前提和万能钥匙。萨义德(E. W. Said)批判的"东方主义"、杰克·古迪(Jack Goody)在《偷窃历史》中专门批判的"种族中心主义",尤其是欧洲中心主义仍然阴魂不散。

在一个共建的平台,外在于民但也有些俯就于民的官要的是GDP数据,外在于官但有些媚上的民要的是被内部化的俗的活动空间。虚与委蛇、口是心非、欺上瞒下这种心眼儿、心性也就成为他们践行的身体民俗学的本质。于是,在交际之中,民俗不再是生活本身,而是一种在大小舞台表演的技术与才艺,是一种随时可以脱离固有空间、时间、仪轨而表演的"舞台真实"①。以名不见经传的华北腹地小村范庄的龙牌会为代表的众多经验研究表明:今天的民比居上位的官媒精英都更清楚,他们自己在有意表演什么;从这种作为交际手段的表演,

---

① 〔美〕Dean MacCannell:《旅游者:休闲阶层新论》,张晓萍等译,广西师范大学出版社2008年版,第101—122页。

他们要获取、拓展什么。① 在复杂的内心纠结中,民众表演出不同观者想看到的东西。表演的理性或者说理性表演这一基本的社会事实,是以理查德·鲍曼(Richard Bauman)为代表的表演理论框束下的中国经验研究基本忽略的。

在因经济、发展之名对民俗的庸俗工具化而成为交际工具后,非遗运动再次以文化的名和民族国家文化强国这一政治的义,对全民共享和交流的俗非遗化、碎片化、个体化,使得单线进化论框架下的静态遗留物说借尸还魂。在一大批即将消失或必然消失的民俗具象被非遗化的同时,已经与现代都市生活和传媒帝国融于一体且生机盎然的相声、二人转等也齐刷刷地挤进"非遗"行列,获取在振兴民族文化口号下文化强国梦的政治资本。在以名利为主导的非遗化浪潮中,真假之争、正偏之辩,甚至弄虚作假即使不是主流,也是暗流。厚黑学、关系学如影随形。随之相生的民俗园、民族园、风情园、博物馆、展览馆、会演要么徒有其表、外强中干,要么门前冷落,亦如空壳。

然而,也正是因为经济的名、文化的义与政治的力,民族园、风情园、非遗展、大大小小的官祭和民祭使若干的民俗具象突破了小群体、地域、族群、时间的限制,成为穿越时空的变形金刚。这些交际反而使工具化的民俗在今天具有了片面的全民性,忽视传承者主体能动性的民俗的"外价值"② 被全面、充分地挖掘与激活,热闹非凡。正

---

① 参阅高丙中:《民间文化与公民社会:中国现代历程的文化研究》,北京大学出版社 2008 年版,第 293—306 页;岳永逸:《灵验·磕头·传说:民众信仰的阴面与阳面》,生活·读书·新知三联书店 2010 年版,第 85—168 页;华智亚:《龙牌会:一个冀中村落中的民间宗教》,上海人民出版社 2013 年版。

② 刘铁梁:《民俗文化的内价值与外价值》,《民俗研究》2011 年第 4 期。

是在这样的整体背景下,"百家讲坛""星光大道""超女""快男""中国好声音"、明星春晚、原生态歌舞、无坚不摧的抗日神话剧、老谋深算的宫廷剧、变化莫测的神仙剧、战无不胜的谍战剧才成为这个时代最强的和声,并散发出本雅明(Walter Benjamin)曾深深叹息的"光韵"(Aura)[①],重重叠叠,让人晕眩。

(原文曾以《共享·心性·交际花:民俗的变脸》为题,
刊载于《民族艺术》2014年第6期)

[①] 〔德〕瓦尔特·本雅明:《机械复制时代的艺术作品》,王才勇译,中国城市出版社2002年版,第12—14、89—91页。亦可参阅方维规:《本雅明"光晕"概念考释》,《社会科学论坛(学术评论卷)》2008年第9期。

小剧场的光晕

一提到当下某种曲艺,人们自然想起六七十年前那个名家辈出的年代,并情不自禁地言说其草根始祖以及与雅文化相连的起源。"草根"成为一个时髦的霸权话语,"民间"有了激发人们抗争、维权的意味,煽情的"非主流"有了唤起人们同情心的药效,充满虚幻色彩的"原生态"则具有自慰的梦幻效果。在这个话语谱系中,不但历史、传统、乡野有了特别的意义,貌似低姿态的"小剧场"也昂首挺胸、斗志昂扬,以至于不少喜欢向右转的方家试图从这些"小"中发现西方市民社会、公共领域的因子。

在常态艺术景观(称之为"娱乐杂碎"更合适)中,启蒙、逐利、娱乐、庸俗、故作高雅与繁荣随意混搭,勾肩搭背,拉拉扯扯。这体现在媒体、商家、时评家对赵本山"绿色"二人转和红火前后郭德纲草根相声的包装与叙事上、对原生态艺术的哄抬中,也体现在对小剧场的迷恋、对乡野赛社与革命剧场有意遗忘的社会记忆的机制中。

空的空间

在20世纪50年代之前,无论是说唱还是戏法杂耍,流动在市井街头的摆地艺人也有在小戏院子、茶馆或游乐场、王宫府邸这些意味着身份、地位、层级的不同社会空间的演出。但是，这些艺人表演的基本环境是"风来乱、雨来散"的露天场子。露天场子——画锅摆地，颇似给彼得·布鲁克（Peter Brook）带来好声名的"空的空间"（the Empty Space）①。在这天为篷、地为席的空的空间，演、观双方均等地共享同一空间，都是创作与审美（丑）主体，也是互相消费的客体。

因为固守于艺术的审视，布鲁克的空的空间也就完全剥夺了其中行动主体的阶级属性。这当然不能埋怨布鲁克的唯美、浪漫，也不能埋怨后生戏剧理论家、导演对他的盲从。事实上，恋旧、频频回首的中国文人大抵都有如此唯美的浪漫主义，虽然不乏素朴的感伤。至今都是戏剧美学经典读物的《东京梦华录》《武林旧事》《梦粱录》感怀的就是在开封、杭州的瓦子勾栏"非常人"的奇技淫巧。文人雅士们喜欢谈他们愿意看到、记得的一些东西，不谈他们不愿意看到与记忆的另一些东西。这种睁一只眼闭一只眼的"障眼法"给人留下的是都市市肆的热闹、繁华，而催生这种热闹、繁华的机制与艰辛则被屏蔽。②

在汉语语境中，与"路歧""打野呵"③等有着血缘关系、裙带关系的"画锅""摆地儿""露天场子"这些本土语汇，首先言传的是基于"伺候人"的社会分类学而有的阶级美学、广场诗学和苦乐政治学。它绝非一个孤立的表达美与美感，演、观双方自由互动进行艺术产销的"空的空间"，空荡荡的四维同样有重重叠叠的可视与不可视的幕布。

---

① Peter Brook, *The Empty Space*, Penguin Books, 1968.
② 岳永逸:《老北京杂吧地：天桥的记忆与诠释》，生活·读书·新知三联书店 2011 年版，第 457—503 页。
③ [宋]周密:《武林旧事（插图本）》，李小龙、赵锐评注，中华书局 2007 年版，第 158 页。

有了这一历时的维度，我们就会发现，撂地相声这些在清末民初的北京天桥、天津三不管等都市"杂吧地儿"①存身的街头艺术演、观双方的基本关系：一批被既有文化定格为"下九流"的江湖艺人，想方设法让另一批穷人将自己兜里少得可怜的铜子儿掏出来；"穷贱"之人与"穷苦"之人之间惺惺相惜的理解与扶持；苦中作乐并不乏浪漫主义的"穷乐活儿"。"平地扣饼，等米下锅"不仅是撂地艺人的生活常态，也是他们露天场子周围众多观者的生活实态。

面对完全可能比自己更加拮据却来去自由的穷苦观者，演者不得不使用残虐肉身、自贬、色语、骂街、迎合潮流以及"奇装异服"等种种手段吸引观者的注意，留意观者的反应，与观者互动，让观者乐活、掏钱。这必然促生艺人即兴的创造力与灵感。在抓哏、找包袱或突遇不测时，化解风险的即兴台词或临场发挥的"现挂"不但是一个撂地艺人的基本能力，也是其灵感迸发和才艺高下的标志。

尽管不乏"粗俗""野性"，但对于每一个置身其中的个体而言，撂地本身就是一个"全景敞视主义"②的社会剧场。如同任何一种在特定地域、时代有着生命力的草根艺术一样，根据观者的异同，当年走街串巷的演者，对表演的内容自觉地形成了一种流变的调节机制。在每个具体的观演现场——全景敞视的空的空间，观、演者心目中有着可演与不可演的明晰界限和演到何种程度的完美直觉。这些直觉"无法交流，只有通过实践获得"。③

---

① 岳永逸:《老北京杂吧地：天桥的记忆与诠释》，生活·读书·新知三联书店2011年版，第309—355页。
② 〔法〕米歇尔·福柯:《规训与惩罚：监狱的诞生》，刘北成、杨远婴译，生活·读书·新知三联书店2007年版，第219—258页。
③ 〔美〕詹姆斯·C. 斯科特:《国家的视角：那些试图改善人类状况的项目是如何失败的》，王晓毅译，社会科学文献出版社2004年版，第454页。

当年在都市杂吧地儿兴起，以市井百姓这些底层小民为基本观众的撂地艺术都是集教化、娱乐、生计、审丑等于一体，既是演者与观者共有的一种生活习惯与方式，也是演、观双方谋求基本生存的政治体位学与美学。前些年被媒介写作命名的以小剧场为基地的草根/民间/非主流相声——"商品化"相声，与故意树立为其对立面的以央视为平台的官方/主流相声——"政治化"相声，都仅仅是撂地相声这棵大树因应不同时代背景与需求而生长出来的枝丫，都是撂地相声"登堂入室"后舞台化、技术化的结果，也都背离了"空的空间"与"全景敞视主义"。

连同小戏园子、小剧场等国营剧场一道，话匣子、电台、电视台等明确锁闭了"空的空间"敞开的门，演、观双方有了人为的区隔。演、观双方身份地位的巨大差异不但强化了锁闭空间，并与高凸的舞台一道使得演者对技巧和声光色电等形美的追求成为必然。但是，对形美的追求又未达到甚至背离了布莱希特（Bertolt Brecht）反动亚里士多德"摹仿-共鸣-净涤"说而有的剧场"陌生化（Verfremdungseffekt）-思考-行动"之倡导。艺术沦为可复制的技艺、技术，甚至机械动作。剧场主动、主观、主体的表达欲望受到严酷限制，观、演双方都只能是某种观念意识的被动消费者。直觉、灵感不再重要，现挂成为禁忌，娱乐成为"愚乐"。

对本雅明而言，光晕是前工业社会的传统艺术的神秘韵味和受人膜拜的特质。在现代机械复制艺术中，与本真性、膜拜价值和陌生感连带一体的光晕明显消逝。就当代中国已经成为艺术主体的技术复制艺术的实况而言，与本雅明的基本判断相左，光晕（负面的、贬义的也是神秘的）非但未消散，反而浑厚、浓烈，让社会晕眩。在这种晕眩的迷醉中，人们普遍相信暴发户般的天价相声和"绿色"二人转（二人秀）表明民族艺术-非遗已经光芒四射。扮演了文化英雄的赵本山、郭德纲等俨然俯视众生的高空圣徒,光晕无限。显然,这与威权无限的"大剧场"对这些媚上的圣徒的俯就、收编、整合不无关联。

大、小"剧场"及其复象

在某种意义上,当下大、小剧场的社会形态学不但与大裤衩状的央视大楼、鸟蛋形的国家大剧院直接相关,还与清初北京城大、小茶馆的划分有着异曲同工之趣。

明代,北京城城墙的防御功能明显。与此不同,随着城市的扩展与清初"满汉分城别居"的空间区隔,清代北京内城城墙也就有了明确的政治、文化、族别和差序等级的内蕴,并成为人群强弱、优劣、高低、上下的界碑。顺势,只要是位于前三门(宣武门、正阳门、崇文门)之内的内城-满城,八旗子弟出入的茶馆,无论铺面大小、豪奢简易,均以"大茶馆"称之。而前三门之外汉人生活的区域——外城-汉城,一个茶馆不论规模大小,也不论是专售清茶还是兼售酒饭,均以"小茶馆""茶铺"甚或"野茶馆"称之。[①]

随着国家大剧院强力插入天安门建筑群并开门接客,今天大、小剧场的划分与剧场的外在形制、空间格局、豪奢程度基本相符。能否进国家大剧院演出、演出的频率,尤其是能否上央视、上央视频率的高低,即距离央视这一可视可感又不可触的"喉舌"的远近仍然是大、小分野的潜在标准。正是距离极权而不仅仅是紫禁城远近这一历史悠久的分类准则,才使得"草根""小"与似乎天然有着不满、抗争意识

---

① 刘佳崇璋:《北京各行业祖师调查记略》之四"茶馆之祖师",第八集传抄本1961年版,首都图书馆藏。

的"民间"粘连、等同起来,成为一个时髦的,也具有号召力、煽动性,并同样对他者饱含横暴权力的后现代性"革命话语"。

21世纪以来,随着政府要给包办多年的文化艺术及其团体"断奶",被官民视为新途的商演"小剧场"模式颇受推崇。其实,"剧场"这个今天已经被人们习惯性用来指代观演空间的语词也应该是舶来品,是对源出于希腊语 Theatron 的英语单词 theatre 翻译而来。它的基本标准是公元前5世纪古希腊扇形的露天剧场。本土类似观演空间的表述随着朝代的不同而有着不同称谓,诸如戏场、乐棚、庙台、邀棚、瓦舍、勾栏、茶楼、茶园、戏院、戏园等等。这从《辞海》对"剧场"的定义可见一斑。[①]

出于对此前王国维等学者重戏曲文本研究的现状,也出于对戏剧本为上演、登场而设,"非奏之场上不为功"的本质认知,受当时传入的西学的影响,有着丰富舞台表演经验的周贻白曾经写道:"剧场,原文为 Theatre。其语源出自希腊的动词 theasthai, 原意为'看'。沿用至今日,便成为一个含义颇为广泛的名词。所包括者有戏剧、剧团、舞台、客座,及其他关于戏剧的各方面。换言之,便是戏剧的全部。"[②] 因此,名为《中国剧场史》的周著就分为了剧场的形式、剧团的组织和戏剧的出演三个部分。时隔一个甲子之后,廖奔也曾指出,"剧场古希腊文为 Theatron,其词根有剧场艺术的含义,因此一般西方剧场史都包括对于剧场艺术的论述"。[③]

同样存在观演关系的特定空间对于中西文化却有着不同的意涵。

[①] 辞海编辑委员会编:《辞海》,上海辞书出版社1980年版,第190页。
[②] 周贻白:《中国剧场史》,上海商务印书馆1936年版,第1页。
[③] 廖奔:《中国古代剧场史·序言》,中州古籍出版社1997年版,第1页。

露天剧场之于古希腊的社会结构、政治制度是一种唇齿相依、相辅相成也平等、共生、互育的关系。剧场不但明敏地映射历史、现状，预测政治、社会的走势，甚至不时还左右政治，警醒政治家。与波希战争的胜利相伴，在城市酒神节中上演的称颂英雄并体现城邦价值，尤其是雅典价值的悲剧与雅典城邦的兴盛一致。稍晚的喜剧的写作与上演，则与伯罗奔尼撒战争相伴，也意味着雅典价值的沦落。[①] 正因为如此，古希腊的戏剧家们不仅仅是艺术家，也是政治家、思想家，常常处于时代的风口浪尖，是民众的最佳代言人，是思想的利器与旗帜。20世纪以来，对于西方社会，非亚里士多德或者说反亚里士多德剧场理论的倡导者及其实践，仍扮演了类似角色。除了前文提及的布莱希特、布鲁克，梅耶荷德（Vsevolod Meyerhold）、阿铎（Antonin Artaud）、格洛托夫斯基（Jerzy Grotowski）、波瓦（Augusto Boal）、巴尔巴（Eugenio Barba）等，莫不如是。

与此相异，中国古典时期的"剧场"从业者——多数都是瞽者或贱民。戏剧是基于这些"小我"不均等生命机会的生计以及偏好，基本无关于社会大局。稍晚，这些戏剧从业者则明确归属于"下九流"，人及其艺术仅仅是精英、政治的点缀、装饰与玩物、政治游戏的寄生物，常被兴之所至的帝王将相捧杀或棒杀。除好音律的唐玄宗等极个别的皇帝之外，居上位者推崇的艺术是他们把持并自娱自乐的诗词歌赋文与琴棋书画。对于"苟活"在社会上层或底层的演艺行当，艺术不是独立的、自由的，先后服从于政治——居上位者的兴致——和从业者生计的制约。后人所谓艺术的娱人属性是首要的，审美归于末路，思想则属多余。表演隶属于"宫廷"或良民，从业者没有人身自由，

[①] 林国源：《古希腊剧场美学》，书林出版有限公司2000年版，第191—209页。

二位一体的艺术是不折不扣的"工匠艺术"①（handwerkerhunst）和"卑从的艺术"②（artes serviles）。

换言之，同样有着演观关系的中国古代的神庙、梨园、堂会、会馆、青楼妓院、勾栏瓦肆等这些空间是从属于家国政治的，不需要真正的嘲讽与批判，不传达独立的思考。人们或主动或被动地崇尚的是排场、奢华与声、光、色等形制与细枝末节的精巧、形美以及相应的迷狂和晕眩的感觉。这两种追求分别在盛唐有梨园子弟、教坊乐人参加的大酺和清末紫禁城频频上演的京剧达到极致。

有着这样的生发传衍关系，就不难理解当下在主流意识形态制约下，同时受传媒和西方流行文化（当然也是有意向东方倾销的消费文化、垃圾文化）裹挟的大众文化奉行的"娱乐至上""娱乐至死"的必然性。细究之，东西、古今、传媒与政治、明星与大众、舞台与技巧、金钱与势利、急功近利与思想贫瘠、道德沦丧与精神虚脱等合力打造的生机盎然也是"无父无母"的"青少年化"③的娱乐帝国，其实也是一种泛政治化的表现，是投机者与被名利左右的小我的政治学，是这个时代的精神胜利法。

遗憾的是，被主流与非主流传媒挪用、篡改的草根艺术的生命力又恰好不在以形美、视觉效果以及空洞无物为旨归的舞台，而是在于特定的地域、方言、群体以及这三者混融的日常生活，诸如迎神赛会、红白喜事、庙庆祠祭、春祈秋报、田间地头的劳作、山巅谷畔的歌唱，等等。与都市和镜头下的（半）职业化明星不同，哪怕就是农闲时外

---

① 〔德〕诺贝特·埃利亚斯：《莫扎特的成败：社会学视野下的音乐天才》，吕爱华译，广西师范大学出版社2006年版，第42—53页。
② 〔德〕尤瑟夫·皮珀：《闲暇：文化的基础》，刘森尧译，立绪文化2003年版，第55—79、110—114页。
③ 甘阳：《通三统》，生活·读书·新知三联书店2007年版，第65—77页。

出流动卖艺,那些被外界、他者命名的"民间艺人"以及"非遗传承人"都仅仅是其劳动者身份的一个附加角色而已。对于辛礼生这样有"西部歌王"之称,却终日与黄土地为伍的民间艺人而言,吊嗓子、护嗓是多余的,更不需要踩在椅子上才能唱出高音。

作为草根的民间艺术,它不是悬置在生活之外,也不仅仅是被观赏的,而是用来交际和交流的,是观演双方表达自己身份认同、社会认同和喜怒哀乐苦等情感的基本方式。作为一种"社会行为",无论是在繁复、冗长、沉闷、平静还是简陋、单调、明快、红火的生活场景,草根艺术的"表演"或者说呈现,同时具有政治、经济、宗教、神话、实用、情感、审美、道德、律法、社会形态学等多方面的意涵,是该种草根艺术置身的乡民社会的"整体"(total)呈现。① 换言之,草根艺术是艺术,更是生活本身,是一群人的生活方式与习惯,有着流动、纤弱也坚强,且不易剽窃和效仿的精魂。

赛社、革命剧场和民众剧场

从与特定地域和特定人群的关系而言,除了仍在极少数地方传衍之外,今天主要在文字表述和耆老记忆中广泛存在的大江南北的傩、赛社、社火、社戏等和扎根于乡土的草根艺术显然同属一类。从戏剧发生学与戏剧人类学的角度而言,赛社、社火这些在中国大地上历史悠远的乡土展演与泛雅典娜节、城市酒神节、连那节、农神节等期间的古希腊剧场同样有着异曲同工之趣。这些剧场没有布景,赤裸裸的,

---

① 〔法〕牟斯:《礼物:旧社会中交换的形式与功能》,汪珍宜、何翠萍译,远流出版事业股份有限公司1989年版。

是"没有间隔、没有任何障碍的完整场地"①。在这些空的空间或者说"质朴剧场"(the Poor Theatre),"从第一声鼓响开始,乐师、演员和观众就开始分享同一世界"②,祛除了所有伪装,演、观双方是"感性的、直接的、活生生的交流关系"③。与宫廷艺术在娱乐时顺带追求后世美学家所赋予的审美抑或审丑迥异,这些草根传统因应自然、个体和小社会的变化,娱天、娱地、娱神、娱人并自娱。它关注灵魂,拷问命运,驰骋想象,激活生命,赋予意义,天然有着阿铎强调的剧场的"复象"和本雅明所言的光晕,并从哲学意味上表现人所处的演化状态,神圣而残酷,质朴而粗野。

遗憾的是,傩、赛社、社火、飘色等始终被压制在社会边缘与底层,是满天星式的碎片化存在。未能燎原的星星之火也就没有能在更大范围的地域、人群产生影响。带有民主色彩、与政治比肩、体现价值、追问意义、拷问灵魂的中国剧场也就一直处于萌芽状态,亦无从与孕育西人市民社会的公共空间或公共领域相提并论。鸦片战争以来的现代化渴求与转型,尤其是以五四新文化运动为标志的饱含内在矛盾性的启蒙运动和延续至今的极端现代主义的恣肆,不但没有给予这些草根以新生,反而被贴上迷信、愚昧、封建、落后、铺张浪费等标签,钉在民族发展的耻辱柱上,有史以来最大限度地压缩了其存在的合理性与存身的场域。迥异其趣的是,不仅仅是梅耶荷德、布莱希特对中国文化及其戏剧尤其是对梅兰芳的表演恩爱有加,阿铎、彼得·布鲁克都通过贪婪地吮吸着巴厘岛戏剧、伊朗塔其赫等这些类似

---

① 〔法〕翁托南·阿铎:《剧场及其复象:阿铎戏剧文集》,刘俐译,联经出版事业股份有限公司 2003 年版,第 104 页。

② 〔英〕彼得·布鲁克:《敞开的门:谈表演和戏剧》,于东田译,新星出版社 2007 年版,第 48 页。

③ J. Grotowski, *Towards a Poor Theatre*, London: Methuen & Co. Ltd., 1968, p.9.

中国傩、赛社、社火的东方草根艺术,为西方的剧场带来新的生机。

差不多直到20世纪末期,廖奔、周华斌、冯俊杰、车文明、罗丽容、曹飞等中国戏剧学者才开始正视所谓的"神庙剧场"。[①]遗憾的是,这些正视大多又远离了周贻白当年所言的剧场即"戏剧的全部"这一同时兼具认知论和方法论的基本内涵,在相当意义上将"剧场"回归到单一的演出空间。因应文献、文物资料结合的考证耙梳,常"只聚焦于演出环境本身的发展演变上",主旨是说明中国"剧场"历史的悠久以及建筑的科学与精美。这样的取态,自然少了剧场之于中国社会、文化、政治以及个体意义的追问,反而是傅谨关于草台戏班的研究直接承继了周贻白的剧场观,显示出新的活力[②]。

与此同时,受波瓦"被压迫者剧场"(Theatre of the Oppressed)[③]理念的影响,在20世纪后期的菲律宾、印尼、孟加拉、韩国、日本以及港台等亚洲国家和地区普遍兴起,并被视为"亚洲的呐喊"的"民众剧场"[④],直至2005年前后才在外力的帮助下,在大陆犹抱琵琶半遮面式地羞涩现身。民众剧场为民众而存在,属于民众并由民众创作,试图打破演者与观者、专业与非专业、剧场和非剧场的界限,将剧场史上处于被动位置也需要"净涤"的观众转化为主体,并让这些成为主体的弱势群体发出自己的声音,表达自己的权利与诉求。这一质疑以欧美为核心的主流消费艺术的追求,使得亚洲各国民众剧场的从业者

[①] 参阅车文明:《中国神庙剧场》,文化艺术出版社2005年版;冯俊杰:《山西神庙剧场考》,中华书局2006年版;罗丽容:《中国神庙剧场史》,里仁书局2006年版;曹飞:《敬畏与喧闹:神庙剧场及其演剧研究》,中国戏剧出版社2011年版。
[②] 傅谨:《草根的力量:台州戏班的田野调查与研究》,广西人民出版社2001年版。
[③] 〔巴西〕奥古斯都·波瓦:《被压迫者剧场》,赖淑雅译,杨智文化事业公司2000年版。
[④] 钟乔:《亚洲的呐喊:民众剧场》,书林出版有限公司1994年版。

在表演形式与内容上,都尝试以传统的民族艺术表演草根的生活,在街头等公共空间,而非华美精巧、机关重重的舞台,呈现当下的生活议题。因此,在民众剧场,没有绝对意义上的观者与演者,有的仅仅是观演者(spect-actor)。

其实,抗战初期兴起的以民众熟悉的形式宣传抗战的《放下你的鞭子》等街头剧,以及随后延安鲁艺的学员们,在对陕北民间文艺的吸收后精心打造出来的《兄妹开荒》《白毛女》等意在进行革命教育、政治动员的"革命剧场",在某种意义上都可以视为是我国民众剧场隐逸的先祖。1949年后,在国内大大小小的广场、晒谷场、神庙祠堂,或主动或被动地全民性广泛参与的此起彼伏的政治运动、集会、批斗会中,正反角色的内部升降、相互之间的逆转,将革命完全广场化、剧场化。个体作为压迫者和被压迫者身不由己地将智慧、体能、言语进行了最大限度的动员、发挥,既是狐狸又是兔子,既是演者也是观者,每个人还都是自己的导演。作为观念、动员与斗争策略的革命剧场最终演化成为群体欢腾的整体性社会事实。就观演关系而言,这些淡出视野并有意遗忘的革命剧场不但有着古老的赛社、社火气息,也还多少有些空的空间和全景敞视主义的韵味,严肃地将被压迫剧场-民众剧场推演到极致。

尽管当今的理论家们更愿意提及巴西教育家弗莱尔(Paulo Freire)的"被压迫者教育学"(也称"解放教育学")对长期身为被压迫者、被驱逐者和流放者的波瓦的影响,但只要念及毛泽东思想及其实践在20世纪六七十年代的世界性影响,就很难斩断有中国特色的革命剧场和被压迫者剧场之间的内在关联。有些反讽的是,不论终极目的是什么,"被压迫剧场"在新世纪又被作为一种全新的、先进的理念引介进来,还心潮澎湃地乐此不疲。

京剧也好，相声也好，先锋剧也好，3D也好，地下电影也好，无论演观的是哪种艺术形式，今天被不少时评家推崇、看好也叫好的"小剧场"既无古希腊剧场传统，也丧失了傩、赛社、社火这些本土草根文化的传统，更无抗战时期街头剧和稍后的"兄妹开荒"式的革命剧场传统。反而，这些"小剧场"将被反复意识形态化的梨园、小戏园子、小茶馆以及堂会的娱乐小我的衣钵视为令箭，一小群人在封闭的空间、璀璨的舞台和精美的媒体自娱自乐、自说自话，最终沦为另一种形态的"空壳艺术"，有机地融入当代中国表象红火、数据飞涨、自夸自傲的文艺市场，因晕眩再生出重重叠叠的虚假光晕。有着大大小小剧场的城镇也就如一个个凌空飞舞的五彩气球，绚烂夺目。

当下，剧场可能很小，观者可能很少很老的小剧场，俨然被视为是一种重整所谓民族艺术、方言艺术以及现代艺术的有效模式，被上下齐心地大力提倡、仿效与复制，财政投入剧增。这里，依旧要逼问的是"小剧场"这一命名。这一中西并呈、古今杂糅，也是混淆视听的洋泾浜命名与阐释究竟意味着什么？如果不是瞎子摸象，而是直面惨淡的事实，那么"小剧场"理论的阐释者、在称之为"小"的空间的观、演双方实则是风马牛不相及的三个异质性群体。剧场真的仅仅是一个封闭的，供台上台下人自娱自乐，还可以卖高票价的表演空间？被寄予厚望的小剧场能走多远？

（原文先后刊载于《国家话剧》2014年第3期、
《创作与评论》2015年8月号）

技术世界曲艺的可能

技术世界与技术的艺术

在 19 世纪前半叶呱呱坠地的民俗学（Folklore），关注的是民众日常生活及其演进的文化。其生发则是下述因素合力的结果：在哲学领域，有机论对机械论的取代；进化论的出现；生产生活方式由农耕文明向工业机械文明的整体转型；与现代民族国家生成同步的浪漫主义、民族主义，等等。① 自此，当人类社会前行轨迹被机械裹挟，并与科学、技术相依为命时，敏锐者总是能迅速地捕捉到人类思维方式、日常生活可能有的变迁。

当照相术、默片对大多数人而言还是天外来客时，与拍手称快和跺脚诅咒截然相反的两种取态不同，本雅明清楚地辨析出了可机械复制的艺术与此前"在问世地点的独一无二性"的艺术的本质不同。对他而言，"即时即地"的原真性（Echtheit）是机械与技术无法复制的。因为存在于巫术、宗教、世俗对美的崇拜等仪礼的原创艺术具有膜拜

---

① Robert A. Georges & Michael O. Jones, *Folkloristics: An Introduction*, Bloomington and Indianapolis: Indiana University Press, 1995, pp.31—57.

价值，其原真性（也即光晕，Aura）涵括了自其问世起"可继承的所有东西，包括它实际存在时间的长短以及它曾经存在过的历史证据"。不仅如此，机械复制艺术摆脱了原创艺术对仪礼的依附，建立在政治之上，目的在于展示，而非膜拜。①

简言之，原创艺术是凝神专注式的，散发着挥之不去的光晕，具有膜拜价值，是美的艺术，机械复制艺术是消遣式的、仅具展示价值的后审美艺术。与此同时，本雅明也充分看到了机械复制艺术的巨大能量及正功能。他指出，机械复制艺术将原作从传统领域中解脱了出来，能使不同的受众在其各自的环境中欣赏，从而赋予原作以现实活力。正如照相摄影和电影扮演的角色那样，对原真性艺术"荡涤"与"赋予"的双重进程，不但改变了艺术和大众的关系，还导致了作为人性的现代危机和革新对立面的传统，并与群众运动密切关联。②

在经典的《讲故事的人》中，本雅明也关注到了在此转型过程中，口头传统与书面写作之间复杂的动态关系。③因为物质世界图景和精神世界图景在一夜之间发生了"我们从来以为不可能的变化"，前工业社会人最放心的财产，交流经验的能力——经验（Erfahrung），在机械复制时代的工业社会贬值、衰减为经历（Erleben）。这一衰减导致讲故事的"好人"、讲述方式、听者等讲故事参与诸方都不可避免地发生转型。目的在于交流智慧，讲者与听者相互"编织在实际生活中的忠告"的前工业社会的讲故事与工业技术格格不入，仅仅是形同陌路的"手

---

① 〔德〕瓦尔特·本雅明：《机械复制时代的艺术作品》，王才勇译，中国城市出版社2002年版，第7—22、86、91—94页。
② 同上书，第114—116页。
③ 〔德〕瓦尔特·本雅明：《讲故事的人——论尼古拉·列斯科夫》，阿伦特编：《启迪：本雅明文选》，张旭东、王斑译，生活·读书·新知三联书店2014年版，第95—118页。

艺"——手工技艺。同样，本雅明看到了这一必然发生的质变对于在由新兴印刷技术支撑的小说、新闻等文体兴起的影响，以及迥然有别的故事听者与小说读者。而一个对故事、史诗、童话烂熟于胸的小说家——孤独者，其自然更有可能成为娓娓道来的讲故事式的"好"小说家。

电子化时代是更明显的长辈向晚辈学习的"后喻文化"①时代。迥异于中国古典文明的"成年人文化"，"弑父"至少说"去父"的"青少年文化"是当代中国文化，尤其是大众文化、流行文化的基本特征。今天大行其道的"技术的艺术"明显有别于"观念的艺术"。观念的艺术是与心灵相关的文艺，技术仅仅是呈现与强化艺术效果的手段。严格而言，技术的艺术并非文艺，仅仅是传媒。它是因为文化工业的兴起，现代传媒技术对重观念的传统文艺改造和重构的结果。不仅如此，突出技术制作精良，形式大于内容的技术的艺术还力图控制大众。②

对日常生活的全面渗透，技术全面推进了生产生活势不可当的转型。这同样引发了民俗学家的密切关注。村落不仅仅是民俗传承整体性的社会单元空间，它还是一个开放的、动态的、具有包容性和自我再生能力的空间。现代博物馆技术、口述史技艺都被乡民信手拈来，为我所用。借助现代技术，村庄的发展和传统文化的再生产被有着文化自觉的村民付之于实践。③当然，对技术的倚重也导致了民俗的"变

---

① 〔美〕玛格丽特·米德：《文化与承诺：一项有关代沟问题的研究》，周晓虹等译，河北人民出版社1987年版，第76—101页。
② 蒋原伦：《观念的艺术与技术的艺术》，新星出版社2014年版，第72—76页。
③ 刘铁梁：《村庄记忆——民俗学参与文化发展的一种学术路径》，《温州大学学报（社会科学版）》2013年第5期。

脸",由共享的、交流的变成交际的。

赫尔曼·鲍辛格(Hermann Bausinger)曾精辟地指出:一旦祛除"魔力",具有了不言而喻的"自然性",新的技术就成为回归的诱因,从空间、时间和社会不同层面全面拓展"民间社会"的视阈与生态,进而呈现出统一在当地的"本土异域风情"、动态平衡的"历史因素的去历史化"和模仿、戏仿、反讽、曲解的"统一文化"。因此,鲍辛格更简明地将日常的民间世界定义为"作为'自然'生活世界的技术世界"。[①]今天,急于也急速都市化、城镇化的中国正是以技术世界为底色,以推土机、搅拌机、起重机、抽水马桶、沐浴喷头、复印机、扫描仪、摄像机、电视机、电脑和智能手机等为表征。

在这个作为"自然"的生活世界的技术世界,在试图留住"乡愁"进而也到处是"城愁"的都市化中国,似乎正衰减的、原本有着光晕和观念、与节庆式生活关联紧密并会讲故事的"土"曲艺该何去何从?有着哪些可能?是否必然会递减为复制的艺术、技术的艺术、卑从的艺术,终至沦为金玉其外、败絮其中的"空壳"?

汉字节庆与数字节日

在技术世界化的都市中国,中国人的时空观发生了巨大转型。老死不相往来的世外桃源、足不出户的"家天下"空间观全面遭遇了实实在在的"坐地日行八万里"的全球观。四季更替、生死轮回、

---

① 〔德〕鲍辛格:《技术世界中的民间文化》,户晓辉译,广西师范大学出版社2014年版,第25—79页。

"三十年后又是一条好汉"的循环往复的时间观被单线进化发展的钟表时间观强力嵌入,基督纪年和天干地支纪年同行,阴历与阳历并重。在这样的整体背景下,中国人的节日也就出现了多个不同且相互影响的序列。

第一个序列是以汉字命名的基于农耕文明、历史传统、乡土生活、文化社会生态的周期性庆典,可以简称为"汉字节庆"。它又包括四个亚序列:一是至今还深远影响农耕生产的春分、秋分、夏至、冬至等二十四节气;二是火把节、泼水节、那达慕等民族节日;三是清明、端午、七夕、中秋、春节、元宵等传统佳节;四是地方色彩浓厚,当地老百姓常常认为"比过年都热闹"的庙会庆典,声名大些的如北京妙峰山庙会、上海龙华庙会、河南太昊陵庙会,声名小些的如河北苍岩山庙会、山西洪洞羊獬历山的接姑姑送娘娘庙会,等等。

第二个序列是以数字命名或者说数字在前的与现代民族国家对公民身份建构并强化的节日,可以简称为"数字节日",如一月一日元旦节、三八妇女节、五一劳动节、五四青年节、六一儿童节、七一建党节、八一建军节、十一国庆节,等等。对越晚近出生的人,数字节日有着更强的影响力,以至于年轻人群起新造节日。有着四个数字"1"的11月11日被形象地比附成"光棍节"。在快速席卷全国大学校园后,昂首阔步地跃过校园围墙的光棍节给(网络)商家带来了无尽的商机,很快演化成购物的狂欢节、"剁手节"。

另外,不容忽视的还有圣诞节、复活节、愚人节、万圣节等这些源自基督世界的宗教节日对年轻人的魅力。当然,对于绝大多数并不信教的年轻人而言、对于逐利的商家而言,这些洋节已经蜕化掉了其宗教色彩,更多是年轻人交往、交际以及表明自己从众而时尚的平台。

数字节日常常伴随有法定假期和不同层级的政府组织、张罗的重大庆典、游行、晚会、会演。正是通过在这些特殊日子对不同群体价值与意义的强调，作为一个年度周期的新生节点，经过大半个世纪的传衍教化，数字节日已经熔铸到今天所有健在年龄群体的国民意识及其时空感之中。与之不同，在当下的官方语言中、在学者的经验研究领域内，汉字节庆与依依惜别又难以割舍的传统中国相连。它们是过去的、垂危的、乡土的，却有着丰富的文化内涵，潜存着或浓或淡的乡愁、暖意，有着"众里寻他千百度"而"蓦然回首"的美感，也有着"过尽千帆皆不是"而频频回首、垂首的伤感，温馨、幽怨而哀怜。

在21世纪初期，因为顺应了民心、国情，这一以官媒精英为主体的回望心态，使得绝大多数的汉字节庆成为需要关注、保护并号召广大国民主动传承的不同级别的非遗。不但文化部下属的职能部门在紧锣密鼓地为汉字节庆编纂大型丛书"中国节日志"，端午、清明、中秋也与春节一样成为国家法定的节假日。树碑立传和以法律形式对汉字节庆的保护，使其恢复了些感人的光晕，也有了与数字节日并驾齐驱的感官感觉。而且，以科学技术，尤其是电子技术、数码技术为支撑，以大数据、流媒体、自媒体等为表征的视频化时代的全面来临，使得汉字节庆和数字节日在表达形式上有了共通性，二者的同质性日渐增强。这又更加鲜明地体现在改革开放以来持续发酵，主要通过荧屏观看的形形色色、大大小小的春节联欢晚会、各类电视台按部就班播放的种种节庆会演之中，体现在旅游旺季在传统圣山和红色圣地由大导演操刀的地方财政大投入、大制作的大型实景演出之中，体现在官媒精英基于自我中心主义与保守主义的文化反哺之中。对于这些有不同程度约束力的新、旧传统而言，其"空间的和社会的本质"与"时间-历史的本质"都是根本性的。①

舞台化的双刃剑

作为乡土中国口传文化的一个枝蔓，曲艺是方言的艺术、地方的艺术和声音的艺术，更是有着自律地戴着镣铐跳舞的尤瑟夫·皮珀所称道的"自由的艺术"。它有着一整套自觉遵循的、"即时即地"的演观规则，始终游刃有余地在雅俗之间游弋。但是，曲艺又不仅仅是艺术，它同时也将宗教、历史、政治、经济、文化，尤其是地方风情、人情冷暖以及艺人生计、生命融为一体，有着家国情怀、伦理教化，有着浓浓的乡音、乡情和乡韵，艺术感召力、感染力极强。

对于特定地域而言，老少耳熟能详的曲艺没有任何接受的障碍。在农耕文明为主导的岁月，游动在城乡的曲艺如同一条条虚线实线，有着巨大的串联功用，是历时性文化社会生态的共时性总体呈现。②在相当意义上，除至关重要的书同文的汉字之外，与其他口传文艺一道，曲艺教化、愉悦着千百年来绝大多数目不识丁的芸芸众生，连接、凝聚着人心、人情与人性，将成方言版块状的一个个地方整合、凝固成了一个多元一体的伟大中国。

对于在乡土中国举足轻重的曲艺，尽管早期基本止步于资料的收

---

① 〔德〕鲍辛格：《技术世界中的民间文化》，户晓辉译，广西师范大学出版社2014年版，第142页。
② 岳永逸：《都市中国的乡土音声：民俗、曲艺与心性》，中国人民大学出版社2015年版，第3—90页。

集整理，但中国现代学科意义上的民间文学、民俗学对曲艺的研究由来已久。北大歌谣周刊时期收集的不少歌谣都与曲艺有关。20世纪20年代晚期，有人关注到了民歌中的三句半①，也有人编写过湖南省众多唱本的提要②。抗战爆发前夕，延续北大歌谣研究的传统，复刊后的《歌谣》刊载有北平街头巷尾的喜歌，也有了对数来宝溜口辙的专门研究。③1944年，主要利用已经出版的《定县秧歌选》④，辅仁大学的赵卫邦在进行"乡村戏"的研究时，指明定县秧歌戏之类的乡村戏与俗曲之间的紧密关系：乡村戏或是由某一种俗曲演化而来，或是在秧歌的基础上，由多种俗曲共同演化而来。⑤

抗战期间，沦陷区学者对曲艺等民间文艺的关注也暗合了同期国统区和边区对民间文艺的倚重之风。在国统区和边区，人们已经突破了北大歌谣周刊初创时试图进行"专门的研究"和发现民族"新的诗"的初衷⑥，而是充分发挥曲艺等民间文艺"接地气""有人气"、为老百姓喜闻乐见的形式特征和寓教于乐的社会功效，服务于关涉民族生死存亡的抗战动员与宣传。在抗战动员、宣传中，多种曲艺与新兴的漫画、话剧等一道成为了暖人心、鼓士气的战争利器，形成了独具一格并值得深度阐释的抗战时期的"大众文艺"。⑦这一波澜壮阔的大众文

---

① 放人：《民间的三句半歌》，《民间文艺》1927年第7期。
② 姚逸之：《湖南唱本提要》，国立中山大学语言历史学研究所1929年版。
③ 徐芳：《北平的喜歌》，《歌谣》1936年第2卷第17期；《"数来宝"里的"溜口辙"》，《歌谣》1937年第3卷第1期。
④ 李景汉、张世文编：《定县秧歌选》，中华平民教育促进会1933年版。
⑤ Chao Wei-pang, "Yang-Ko（秧歌）. The Rural Theatre in Ting-Hsien, Hopei", *Folklore Studies*, Vol.3, No. 1（1944）, pp.17—38.
⑥ 周作人：《发刊词》，《歌谣》1922年第1号。
⑦ Chang-tai Hung（洪长泰）, *War and Popular: Resistance in Modern China*, 1937—1945, Berkeley, London: University of California Press, 1994；《新文化史与中国政治》，一方出版有限公司2003年版，第1—259页。

艺运动，实则奠定了具有民族风和中国味的当代中国通俗文化、大众文化以及影视文化的基石。在相当意义上，近些年来颇受欢迎的央视"星光大道"就深得抗战大众文艺尤其是边区文艺的真传。

抗战初期，老舍就积极地献身曲艺伟业之中。他既有对"大鼓书词时时近乎诗，而牌子曲简直的是诗了"的礼赞，也有因创作不出为大众喜欢并战斗力强的通俗曲艺而"有时真想自杀"的切肤之痛。[①] 不仅对老舍个人如此，曲艺也是中华全国文艺界抗敌协会一项重要的事业。虽然有着艰难的蜕变历程[②]，但是以劳苦大众为根本的中国共产党始终都重视曲艺等民间文艺对穷苦百姓的教育、宣传、动员、组织等社会功效，并在抗战期间因势利导地将文艺的重心从都市转向乡村。文章不但要"入伍"，还要"下乡"。"到街头去"也很快演化成"到内地去""到农村去"。

赵树理、韩起祥等在20世纪40年代的陕甘宁边区冉冉升起，秧歌风风火火地从乡下进城并获得好评及至影响戴爱莲这样舞者的艺术人生，抗战胜利后《民间艺术与艺人》的快速出版等[③]，都是党一贯奉行的服务于政治（革命）和劳苦大众（人民）的文艺政策的必然硕果。这延续到20世纪五六十年代的表现就是：在对"旧"艺人教育、改造和感化[④]的基础之上，成立了各种类型曲艺社/团、剧团、文艺宣传队，

---

① 老舍：《谈通俗文艺》，《自由中国》1938年第2号；《制作通俗文艺的苦痛》，《抗战文艺》1938年第2卷第6期。

② 关于其中的曲折变化，可参阅 David Holm, *Art and Ideology in Revolutionary China*, Oxford: Clarendon Press, 1991, pp.15—112.

③ 周扬、萧三、艾青编：《民间艺术与艺人》，新华书店1946年版。

④ 张炼红：《从"戏子"到"文艺工作者"：艺人改造的国家体制化》，《中国学术》2002年第4辑；岳永逸：《空间、自我与社会：天桥街头艺人的生成与系谱》，中央编译出版社2007年版，第227—269页。

包括毛泽东思想盲人宣传队，以及后来一统天下的样板戏的"发明"。

自然而然，在1949年以来交错并存的不同节目序列中，在审时度势地进行适当的他律与自律后，包括盲艺人在内，曲艺依旧扮演了传言教化的重要角色，成为建设新中国重要的一员。[①] 当然，这也被部分西方学者打入了"政治文化"、技艺——非文艺——黑白分明的分类学范畴与冷宫。[②] 作为文艺战线的"轻骑兵"，短、快、简、乐的曲艺因时应景地频频在大小舞台亮相，举足轻重、举重若轻，春风化雨般地培养、形塑了举国上下集体欢腾的节庆期待。在视频化时代，如何使曲艺继续拥有这种"期待"而红火也就成为一个需要深思的问题。

但是，被定格为"文艺轻骑兵"的曲艺，其舞台化历程是把双刃剑。一方面，它借政治春风的助力，使不少偏居一隅的曲种走出了犄角旮旯、走出了地方，有了更多在异地大小舞台上排演的机会。这锤炼了演技，培养了演员，打造了一系列的优秀节目，有了或大或小的声名。另一方面，试图走出地方、走向全国的舞台化追求，也使得原本属于地方的曲种出现了主动抛离方言、方音、乡情的倾向与苗头。这种"普通话"（也可称之为"普通化"）、"雅化"以及"正确化"的内发性潜在诉求，和主动对依赖声、光、色、电等外在装饰而强化视觉效果的"舞台化"的皈依，反向促生了原本根植于田间地头、街头巷尾也是灵活多变的曲艺有了舞台化艺术形式大于内容、技巧大于内

---

① 对此，在黄新力对陕北黄土地仍在艰难行走的盲说书人的图像叙事中，有着清晰地呈现。参阅黄新力：《陕北盲说书人》，上海锦绣文章出版社2009年版。
② Chang-tai Hung（洪长泰），*Mao's New World: Political Culture in the Early People's Republic*, Ithaca, N.Y.: Cornell University Press, 2011；《新文化史与中国政治》，一方出版有限公司2003年版，第261—329页。

涵和因命题作文而生的主题先行的形式主义通病。① 不少地方曲剧团的成立，就是典型地要曲艺向戏剧转型从而"提高"的尝试之一。

不同于戏剧，与乡土中国日常生活水乳交融的曲艺对演出场地——舞台——原本并无过高的要求。有着游牧遗风的"天为幕、地为台"的撂地，是曲艺表演的常态。这些简陋的演练空间，孕育并成就了曲艺成为一种穿越时空和心灵的"声音的艺术"。正是通过围聚的聆听，相声、评书、莲花落、苏州评弹、温州鼓词、四川竹琴、山东快书等，成为了养育人的一方水土。不需要过多的道具、装饰，仅仅依靠演者对日常言语和声音伸缩自如的把控、呈现，一个如痴如醉、物我两忘的聆听和默观世界迅疾在观-演者之间生成。与传统中国的戏剧，尤其是地方戏一道，主要以声音为再现手段的曲艺形塑了绝大多数中国人的听觉、世界观、道德观与价值观，在事实层面扮演了千百年来中国民众的"史诗"。

然而，舞台化的曲艺不仅只有普通化、戏剧化的欲求。随着改革开放后流行音乐的盛行和卡拉 OK 的风靡，舞台化的曲艺也身不由己被裹挟前行，唱的重要性胜过了说，高分贝的伴奏带取替现场的伴奏，人的真声不再重要。进而，原本说唱并重还承载审美、历史、道德和人情冷暖的曲艺又出现了流行歌曲化、卡拉 OK 化的势头。台上红火、台下冷清，浮躁而喧嚣，空洞却热闹。这里面一直潜存着要作为方言艺术的曲艺"普通话"的悖谬，和要曲艺这种地方艺术走出地方，从而让更多人听懂的浪漫发展观支配下的焦灼。

---

① 20 世纪中期对相声、戏曲的改造，都鲜明地体现了曲艺舞台化的双刃剑功效。参见祝鹏程：《文体的社会建构：以"十七年"（1949—1966）的相声为考察对象》，中国社会科学出版社 2018 年版；张炼红：《历炼精魂：新中国戏曲改造考论》，上海人民出版社 2013 年，第 1—345 页。

视频化时代的挑战

随着电子技术的日新月异，21世纪以来的中国快速进入了视频化时代。笔记本、平板电脑、智能手机等已经全面浸入人们的日常生活。低头观看或大或小的荧屏成为绝大多数在大小城镇生活的人的基本身姿、体态。

其实，以无孔不入的WiFi和4G网络为支撑，无限度时空挪移的视频化时代是一个"后舞台"时代，是将舞台从身边隔离进而虚拟化、数码化的时代，可观但不可触。通过荧屏在眼前随时呈现的逼真时空、华丽舞台要消减的正是现实世界中的真实时空，尤其是剥离舞台的真实。对于绝大多数观者而言，身临其境的感觉代替了身临其境。无论是大投入的大制作，还是小投入的小制作，远胜于舞台化时代对形式的倚重，视频化时代不但让机械复制艺术、技术的艺术所向披靡，还不遗余力地肢解舞台艺术本身，悄无声息地削减着人们感官敏锐的本能与直觉。

在大而无当却繁华耀眼的"虚假"影视一统天下的视频化时代，避免曲艺的影视化，远离大导演、大手笔、大投入与大制作，逆流而动、坚守本色或者才是曲艺突围的可取路径。如果说接地气的曲艺是小众的，那么已经在中国传衍了近百年的源自西方的话剧、歌剧、舞剧等所谓的高雅艺术更是小小众的。不要想让普天下的人都喜欢原本属于方言、方音与地方的曲艺，让曲艺回归自我、回归"小众"。

这并非是说要曲艺远离"高雅"。相反，曲艺应该自信地回归它原本有的"史诗"本色，有着义不容辞的担当豪气和舍我其谁的自信底气。一方面，如同《东京梦华录》《梦粱录》和《武林旧事》诸书记述的宋代勾栏瓦肆早就有的"讲/演史""小说""说三分"等那样，把大历史曲艺化、通俗化、市井化、琐碎化、亲情化，直面天灾人祸、战争风云等深远影响众生的历史事件，说唱天下。另一方面，凝视生老病死、家长里短、时事新潮等日常生活，紧贴乡亲、街坊的喜怒哀乐，用土得掉渣的乡音、乡情、乡韵拨动人的心灵世界、触碰观者的神经末梢。如此，无论哪类题材，无论在什么样的舞台，面对什么样的观者，曲艺必能直击人心，营造出一个可以聆听、默观并陶醉其中的艺术世界。

正是因为如此，反应伟大抗战的四川谐剧《川军张三娃》、潞安大鼓《一个都不许死》、南昌清音《傲雪红梅》，讥讽贪腐的数来宝《局长的茶杯》、谐剧《电话铃响过之后》，反应当下市井生活的谐剧《麻将人生》、相声《出租司机》和《我的房子呢》等这些已经上演的曲艺节目才让观者为之动容，拍案叫好。当巧妙地触及人类普遍的情感时，小众的曲艺就成为了大众的，还有了不可取代的独一无二性、即时即地性，自然散发出本雅明称许的光晕。

当然，要曲艺逆流而动、坚守本色，并非说要曲艺故步自封、画地为牢，自绝于技术世界，对快捷传播的技术手段视而不见，而是说要有意识地抛却被好莱坞风格规训下的大投入大制作影视之千篇一律、徒有其表的空壳本质。无论是从传播学的角度而言，还是从资料档案学的角度而言，有料、经典的曲艺视频化，即后续传承传播，是其艺术生命完成的一个必不可少的阶段。

如此，在视频化时代精英们欲扶持和发扬光大的传统佳节，曲艺首先可以以自己的方式，艺术化地呈现这些节庆之于一个国家、一个民族、一个地方、一个个体的价值与意义之所在。节庆之于人类的意义不仅仅是闲暇、娱乐、狂欢以及温暖，它还有反思自己，敬畏天地人神的神圣本色——宗教性。春节时送财神说的吉利话等原本在旮旮旯旯存生、鲜活的曲艺是传统佳节的一个重要组成部分，绝非与个体节庆生活关联不大的点缀。对于与土地为伍、与大地相依为命的众生而言，热闹又安静的曲艺实则是外显的传统佳节本身。

不论是相声还是二人转，无论哪种曲艺，上不上央视、上不上春晚、能不能走出国门都无足轻重，有没有"巨星"、现不现身大小的文艺会演、庆典节目也不足挂齿。包括节庆在内，日常生活世界中的曲艺是面对每个个体、直面人生的。我们要做的是：真切认识曲艺的乡土本色，并在节庆期间激活其本色，赋予其之于地方、民众，尤其是小我的意义。

都市中国的乡土音声

今天的中国是一个电子技术大行其道、都市生活方式无孔不入的技术世界。现代社会奉行的文明，或者说都市文明的基本准则是以西方为标杆的。在最简单的意义上，抽水马桶安装到哪里，沐浴喷头安装到哪里，就意味着（西方/都市）文明——洋气——到了哪里。但是，这个抽水马桶和沐浴喷头遍布的"都市中国"又是无法剪短传统脐带的历史悠久的伟大中国。非遗保护运动正是在急剧、快速都市文明化-西方化的中国聊以充实和自救，从而可持续发展的强心术、还魂针，是要全民树立文化，尤其是传统文化和民族民间文化的观念、意识，从而主动、自觉地传习、发扬，终至使得在技术层面与世界趋同的都市中国同时是色彩鲜明的文化中国。

虽然向本土传统的回归还基本是一种自上而下的呼召与号召，滞留在形式化层面,但在这个多少有些文化自觉、自救与振兴的大业中,凝聚、浓缩乡土音声的曲艺显然大有可为。在技术世界,无论是因为政治的原因、市场的原因还是娱乐多元化的原因,明显有着"守旧"色彩,坚守方言、地方和声音的曲艺面临着两种路径:退化和蜕化。

退化是不知不觉地无视甚或舍弃曲艺的乡土本色,唯技术马首是瞻,亦步亦趋地跟着话剧、戏剧、流行音乐、电影电视走,跟着明星大腕、大导演、大制作走。这就出现了诸多乱象:声光色电等舞台布景形式比表演的内容和艺术性重要;话筒、喇叭、卡拉OK伴奏带比演员的嗓门重要;唱歌比说话重要;旁观比聆听重要;故事的艺术化呈现比故事本身重要;能否上央视、能否得领导喜欢、获奖比是否真正受观众欢迎重要,等等。这样,因为舍本逐末,形式上进步而时尚并确实有着曲艺元素的"新曲艺"一本正经地退化了,乃至于不少费钱费力的曲艺严肃地加入了"空壳艺术"[①]的行列,成为仅仅悦上、媚俗、庸俗的景观艺术、一种可机械复制的浮华的技术的艺术。

要摒弃退化,将之变为凤凰涅槃、蟒蛇蜕皮般的蜕化、再生,既需要将曲艺还归于民、重归乡土本色,更需要从业者对土得掉渣的曲艺要有敬畏之心、感恩之心。

在相当意义上,宗教与文艺都是"情感的产物"[②],都有着让人忘我的神圣性。不论哪种曲艺,无论是当下西南中国乡野偶尔还有的春节期间的说傩傩(戴着面具前往各家各户说吉祥喜庆话,从而讨些钱物),还是已经"高富帅"并长期雄踞电视广播的说书,都有着或多或少的宗教渊源,至少可以追溯出宗教性的起源。这种宗教性使得乡土

---

① 岳永逸:《忧郁的民俗学》,浙江大学出版社2014年,第147—181页。
② 周作人:《周作人散文全集·第二卷》,广西师范大学出版社2009年,第331—335页。

中国的演者-江湖艺人不仅是戏剧理论通常所谓的入戏、移情的演员，更是与所表演的曲目融为一体、物我两忘，并始终敬畏祖师爷-行业神的子民。在眼观六路耳听八方、见多识广的江湖历练中，一个左右逢源、八面玲珑、随机应变的艺人在祖师爷的庇护、恩宠下，能够不露痕迹地使表演的内容、情节、说唱的言语如同山泉，潺潺地从心底流出，涌向观者。①

2010年4月18日，农历三月初五，正值河北井陉县苍岩山庙会。当天，在玉皇顶院内，朝山进香的陆香头即兴表演了"老母叫街"以娱神。这出历时十多分钟的即兴演出，香客又俗称"念老母叫街"，表演的是无生老母拖儿带女沿街乞讨的苦难情景。通常在表演时，演者左、右有男、女小孩随行。但是，当天该朝山会并无儿童，因此场中只有陆香头独演。

在玉皇顶院内这个天幕地席的露天舞台，在焚香叩首后，陆香头坦然将白色毛巾包裹在头上，右手拄着拐棍，左手拿着残破的口袋，跌跌撞撞，绕圈徐行。左近的香客迅速合围了上来，八九平方米的剧场——彼得·布鲁克称道的"空的空间"——瞬间形成。在这个"没有间隔、没有任何障碍的完整场地"，从第一声鼓响开始，"乐师、演员和观众就开始分享同一世界"。

徐行的陆香头声音沙哑地吟唱——念佛（"佛"实则是民间流传的宝卷），宛如年轻女子低吟哭泣。同行香客铛、鼓的低沉伴奏，增添了几分凝重。如同华北乡野庙会常见的情形，同行香客不时上前给陆香头喂水。三圈下来，陆香头眼中泛着泪花。更让人惊奇的是，不

---

① 岳永逸：《空间、自我与社会：天桥街头艺人的生成与系谱》，中央编译出版社2007年版，第51—90、96—106、214—225页。

少观者也潸然落泪,纷纷掏出大小钱币,放进陆香头手中的口袋里。表演结束时,大汗淋漓的陆香头朝殿内磕头跪拜后,才在香客的搀扶下离去。

就这出以念佛为主色的演出,我们当然完全可以说它本身就是宗教的。但毫无疑问,它也是一场道具简陋、角色缺失的即兴表演。更为关键的是,这场即兴表演有着让人震惊的艺术感染力。显然,这种艺术感染力首先源自祛除了所有伪装的演者-香头和观者-香客"感性的、直接的、活生生的交流关系"①。这种交流关系又是以观演双方共享的经验为基础,即对神灵的敬畏和对普遍意义上个体原初苦难的凝视。香头即兴演出的目的不是索取,而是全身心投入的奉献,是为神明"当差"。他演绎神(当然也是"人")原初的苦难,直击人心,让观者在瞬间回到世界的起点,猛触观者的神经末梢和泪点。

表演完毕时,在体力透支的情形下,香头还不忘跪拜磕头,给神明谢恩示意。熟悉近百年中国剧场史的人都知道,直到20世纪40年代,艺人在演出前拜祭后台的祖师爷是绝对不可少的仪式化行为。在后台化妆好的"关公"本身就是一种禁忌,任何人都不得与之交谈。同样,在连阔如、新凤霞、关学曾等人笔下回忆性、自传性的文字中,这些仪式化的敬拜仪礼屡见不鲜,是艺人日常生活的常态。如今,我们当然可以说这些祭拜行为是愚昧的、落后的、迷信的,但我们完全无法否认这个对祖师爷敬拜仪式凝神静气、抱元守一——净心——的正面功能:演者剔除杂念,直面舞台,让自己与自己的角色、要念唱的言语、故事完全合体,从而感染观者、愉悦观者,引领观者一道入戏,与观者融为一体。

---

① J. Grotowski, *Towards a Poor Theatre*, London: Methuen & Co. Ltd., 1968, p.9.

在科技昌明的当下，我们显然不能提倡回归当初以乡土和农耕文明为底色的演艺行当普遍存在的神明敬拜，但我们完全可以提倡对曲艺这种艺术形式本身的敬畏，演者有甘为自己所从事的曲艺献身，甚至甘心为仆、厮守终生的心态。对于从业者而言，曲艺确实关涉生计，但它更应该是从业者的心之所在，甚或生命。实际上，"端正心态、摆正位置，有良好的职业道德和操守""德艺双馨"等主流话语都蕴含有这层意思。

其次，蜕化还是演者对观者的敬畏。即，上下始终念叨的文艺究竟服务于谁、怎么服务的老话题。不容置疑，原本融于地方日常生活的曲艺服务于街坊邻里、乡里乡亲，从业者心里必须时时刻刻、真真切切地装着可能有的观者，为他们服务，急他们之所急，想他们之所想，而非高高在上、不可一世地自绝于观者，认为自己是"送文化下乡"的反哺施恩者，是个"非常人"。因此，远近哪家有生辰寿诞、红白喜事，哪村有庙庆、赛社、市集，昔日走街串乡的艺人个个都门清。

2007年4月19日，正值山西洪洞县羊獬历山三月三接姑姑送娘娘的庙会。当天，历山娥皇女英殿西侧南北向空地，是来自霍县的盲艺人郭国元卖艺的场子。在以他一人为中心的这个露天的"质朴剧场"，幌子正中写着"无君子不养艺人，心善者必富贵"，上款是"无依无靠卖唱为生"，下款是"四海为家老艺人郭国元"。因为是庙会，他在此处的演唱更多的是替香客许愿还愿，即有着还愿戏性质的"说神书"。因此，这个形制简陋的质朴剧场也是个观、演双方共享的神圣剧场。

至今，郭国元都让我记忆犹新。不仅因为多年从事田野调查的我首次在田野现场遇到了说神书的情形，更因为对于老观者/老主顾，赶庙会流动卖艺的他能够听音识人，能脱口而出这些发声与之对话交流的观者的名字、曾经是因啥事在啥地方许愿还愿。在庙会这个原本流动性很强的江湖社会,利用自己目不能视的纯净与博闻强识,郭国元建构了一个"心中有你"的温馨暖人的熟人社会。这种情意浓浓的关系网的建立和走到哪里都是好生意的"火穴",是以演者对观者的敬畏并兢兢业业服务于观者为前提的。

这与今天以华丽舞台为场地,以上央视春晚、出国为理想,以获奖成名赚钱为梦想,动辄称大师、明星而高高在上、唯我独尊实则卑从的演者大相径庭。其实,这些成名成家获利的个人追求并无可厚非。但是,这些依靠霓虹灯、话筒和伴奏带表演的演者熟悉的名字很少是观者的,而多是专家、评委、领导以及经纪人的。

在这个已经被视为自然也是理所当然的技术世界,对他者而言完全可能是佶屈聱牙、呕哑嘈杂的曲艺的生命力究竟在哪里?曲艺不仅是需要自上而下保护的非遗,不仅是职业、饭碗与名利,曲艺本身是神圣的,是都市中国厚重、久远的乡土音声,也是这个技术世界不能视而不见的精魂。对曲艺本身敬畏,不妄自菲薄,对观者敬畏,不妄自尊大,可能是曲艺从业者、管理者、经营者的双拐!有敬畏之心,技术世界曲艺的蜕化也就有了可能。

(本文缩略版《曲艺的现代进路》刊载于《读书》
2015年第9期,完整版以《技术世界民间曲艺的可能》
刊载于《华东师范大学学报(哲学社会科学版)》2016年第4期)

舞姿的声音

一

2014年5月24日，"海上联合—2014"中俄海上联合军事演习如期举行。日本则同步举行了其反复演练的"离岛夺还"的军演。这多少有些剑拔弩张的火药味。但是，政治的较量、军事的对峙仅仅是国与国、不同民族、不同集团之间交往的一种声音与形式。也就是在同一天，由日本导演长谷川孝治执导的《祝/言》在北京东单中国国家话剧院先锋剧场按部就班地上演，观众爆满，掌声雷动。三位主角演员是分别来自中国、韩国和日本的艺术家李丹（饰梦雅）、金善花（饰郑泳喜）和相泽一成（饰大崎谅介）。圆润并饱含和声的韩语、日语、汉语纵横交错，字正腔圆，声声入耳，悠扬婉转得铿锵有力。

是日晚，我带着年仅八岁的儿子，到先锋剧场观看了这部话剧。学哲学出身的长谷川导演，是日本青森县立美术馆舞台艺术总监。1978年，他在青森县组创了"弘前剧场"，担任所有作品的编剧和导演。常年以弘前剧场为基地的戏剧创编、排演，长谷川就是要打破东京和标准日本语垄断日本戏剧的威权，呈现语言（方言）、文化的多样性以及潜存在多样性中的最大公约数——人的认同。如同多数艺术品都有着其潜在的主题，试图传达某种认知一样，《祝／言》的哲思笼罩在巨大的悲情之中。艺术家巧夺天工的完美表现，使得"悲·情"不仅仅是一种氛围，其本身就是一种哲思，是《祝／言》流动的魂魄。

这"悲·情"不是政治家、军事家与资本家的，而是一个悄无声息的"异邦人"的。他／她，一口破皮箱便能装下全部家产，甚或"差点儿就塞进了两个人的家当"，走南闯北，浪迹天涯，身如飘萍，形单影只地淹没在滚滚红尘之中。如同隐形人，这个异邦人的天涯没有"国界线"，没有阴阳之隔、生死之异，有的仅仅是与之一体、如影随形的记忆，破碎得不堪回首、才上眉头却下心头的故事，有的仅仅是"风、水，光，以及天空"。

话剧再现的是 2011 年 3 月 11 日，在日本三陆海岸的一家酒店，来自韩国的新娘和来自日本的新郎的跨国婚庆灾变的前因后果。在婚礼现场，有着亲友恭贺，有着有中国人身份的心灵"导师"梦雅的祝福，欢快而热烈。眨眼间的地震、海啸让一切灰飞烟灭！幸运留存下来的仅仅两人：临时驾车回去取幻灯片的敏于思的"导师"梦雅，未经过大风浪和生死骤变的新郎、新娘的一位朋友，他也是梦雅的学生。

这俨然创世洪水神话的现代版，但又绝对不同！无论东西，远古的洪水神话表达或者说更强调的是人的肉身的繁衍。在孤男——"兄"和寡女——"妹"之间胀满的是羞涩，必须合体的责任与义务，没有选择。与此不同，在《祝／言》中，骤然灾变后的幸存者已经发生了一定的逆转。幸存的孤男寡女不再是兄妹，而是早已经有了各自深深文化印记的姐弟、师生、成年人与青年人。肉身的繁衍也不再是当务之急，而是凤凰涅槃般的精神再生,是男女双方如何从惨痛的记忆和破碎的生命故事中实现自我的突围与修复自我。

五月初,同样在先锋剧场上演的查明哲导演的哲理剧《死无葬身之地》也是将个体置之死地而后生的绝地之战,演绎的是法人萨特版的严酷战争中"人的再生"的神话。但是,因为主动向创世神话、洪水神话,兄妹婚神话的回归,"再生"这个人类古老的神话叙事学明显赋予了《祝/言》和《死无葬身之地》完全不同的艺术呈现。东方人的,过去完成时的《祝/言》始终是月白风清,遗世独立的一个人的梦呓,喃喃自语,如一曲慢板流觞,悲・情绵延不绝地包裹着台上台下。西方人的,现在进行时的《死无葬身之地》则始终是一群演员迫不及待地大声吼叫,声嘶力竭,音强与音高的穿透力、感染力到了台下多少有些强弩之末的颓势。或者,这种差别与创、编、导、演的整合度、一体化的程度不无关联。"去边界"的跨境《祝/言》是长谷川一个人的,《死无葬身之地》则是萨特、查明哲、演员和观者四个人的。

拖着满满一行李箱的惨痛记忆、哽咽与泪痕的梦雅和那位青年男学生回到灾变现场的忧思、独白、对白,使舞台上的《祝/言》拉开了序幕。整个剧情也就在居与游、生与死、婚与丧、天与地、人与鬼、身与心、天灾与人祸、男与女、当事人与旁观者的夹杂交错,对话、对视中次第展开。眨眼间的变形、换位让原本喜乐谐美,当然也多少有些睚眦的诸方满目疮痍、体无完肤、伤痕处处、平实又惊心动魄。突破族别、国界和文化差异与伤痕,因情生爱,顺理成章而平实的跨国婚姻成为旷世奇缘,永生却不浪漫。狰狞凶猛的地动山摇、风生水起,反而同时赋予了生者、死者以意义和永恒。灵魂、记忆、伤痛、爱情、悲喜、生死、意义不再事不关己,不再虚无缥缈,是那样的真切,触手可及!

当然,剧中也有着对现代民族国家、媒介话语、政治强权、金钱万能之负能量残酷逼视、大声呵斥的俗套、老套。犹如去妆素颜后美女耳旁、颌下的斑点、疤痕,原本直抵人之再生与洪荒的神话叙事学也就突兀地被历史化、现世化,俨然钢琴王子郎朗或李云迪行云流水般演奏时不经意的杂音。凄美、壮美、艳美的悲·情下沉为琐屑的国恨家仇、小恩小爱,多了一道貌似伤痕的裂缝。

这或者终究是东亚戏剧"无(小)我"而非得呈现家国一体的"家天下"观的老路:身心之欢、两情相悦的鱼水情、云雨情、举案齐眉必然要和国家之恨、之痛关联一处,否则就低俗、庸俗与媚俗。传唱千古的白居易的《长恨歌》如此,孔尚任《桃花扇》中侯方域的怯懦、窝囊如此,陈寅恪演绎的"柳如是别传"中最终"变节"的大儒钱谦益也如此。继而,撑起灾变中家国之痛的不是气宇宣扬的七尺男儿,而是柔情似水、风情万种却大开大合的杨玉环、李香君、柳如是这些奇女子。这形成了"巾帼不让须眉"的东亚宏大而沉重的"恋母(女)"叙事美学。

在这种背景下,也才有了张艺谋貌似悲天悯人实则拙劣、对"生命"分出轻重贵贱优劣的《金陵十三钗》。以国仇家恨为幌子,他宣称一些人应该为另一些人去毁灭自己。毫不奇怪,既非那位幸存的青年男子,更非婚庆前后的新郎、新娘,梦雅才是《祝/言》的灵魂人物。只不过长谷川玩了个障眼法,让梦雅更多敲打、叩问的是小我的"私"情,要梦雅修补的苍天是小我破碎的游魂、幽魂与孤魂。与"老谋子"的拙劣不同,在长谷川这里,生命是等价的。正是这个以"生命是等价的"为基础的"梦雅"式障眼法,让《祝/言》赢得了观者的掌声,犹如沈三白《浮生六记》中的"小我"私情赢得王韬、陈寅恪和林语堂等大哲先贤的心。

在当日演后与观众的互动问答中，长谷川导演直言：话剧的主旨就是希望在记住伤痕的同时，也抹去国别、族别的界限；通过汉语、韩语、日语音声的直接呈现，今天被政界、媒介表述的"中国人""韩国人""日本人"完全可以抛弃前缀，开诚布公地像"人"一样往来，交流；但是，民族之间既往的伤痕又是不可泯灭的，是存在的，因此，本意是"祝词""婚礼"的日文"祝言"在译写为中文时，在"祝"与"言"之间加了"/"，这道"/"喻指的就是那些清晰的也淡淡持久的伤痕，它是民族的、国家的，更是个人的。

二

这些缠绕不休的哲学沉思，显然不是一个年仅八岁的小孩子有兴趣、有能力去品味和感受的。当我提及要带他去看话剧时，儿子很是好奇，问道："话剧！那是啥东西，好玩吗？"过了一阵，小家伙又说道："像不像相声？里面有搞笑的东西吗？"这些问题，都是基于我带他观看过相声的经历，无可厚非，自然而然。我没有正面回答他的问题，而是说："这我说不清楚。无论大人、小孩，一个人不可能只干自己喜欢的事情，要学会感受一下不一定喜欢的事情。再说了，说不定看后，你就喜欢上了！"

话虽这样说，我自己心中并没有底。临出发时，我再次跟儿子确认是否愿意去。或者是小男孩好动与好奇的天性，或者仅仅是因为不愿意待在家里，儿子毫不犹豫，蹦蹦跳跳地跟着我一道去牡丹园赶地铁了。结果，儿子是那天晚上剧场中唯一的一个小孩子。遵从儿子的选择，我们坐在了离舞台很近的第二排。

在剧场里，儿子一开始还双目专注有神地紧盯舞台上的一举一动。不到半小时，他就显得烦躁，坐立不安。见我没有搭理他，忍不住在我耳边低语："爸爸，我错了，不该来的，真没意思！他们在台上干啥呀？"我只是说，"再看看，说不定一会儿就有你喜欢的了！"小孩子的耐力终究有限，过了十分钟，儿子故意提高了嗓门，"走，老爸，我们回吧！"

接下来的时间，在观看的同时我不得不分心、分身，勉力安抚心不在焉、烦躁、翻弄座椅继而困乏的儿子，尽可能让其安静，不影响台上的演者和台下的邻里。在话剧快要结束时，儿子实实在在地也是大汗淋漓地睡着了：膝盖跪在地上，头枕着先锋剧场多少有些老旧也粗糙的椅子。没有人导演，更无人编排，儿子安详的睡姿，正好与舞台上三位舞蹈家静默端庄地跪在水池中的舞姿同时上演，同出一辙。台上台下，大人小孩，演员观者，浑然天成。

那一瞬间，我的眼睛有些湿。抚摸儿子后背的左手，像是伸长了出去，轻拂水池中清晰而朦胧的三个美如雕像般的身影。定睛这三个朦胧而清新美丽身姿的双眼，像是呆呆地俯视着儿子瘦小身躯蜷缩的倦怠与安逸。

其实，儿子看似烦躁、平静的外观并未影响到他对剧作、对在他眼前呈现的一切的欣赏和认知。我明白这点是次日中午的事情。暗自庆幸，这间隔的时间不长！25日中午，带儿子到师大校园里的合利屋吃饭。小家伙整天都在念叨那里的意大利面好吃，已经盼望整整一个星期了。或者是满足了他的欲望，下楼后，儿子率先说起了昨夜看的《祝／言》：

"老岳，昨晚的音乐很美，我喜欢！"

这让我诧异！来自韩国神乐组合的音乐很有特色，这至少是《祝／言》成功原因的一半，甚至将《祝／言》称之为音乐剧也不为过。牙筝等几件源自中国的古老乐器，并不神奇。可是，在几位韩国青年男女的手中，它们爆发出了震撼人心的魅力。沙哑、撕裂、苍凉，单调、沉闷、冗长，高亢、悠远、清新并行不悖，错落有致。萨满做法式的神秘音声，西洋高亢的美声，哭丧般凄凉的心声，甚至喉音的喷射，都让人感受到别一种力。这些乐声似乎不是从耳畔发出的，而是来自天际，来自荒漠，来自黑暗，来自乡野，来自坟茔，来自风，来自水，来自光，来自心底，来自记忆深处，来自绝望的伤痕，来自深深的伤口！它们齐刷刷地凌波虚步，踏空而来，穿越光与电的奇异鬼魅，穿越耳郭，直抵心房。毫无商量的余地，你只能敞开心扉，撤除大小城堡，混沌如初。

儿子的话，再次勾起了我这些稀奇古怪也清新的迷醉，也激发了我进一步探知他小小心灵的兴趣："那昨晚的舞蹈怎样呢？"

"舞蹈？！"没想到儿子如同成人一样的沉稳，"和音乐一样的美呀！那个大哥哥和大姐姐的舞姿，优美，让人觉得悲伤，不好受！"

此时的我不是诧异，而是震惊！半睡半醒，不时吵闹着没趣要离去的儿子，居然欣赏到了几乎《祝／言》所有的关节点。当然，那优美煽情充满哲思的日语、韩语独白，他完全不懂。对儿子而言，这些成人观者在意的连贯的"眼儿"正好是无足轻重的盲点。儿子不经意本能知觉到的断点，音声与舞姿，对成人而言常常是次要的附属布景和点染。横看成岭，侧看成峰。同样的东西，在同样的时空，当接受视觉大相径庭时，东西也就呈现出完全不同的样态和意义。可叹的是，受了太多规训，自以为善于思考的如我这样的成人，常常缘木求鱼，舍本逐末，茫然不知却还津津乐道。当我们成人尽力听清每句台词,绞尽脑汁地领悟其中的内涵时,儿子从最简单地入口同样体悟到了《祝/言》的"黍离之悲"。

三

征服了一个小孩子心智的哲理剧《祝/言》绝对是成功的,然而,当演者把话剧仅仅当作话剧来表演时,当观者仅仅把话据当作话剧来聆听欣赏时,那个称之为话剧的东西已经没有任何意义了。"功夫在诗外"。这句古语在此完全可以心安理得地套用。当然,只有在每一个细节上都做到完美的"艺术体"才能够有如此魅力。作为一个整体,浑然天成的每一部分是联动的,无法切割,牵一发而动全身。感悟理解了其中一点,其他都如庖丁解牛,游刃有余,不在话下。

在此意义上,《祝/言》是完美的艺术。说它是音乐剧不为过,说它是舞剧也不为过,甚至还可以说它是童话剧。它是话剧,但又绝对不仅仅是一出话剧。至少,它让一个烦躁不安,反复声言要离开的小孩子感受到了复杂的情感与美。对接受者而言,美的艺术是没有语言界限和形式藩篱的。完美的艺术,总有一丝丝、一缕缕、一束束光亮能捕捉到不同观者的心灵与直觉。

舞台上,那一男一女柔美身体交错的舞姿,是一首无声胜有声的"长恨歌",传递着生与死的纠结,言说着不离不弃、比翼连理的缠绵与忧伤。儿子眼中、口中的大哥哥和大姐姐分别是杰出的韩国舞者丁永斗和中国舞者杨子奕。无论是如我这样用心去品,睁大眼睛,不放走任何一个细节的"凝视",还是如同儿子那样,心不在焉的"瞟",那些舞蹈没有任何一个多余的动作、姿势。就在看到那些流线型身姿的当时，声音离我远去了。萦绕我耳郭的不是儿子也喜欢的"神乐"音声，而是这些洋溢着深远忧伤气息，熔铸着生死伟力的舞姿的静默。阴阳、男女、刚柔、天地、生死、悲喜、爱恨，所有的一切都化作舞姿，转瞬即逝，消散于无形。眼前，只有漫无边际的空白和空灵。

猛然间，我对儿子充满了希望，也对话剧和艺术充满了希望。孩子的认知是最真实的，孩子的直觉是最可信的。毕竟，他还仅仅只是一个年仅八岁，好动的小男孩儿，也仅仅是昨晚一直在剧场坐到最后的，也睡着了的唯一的小男孩儿。

无论是音乐还是舞蹈，艺术完美的呈现，对美的表达，是每个人、每颗心灵都能感受到的。不论这美是神秘，幽怨，飘渺，远在天边；还是华美，闪烁，绵长，近在眼前。这时，心灵没有了大小之分，没有了国别之异，没有了族别之隔，有的仅仅是直觉与知觉，有的仅仅是沉醉与遐思，有的仅仅是长谷川导演笔下、心中不变的"风，水，光，以及天空"。

我没有给儿子讲他蜷缩酣睡时，舞台上杨子奕、丁永斗和浅野清三位舞者长时间的水中跪姿。要是儿子看见了他睡梦中的这一幕，不知道又该会有怎样的评说？或者，他将来会看到，会听到，也会做到。

这让人多少有些遗憾！多少……

（原文刊载于《天涯》2015年第2期）

暴风雪的热度

一

2014年11月14日,过士行新编导的《暴风雪》在北京广安门外的国家话剧院剧场首演。该剧用的全是"土货":本土的演员、本土的故事、本土的风情、本土的焦虑、本土的剧场,等等。文化自觉与自信溢于言表。普通话、山东话、"骡子"之类的行话、叫卖、发动机的轰鸣、风的凄厉、雪花的轻漫等交相错杂,熙熙攘攘,别有风味。

扑朔迷离的剧情围绕一个叫"罗(骡)师傅"(林熙越饰)的成年男性展开。罗师傅是一名曾长年在国有煤矿工作的矿工,因尘肺病失业,未得到任何赔偿。雪上加霜的是,没有固定收入的他还要独力抚养女儿。为了给即将上大学的女儿筹措学费,罗师傅铤而走险,走上了替犯罪团伙运送毒品,成为犯罪集团"骡子"的不归路。因其新职业与角色,警察和犯罪团伙称他为"罗(骡)师傅"的行话、隐语也暗合了他先前在不见天日的矿井中挖煤劳作的"骡子"形象。旧"骡子"成为新"骡子",但仍然是头累死累活、不受待见,还要被黑、白两道和良心鞭打的"骡子"。旧骡子合情合理合法,换喻后的新骡子合情合理却非法。

因为必须在 24 小时内将毒品运达目的地,意外被百年罕见的暴风雪(恍惚有 2008 年南方雪灾的影子,但显然又不是)封堵在野外的骡子不得不身先士卒地带领同车人众挖雪掘路,及至赤裸上身奋力劳作。该剧"暴风雪"的得名也由此而来。在暴风雪中,骡子成为了电视台报道的一个真实的"抗灾英雄",也是不愿透露姓名、拍脸露脸的"无名英雄"。在暴风雪飞扬的舞台上,与抗雪英雄骡子同车的人众、自救的乡民、逮捕犯罪嫌疑人的警察、现场报道的电视台女记者(贾妮饰)都忠实地将自己幻化成社会生活中应有的角色,行云流水般地演绎着各自角色的应有之义,急不可耐的情真意切中有着认真的似是而非。

各方的错觉、误读、执着和对错觉、误读的揭示、对一本正经执着的解构之间的混搭,成就了扣人心弦、跌宕起伏的基本剧情。以晦暗、低调、煞白、猛烈而轻盈的暴风雪为基本布景的《暴风雪》因质朴而残酷,因残酷而温暖。

二

作为北京人,作品不多、审慎的过士行或许对老北京"杂吧地儿"天桥这个旧京的"下半身"了然于胸。他能够通过自己的编创、思考,对现世的生活进行游刃有余地空间化处理,洗去时间的苍凉,只留下时间的参差与沉重,织造出当代日常生活中善恶美丑、是非真假叠加混融、相互涵盖的"杂吧地儿",即一个同时孕育、承载与彰显伟大和渺小、高尚与卑劣的"下体"——"恶空间"。"瑞雪兆丰年"的俗语、林冲上梁山的"雪夜"都打破时间的阻隔,悄然地融化在这场百年难遇的大风雪和刚刚开业不久的国家话剧院剧场的舞台上。

多年来，中西多数戏剧都深受典型人物、典型情节、典型场景等散发着光芒的魔咒的桎梏。当然，这其中还有着亚里士多德《诗学》中以移情-净化为轴心的作为"净化器"驯服臣民，进而巧妙地服务于精英集团的"悲剧压制系统"浓重的阴影。[①] 在（革命）现实主义、国族主义大旗的庇护下，至今都反复被国人搬演的法人萨特的老剧《死无葬身之地》呈现出的是二战中一群人因非生即死而有的声嘶力竭、歇斯底里。同是对灵魂的拷问，日人长谷川孝治《祝／言》选取了海啸、地震后的特殊地景，言说的是灾后阴阳两界男女的生死相依、款款情深。

就对"典型"场景的依赖度而言，过士行显然棋高一着：他既不同于老萨特渲染的手足无措、捉襟见肘和血腥的绝望与嘶吼，也不同于邻人长谷川孝治苦心营造的一往情深、愁肠百结、信誓旦旦的愿景与呢喃自语。尽管将这出剧命名为《暴风雪》，也以"暴风雪"作为舞台基本布景与明线，但过士行并非是要记录一场意义重大的灾难，也不是要审视置于生死穷途冰点的"人"（萨特的英雄、长谷川孝治的情深义重的"伟人-情人"）才有的图穷匕见的"穷相"：英雄不知所措、惊恐的来来回回地走，因声嘶力竭而血淋淋地吼；伟岸情人形单影只、孑然一身的眼泪汪汪地浅吟，一口破皮箱就装下全部家当而浪迹天涯地"梦"游。过士行在意并直击的是平和年代的日常、平凡和每个人都有的那颗不一定高尚也不一定猥亵的"凡心"，是没有英雄的常态之相——"常相"。换言之，灾难、重大的灾难、风雪、暴风雪都不重要，它仅仅是过士行带领演-观者审视凡心、常相的一道不浓不淡、不疾不

[①] Augusto Boal：《被压迫者剧场》，赖淑雅译，扬智文化2000年版，第1—71页。

徐的千人一面的"阴影"。

正是因为普通、常态，有着一丝丝、一缕缕、一片片也包裹所有的"阴影"，过士行的"杂吧地儿"——戏拟真实暴风雪的"恶空间"——有了雪花的明快和阴影的凝重之间的强大张力与反讽，有了历史的纵深感，有了不对劲儿的参差苍凉，有了无坚不摧的尖锐的穿刺能力。在此，列斐伏尔析辨的感知空间、构想空间和再现空间[①]三位一体，凝聚也随即消散在片片飞舞的柔情蜜意、沁人心脾也让人哆嗦、四体不勤、暴烈刚直的雪花中。最终，暴风雪这一"恶空间"既是戏剧大师彼得·布鲁克喜欢的"空的空间"，也是福柯寓言式的全景敞视主义空间。弥漫雪花的舞台与《暴风雪》也就真正成为三教九流杂糅、众相纷呈、穷形尽相的"杂吧地儿"。空灵的诗意中，情真和邪乎、率性和谎言勾肩搭背，举案齐眉。

在这块杂吧地儿，演者的肉身、言语不再是剧本、舞台的技术、道具、布景，其本身就是活的剧本和舞台。通过肉身和言语，演者回归日常生活的常态，成为生活中的另一个人，常人——"非演者"。在这块儿似真似幻、时空并置的杂吧地儿，灵与肉、下半身和上半身、技术与思想、合法与非法、男与女、官与民、警与匪、严肃与戏谑、赞叹与唏嘘、台上与台下、人前与人后的博弈和各自的阴谋、阳谋都一丝不挂，赤裸上阵。艰辛、苦涩但不哀情，热嘲冷讽、戏说但不油滑，幽默、黑色却不乏深刻，空灵而凝重，质朴的残酷中也散发着丝丝爱意与暖气。阳春白雪与下里巴人、高尚与矮小的界限被雪花密织的阴影消解、混融，两小无猜，你中有我，我中有你。

终而，"雪花阴影"成为过士行别出心裁也别具一格的空间美学。

[①] Henri Lefebvre, *The Production of Space*, Oxford: Blackwell Publishers, 1991.

它不是黑暗的也不是光明的。黑暗中有着斑斑点点的光，斑斑点点的光被黑暗笼罩、稀释；无所谓希望也无所谓绝望，无所谓理想也无所谓平庸。正是雪花阴影这一暗藏玄机、多少有些"痞子"味（绝对不是百年来反复被国人演绎的以阿Q为品牌的精神胜利法），被芸芸众生践行的空间美学将当今舞台上下、剧场内外的各色人众拉到了同一起点、平台。职业、身份、地位、演剧角色、性别、长幼、救与被救、爱与被爱、说与被说、追与被追等，都成为了障眼法、遮蔽术。每个人都是大写的"人"，是有着七情六欲也我行我素的"个体""本我"——伟大的"小我"。在雪花阴影美学中，这个"小我"的生之意义、平凡与本真也就美轮美奂也不乏虚无缥缈地徐徐上演。悲而不怨，哀而不伤，美而不艳，质朴而残酷，残酷而温暖。

三

质朴是指《暴风雪》没有接受的距离，没有机械搬演的西洋剧的文化阻隔，没有以剧本为中心的"翻译剧表演"的抽象技术体系，也没有直接将剧场定义为"革命的彩排"（a rehearsal of revolution）的"被压者剧场"的刻意启蒙、唤醒和渲染的革命冲动与激情[①]。从布景、表演、独白、对白、情节延展，《暴风雪》都浑然天成。每个角色都是常人、小人，是观者身边的人，如沧海一粟，熟悉而陌生，陌生而熟悉。如果说《暴风雪》有模仿莎士比亚《暴风雨》的嫌疑，那也显然

---

① Augusto Boal：《被压迫者剧场》，赖淑雅译，扬智文化2000年版，第161—222页。

是揶揄的戏仿，蚍蜉撼大树的自信俨然对经典的《暴风雨》构成威胁与反讽。这种威胁与反讽来自于过士行抛弃了莎翁对高高在上的公爵及其"私"情的依赖，而着力于众生的常相。

因此，莎翁笔下的暴风雨猛烈、张扬、强劲，不乏对魔法、幻术、精灵的依赖，甚至不乏对暴力、粗鄙的渴望。在苏俄革命作家高尔基的"海燕"的感观世界中，莎翁所渲染的暴风雨的烈度有着亢奋的回响，虽然事实上主角已经发生了由"贵族英雄"向其对立面"革命英雄"的质变。与莎翁铺天盖地、太过强势的暴风雨不同，过士行的暴风雪的刚烈中弥漫着轻柔、寻常与不经意。显然，这绝不仅仅是"雨"和"雪"、大海与陆地、水和土、西方与东方、表音文字与表意文字的不同。

莎翁是在书写"伟大"与"非常人"的颂歌，气势恢宏，波澜壮阔，颇类好铺成的汉赋，还额外多了"文艺复兴"的光环与附加值。经历三百多年的时间跨度和东西的时空阻隔，传入中土后的《暴风雨》先声夺人地被定格在了圣坛与神坛，成为不能臧否的膜拜对象。反之，过士行则是在认真、专情也津津有味地刻写着"渺小"与"常人"的墓志铭，细描的日常生活中的磕磕碰碰、跌跌撞撞、吵吵嚷嚷、真假苍凉，很像元曲中的西风瘦马、铜豌豆、墙头马上、静无人的碧纱窗外，大音希声，欲辩忘言。

有了集编剧和导演于一身的过士行对"小"与"常"的礼敬，《暴风雪》的演者闲庭信步，娓娓道来，身段优雅地现身说法，如在台下、场外，而观者则屏息凝视，心领神会，摇头晃脑，感慨唏嘘，如在台上、画中。整个剧场始终有着一种观者与演者互相逼视、换位的氛围与通灵。这种严丝合缝、不折不扣的逼视与通感成就了"暴风雪"残酷的本质，它导向了对常人-小人-小我的日常生活与内心的拷问、洗礼。

鬼斧神工、把平常变为非常、化腐朽为神奇,而又清新如处子、惊天地泣鬼神、余味无穷是所有成功作品的共性。在不经意间,《暴风雪》完全颠覆了歌功颂德、塑造高大上或大奸大恶、爱憎分明的革命叙事诗学、极简浪漫主义和自大民族主义的抒情美学,也抛弃了善有善报、恶有恶报的"大团圆"式的心灵鸡汤与浪漫主义,将被注视、观赏的台上的演者,完完全全地放置在了台下和剧场外的荒郊野地之中、平民百姓之间,放置在了每个人面前的当下。有形的新修的华美的国家话剧院剧场、有升降大转盘还能稳稳当当地让小型铲雪车行进的宽阔舞台都化为了无形,子虚乌有。台上的人在互相试探、审视、逼问,台下的人顺着自己熟悉也经常面临的生活场景,一道打量着自己和他人的日常生活和在日常生活中的那颗凡心,那副常相。每个人都是演者,又都是观者。演-观者浑然一体。

四

《暴风雪》悲、喜夹杂,飞鸿踏雪般地正视、批判现实世界诸多常态乱象、心象——日常生活中的真实。这里面既有着刻意为之的不经意,也有着不经意的刻意为之,巧而拙,拙也野,野而真,真而幻,幻而美。整部剧编得机智,浑然天成,演得精巧、淡泊,顺理成章。剧中的警察、灾-刁民、贩毒者、乘客、记者/主持人、小贩、广告美女、乡党委书记等,都不是泾渭分明的好人或坏人,而都是好-坏人。

主角骡子,正负能量集于一身,作为贩毒集团成员的他在暴风雪中光着上身奋力扫雪清路,乃抗灾主力与"英雄"。忠于职守的警察又多少有些盛气凌人,很"火(龙果)"。虽然惧怕乡党委书记,但在自己地界上的村长则俨然土皇帝。正是在他的带领下,满腹牢骚与怨气的村民——灾/刁民——在尽围堵之能事后,才放行了前往办案、一度欲鸣枪示警的警察。造福一方、位高权重的乡党委书记以"粗口"来制止灾民-村民阻警的"恶行",如黑社会老大。就是一道与骡子被暴风雪围困的同车乘客而言,能言善辩的律师,如墙头草,随风倒;满腹经纶的心理医生头头是道,语言却不明不白,如温室花朵,经不得风雨;高大的足球运动员羸弱无力,奶声奶气如宠猫;八零后活泼光鲜的女青年爱憎分明,爱意浓浓,却有着来路不明、不愿为外人道也的钱财;冰天雪地中,羊水已破的孕妇是毒品携带者。

电视台现场采访报道的记者,恪守职责地不急灾民之所急,一定要灾民服从自己的职业操守,穷追不舍地要"英雄"骡子说感想,要羊水已破的孕妇说感受和打算给即将面世的婴儿起什么名字。在得到直播其救灾的承诺后,开铲雪车救灾的司机师父才慷慨地成为活雷锋,让电视台记者搭了便车。骡子的女儿,出身贫苦却敏而好学,心疼父亲,自立自强,但她不信任也不接受社会善意的怜悯与救助。一本正经的电视台访谈栏目,如摆龙门阵、侃大山,准点插播着彰显身体愉悦、快感的叫卖广告,如猫"叫春"。

悲者不悲、喜者不喜,好者不好、坏者不坏,美者不美、丑者不丑、善者不善、恶者不恶,荒诞感、滑稽感、苍凉感、真实感倍增。就这样,"暴风雪"以它的冷酷、轻柔、散漫,堰塞了悲喜、是非、美丑、正邪的界河,成为直抵内心的质朴的残酷。或者说,不是别的,正是雪花阴影"恶空间"中浅白的质朴、有着勇气和担当的"残酷"与不可忽视、不经意的"渺小"一道成就了过士行的"暴风雪"戏剧美学。作为戏剧美学具象的"暴风雪"也因此有了暖意和热度。

让演-观者在笑声中满含热泪！伤痕累累也坦然的笑颜成为演-观者的主色。每个角色、每道布景都明暗交织、良莠并存、真伪难辨。在人生的十字路口，角色、场景和置身其中的演-观者都面临一种吊诡，置身一场法官、公诉人、辩护人、犯罪嫌疑人四位一体的审判。人与人之间互现，人与景之间互文，漫天飞舞的雪花与悦耳嘈杂的人声、配乐互为主体，难分彼此。从任意一个角色都能看见其他角色的优劣、短长，从一幕场景能看到被遮蔽的旧貌与新颜。在雪花阴影空间美学和暴风雪戏剧美学的洗礼下，每个人都幻化成了自相矛盾、左右手互搏、首尾不能兼顾的"千面英雄"：身体的与心灵的、自己的与他人的、对的与错的、真的与假的、渺小的与高尚的、快乐的与痛苦的、能说会道的与软弱无力的、脑袋的与屁股的、爱与恨的。轻柔而强暴的风雪捆住了每个人的手脚，也舒展了每个人身上那道道看不见的绳索。或冷或热、飘忽不定的心赤裸裸地交相撞击，吞噬着、咬合着。暴风雪实现了自我，小我也在暴风雪的柔美与坚挺中凤凰涅槃。

五

与传统曲艺整体性身不由己地舞台化、话剧化、卡拉 OK 化的趋向不同，对舞台动态布景的倚重、追求，过多对原本做为辅助的声、光、色、电等技术手段的青睐，使得话剧的"（好莱坞）大片"倾向、情结颇浓。这是因应技术时代、媒介时代尤其是视频时代的全面来临而有的话剧形式上发展的应然与必然？

本雅明早就睿智地捕捉到机械技术对具有神圣感、膜拜价值艺术的颠覆，艺术成为没有了"光晕"的可机械复制的产品。当视频时代裹挟人们前行时，眼睛成为了使用频率最高的器官，视觉能力也被千姿百态、花枝招展的视频重塑。及至众皆称善的"好声音""好味道""好歌曲"甚至"好人"都浓墨重彩的视觉化时，代替耳膜和味蕾的眼珠成为了黑洞，虚像拥有了瞒天过海的真实。进而，化蛹为蝶的技术不得不倍加努力地全方位打造外在于内容的形式，以迎合人们贪婪也具有自我变形、分类和再生能力的视觉对空洞形式、"空壳艺术"的渴求与追捧。

于是，无论是好莱坞大片风格的电影，如又臭又长裹脚布般的密密麻麻的电视连续剧——蛊惑人的"神化剧"，形形色色的选秀、造星等通俗艺术、市侩艺术，还是绘画、音乐、雕塑等曾经典雅高贵的"观念的艺术"，"技术的艺术"都成为势不可当的洪流，滔滔不绝，铺天盖地。在以视频为主导的喜闻乐见的大众文艺全面盛行的年代，本雅明称道的"光晕"和蒋原伦看重的"观念"都在递减。戴着大小眼镜，视觉能力畸形发展的大众迷醉的是一种作为"言谈""谎言""欺骗"和"意识形态滥用"的神话[1]，是纸醉金迷的睡眼蒙眬。有"倾听"的"默观"被视觉全面主导的漫不经心也空空如也的机械动作"看"所取代（美其名曰"观赏"）。承载"意识厚瞬间"的"主观现在"与感观感觉[2]沦为单薄、片面、败絮其中甚或空无一物的视觉世界。

好在是，作为布景、形式与形制的"暴风雪"终究没有喧宾夺主，

---

[1] 〔法〕罗兰·巴特：《神话——大众文化的诠释》初版序，许蔷蔷、许绮玲译，上海人民出版社1999年版。
[2] 〔英〕汉弗里：《看见红色》，梁永安译，浙江大学出版社2012年版，第78—82页。

反而点染、深化了过士行《暴风雪》的深度与广度,形成了雪花阴影的空间美学和暴风雪戏剧美学,有了百年来可遇而不可求的中国话剧的"寻常"特质和民族"小我"的品位、风格。话剧这一源自西土的典雅艺术,终于在当代中国有了自己的民族气派和文化底蕴。这出有着"素朴感伤"、夹杂着技术的艺术,留存着难得的观念和淡淡的浑黄光晕。如同绵里针,因为对小我否定与肯定的回旋递进,没有声称是奥古斯都·波瓦的"被压迫者剧场"的过士行的"暴风雪",其战斗力丝毫不逊色于故意显示肌肉、激进地与警察游戏、周旋,盛行数十年的日本"帐篷戏剧"[①]和有着"亚洲的呐喊"之称的所谓"民众剧场"。

借助不可藐视却饱含真谛的小我常态,过士行小孩过家家式地给既往的戏剧理论、命名术与经典撒了一泡童子尿:回归平淡的生活,直面凡心常相,将戏剧的主角从角色还归到"人"——可以将心比心的"人心"和情同此理的"人性",不动声色地使上善若水、大爱无疆。人身心内外的窘境、生存的权利、自由与可能性简单而复杂。在每个小我自织的密密匝匝的暴风雪般的蛛网中,如何突围救人与自救、蝶蛹换形、死生循环都扑朔迷离。因为,阳光的未必灿烂,低下的未必低贱,善的未必美,恶的未必邪,坚强未必强大,认真未必真诚,高亢未必是兴奋与激情,更不一定是飘然若仙、魂飞天外、物我两忘的高潮。

舞台上下、剧场内外,时疾时缓、实在也虚幻的雪花阴影严肃认真、轻漫多情。这场被人戏称为 2014 年冬天北京"APEC 蓝"之后的

[①] 林于竝:《日本战后小剧场运动当中的"身体"与"空间"》,台北艺术大学出版社 2009 年版,第 118—157 页。

第一场"暴风雪",不乏戏谑与冷幽默,有着包裹演-观者和这个世道上苟活而不时哆嗦一下的"小我"的热度、温情!

"雪花"终究有了"雪儿"的人名——那个在暴风雪中真正偷运毒品、羊水已破的产妇即将产下的新生子!

(原文刊载于《书城》2016年第1期)

批评的限度

无欲则刚的距离

在一个"摸着石头过河"而且社会急剧变迁的年代,文艺创作是一件艰难的事情。冷静、深刻、摄魂魄、撼人心的创作,更是如此。因其戏谑、荒诞、真切与粗野,获得诺贝尔文学奖的莫言似乎为13亿中国人的文学创作挽回些了面子,但这依旧无法改变当代中国文学艺术贫瘠、苍凉、萧瑟甚或浅陋的整体图景。创作如此,文艺批评更是少数人在象牙塔中自圆其说的文字游戏与生计了。

20世纪以来,文艺创作与批评在扮演了启蒙教育的急先锋后,很快被党政政治游刃有余地纳入麾下,收归房中。无论是康梁师徒一度秉持的君主立宪,还是孙中山的三民主义,这些表象上似乎是与历史、传统,尤其是与儒家学说割袍断义的"新"意识形态骨子里都是要"罢黜百家"而一统天下。衍生到党政制度层面,就是国、共两党建党之初就出现的核心中枢"宣传部"。不同的操作能力,使得1949年前后的文艺创作与批评出现了两幅迥然有别的风景。在相当意义上,正是国民党的封、堵实践,在一半意义上成就了诸如鲁迅、曹禺等为代表的至今被人们津津乐道的大师。反之，对1949年后我国的文艺图景，官、民双方都在一致感叹"大师"的缺位、隐匿。何以至此？

早在20世纪40年代初，文艺服从于政治、服务于工农兵等人民（大众）就成为当下仍在奉行的文艺管控的基本指针。这一原则，在动员贫苦者为争取"翻身"而当家做主人的年代发挥了巨大的正能量。延续20世纪30年代初，在"民族主义"大旗下，举国上下意在动员全民抗战宣传的传统，"土里吧唧"的秧歌、年画、信天游与新兴的话剧（街头剧）、漫画、版画等一道成为凝聚人心的利器，同时也奠定了对定性为"旧""反动"的批判，对"新""革命"和美好未来幻景歌颂的文艺创作与批评的基本规则。

不可否认，在重塑国民意识形态层面，这些管控文艺的基本原则空前成功。另一方面，其造成的事实则是：创造力长期的"枯竭"；改革开放后，因思想解禁而有的文艺场域的"井喷"；当下紧锣密鼓的"文化强国"的呼求。在文艺创作界，弑父、寻父、夸父也就成为百余年来的线性演进中不同时段的主色。这成为人类运动史上跨度最大、幅度最高、最不规则的"三级跳"。

粗线条的勾勒，是想说明长期过度与政治的捆绑造成的文艺批评在中国的难度和窘境。当市场、资本等强力嵌入政治场域后，文艺批评在匆忙中沦落为信息混杂、娱乐至死的媒介帝国的一名小卒。其难度和窘境，不是减轻了，而是空前增加了。在均贫富的年代，只要站位正确，大脑心甘情愿地听任屁股的引领，批评家就大致可以活下去。但是，在"利"字当头的年代，见利忘义、卖身求荣就成为时时蛊惑批评家的绿意盎然的沼泽地和风情万种的美女蛇。政治、经济、媒介与位居末路的审美思考抿嘴笑着，参差地撕裂着文艺批评家。不像相当一部分的文艺创作者有着"自由职业者"的身份，绝大多数文艺批评者都是寄身体制内。吃着体制内香喷喷的饭，迎合大众对政治的厌弃，表明自己的独立、自由早已经是文艺批评家的群像。在这股"自我圣化"的净身潮流中，颜榴显然是个异类与另类。

颜榴，笔名谷百合，是生在红旗下、学在红旗下、批在红旗下的本土文艺评论家。1993 年，还在读本科的她就在《艺术世界》发表了其评论处女作，《形而上之行走：莫兰迪》。通篇对意大利画家莫兰迪的敬意，显示出她早熟的对艺术的虔诚。在中央美术学院获得艺术史的本科学历后，她在中央戏剧学院获取了戏剧美学硕士，工作数年后又回到中央美术学院攻读了艺术史的博士学位。不但长期任职于国家话剧院，她还曾涉猎北京文艺台、电影界和央视等行当，忙里偷闲地赴香港、澳门以及日本与德国等地游学。作为"批评人"自我明确的定位和对艺术的敬重、对真谛的虔诚，使其批评领域涉及美学、话剧、美术、电影、电视剧、博物馆等多个领域。20 多年来，散发着才情的妙笔不但使她在业内、媒体、学术圈有了一席之地，她也得到了更多官方机构及其职能部门的认可。

作为业内不多的通才式的批评家，中国文学艺术界联合会向她伸出了橄榄枝。在参加了第四届中国文联中青年文艺评论家高级研修班（2009）后，她的身影频频出现在中国文联举办的各种文艺理论、评论活动与研修中，如第二届全国文联文艺理论工作研讨会，第二届全国文联研究室主任暨文艺评论家协会秘书长研讨班，第五届、第七届高研班，等等。

正是在这样官办的研讨会中，颜榴不避嫌地、鲜明地表达了自己的批评立场。2010 年 5 月，在第二届全国文联文艺理论工作研讨会上，颜榴题为《我批评，我存在》的发言主旨就是阐明其文艺批评观。她丝毫没有回避文艺批评的依附性和从属性,且首先谈论的就是这个敏感话题。但是,她的"依附"是毫无前提条件地对艺术的依附,"从属"则是文艺批评者不可避免地对体制的从属,无论这种体制是政治的还是经济的,是形而上的还是形而下的。她强调"依附"的重要性、终极性,并力求将"从属"减低到最低限度。对她而言,文艺批评不但有着尊严、价值、独立性,更是能"撼动"人的批评,是善于在不同的平台转换的"说话方式"。

三个月后,在第二届全国文联研究室主任暨文艺评论家协会秘书长研讨班上,颜榴继续捍卫批评的尊严,肯定批评的价值。在官办的文艺评论家的高规格会议上,评论家还需要为自己的事业、工作与喜好寻求制度上的合理性,要社会各界正视批评的独立性,这实则多少有些反讽!但正是在这样的场合,作为来自首都北京的特约评论员,颜榴不卑不亢地为批评正名,并提出了她自己的批评原则:"第一,我不以批评牟利,无欲则刚。第二,面对不满意的作品,我可以选择沉默。第三,与主创者保持合适的距离,这个距离既是人情的距离,也是审美的距离。"

事实上,对颜榴而言,自我批评家的定位不仅仅是因为批评是她正在从事的一份职业,更是她的喜好与志业。

考古式的剧场悟道

这份喜好,决定了作为职业批评家的颜榴的自由与高度,也决定了其批评的角度、力度与深度。专攻艺术史的颜榴一直是跨界的。对她而言,艺术是总体与整体的;一个时代的艺术是"植物般的共生群落"；艺术承载人类智慧、思想与思考，自由且有着强大的张力。

本科毕业后，从戏剧美学起航，颜榴开始了戏剧评论。2007年，她撰写了题为"印象派与二十世纪中国艺术"的博士学位论文。对当代中国多个艺术门类的明敏，也使不时贪婪吮吸海外养分的她硕果累累。世纪之交，湖南美术出版社在京创办的一本艺术人文刊物《视觉21》（1999—2002）一度成为80后一代艺术青年最喜爱并收藏的杂志。颜榴既是这本刊物的创刊人之一，也是其特约记者。期间，她还担任了《90年代中国当代艺术史》的特邀编辑。2001年，她曾为李泽厚的《美学四讲》与《华夏美学》配图。这得到李泽厚本人的认可，认为是同类书中"最好的配图本"。2010年，她出任国家话剧院新办内刊《国话研究》的主编。2011年，她在台北出版了其当代戏剧评论文集《京华戏剧过眼录》，并入选台湾诚品书店优秀艺文类图书。2012年，她主编的《唯有赤子心：孙维世诞辰91周年纪念》由新华出版社出版。

在美术界、戏剧界、影视界的自由穿梭、越位，使得颜榴对于艺术的认知也渐趋深入。她明确了自己选择的是一条打通各艺术门类、省察当代中国文艺的宏观批评之路。进而，博物馆、剧院空间的刚性建构和柔性的管理制度都成为颜榴艺术批评的范畴，并力求避免对某一种艺术或某一件艺术品"单一、狭隘的认识"。

在其整个文艺批评中，戏剧，尤其是话剧无疑有着重要的位置。她的剧评不是限于一戏一评，而是包涵对同类戏剧现象的综合剖析，以及对戏剧生态的"整体探究"。作为历时不短的文集，《京华戏剧过眼录》充分展示了作为评论家的颜榴的肌肉和战斗力。这部著作分为多人在场的"独角戏"、我们离金字塔还有多远、戏剧"毛孩"和访谈四辑，涉及近些年来在北京上演过的近50部戏剧（多数都是话剧），话题包括中国戏剧的危机、小剧场、戏剧创作的"毛孩"现象、话剧的不在状态、国家院团的困境、被资本主义从形式到内容绑架的戏剧市场的恶性循环，等等。这些基于观、行、品、思和谈的或长或短的文字，叩问的都是一个核心问题：何为戏剧？戏剧为何？

"人性"是颜榴定义、批评戏剧的关键词。但这个"人性"不是某一集团的"正气""正义"，也非某一种意识形态的"普世价值"，而是每个碎屑个体的价值、尊严，以及思考与表达的自由，是一颗真正的"心"。因此，经典戏剧没有必要去迎合每个人的趣味与欢心。"若是戏剧总要迎合着人们、讨好着人们，懒得去打开一扇扇人性的窗口，那它还是早早死亡好了"。在评何冀平导演的《德龄与慈禧》时，颜榴充分肯定了"从人性的角度去透视一个历史罪人"的自觉追求和"突破几十年来文艺创作的概念化禁区"的勇气，因为主流戏剧空泛的宏大叙事不在"人"学上突破，却迷醉于"奢靡制作的改头换面中邀宠观众"。

对于编剧、导演和演员，颜榴是"严酷"的。她认为，中西戏剧的接受美学不同。相较于西方，国人缺少从戏剧中得到"净化"的传统。演者"希冀观众从戏剧中记住历史的期待在很大程度上依赖于他作品的表达水准"，这导致了中国艺术家排演外国剧作的"诚恳"。因诚恳而生的惟妙惟肖的"模仿"进一步导致对"中国的体认"的忽视。

对剧本的创作，颜榴始终有着极高的期待。在她看来，与其说话剧《窝头会馆》的失败是人艺的明星阵容，还不如说是作家刘恒创作的剧本缺乏"思想深度"，并陷入了"主旋律题材剧惯常的套路"，从而使本意要名垂青史的这部"经典"话剧绝对是"非经典的"。在谈及以色列戏剧《安魂曲》震撼人心的宗教内蕴时，颜榴信手道出了中国戏剧的完美怪圈："愈是戏剧资源紧张，愈是投以重金炮制大作；思想愈是苍白，包装愈是华丽。"但是，在中国还在向现代化行进的过程之中，这并非戏剧人的孤陋与偏执，因为"戏剧人和全国人民一样，脱贫的愿望把他们带向物质层面的攀比，暂时还难于抛弃这种手法。"

对于名导林兆华，颜榴的批评完全可以用"刻薄"二字。这种刻薄确实有着其无法闪躲的穿透力。因为排演易卜生的《建筑师》给人的"高峰体验"，颜榴盛赞"致力于发掘西方戏剧宝藏"的林兆华"敢于颠覆人们既定的审美范式"和对"戏剧理想的坚守"。但是，对林兆华精心打造的话剧《白鹿原》，颜榴则认为其走向了对戏剧理想坚守的对面：林导对"原生态"的过度迷恋使这出话剧远离了"假定性"，现实主义成为束缚林导手脚的"捆仙绳"。因此，在原生态的乡间俗乐前，话剧本身显得"黯然"，在异常立体的景观下的人物情感是"扁平"的。

在颜榴眼里，大陆演员对《暗恋桃花源》重新演绎明显不足。"搞笑"的滑稽戏与"有笑有泪"的荒诞剧之间的距离，就是大陆某些演员与优秀表演的差距。

为此，欣然为《京华戏剧过眼录》作序的林克欢毫不掩饰自己的喜欢，认为这些文章谈的是戏剧现状中"切切实实"的问题，清新又不失机敏与洞见。因为"发掘现场要比钻研文献更贴近真理"，郭启宏对颜榴的剧场悟道用了"考古"二字。这些一如考古的机敏、洞见与悟道，同样充分地渗透在篇篇用情、也有情的十多期小品式的《国话研究》"卷首语"中。

2009年末，颜榴受命执掌国家话剧院院刊，欣然开始了她的主编生涯。4年下来，出刊16期的《国话研究》体现了她对院团戏剧生存处境的深入思考。在对话剧重回现实主义的考量与呼召中，颜榴看重的是话剧、话剧人（导演、演员）、单位（国家话剧院）的史前史，也即他们思想观念、演技形成的史前史。对经常跨界操演的颜榴而言，"史外史"的价值丝毫也不逊色于"史前史"。所以，在短章中，原本惜字如金的她会浓墨重彩地来说明蒋兆和一副虚构的画作阿Q对雷恪生至关重要的影响。对一部好剧、一个好演员、一个好角色而言，操演者羚羊挂角、无迹可求的"灵感""通感"远胜于其他。艺术不同于奇技淫巧之处就在有自己的"精魂"。奇技淫巧只有在有了打动人心的"魂魄"时，才可以称之为艺术，而操演者的"灵感"正是奇技淫巧向艺术飞升的摆渡者。

不少以戏剧评论为天职，正义凛然的批评家们，常流于就事论事，就剧说剧的老路，迫不及待地"早产""多产"。在一大套接受美学、舞台美学、文化批评、媒介批评、社会批评、文艺美学的幌子下振振有词，殚精竭虑又搔不到痒处。至少，谁会在意原本隔界的一幅画作和一位演员演技形成与动人表演之间的关联呢？一般批评家不以为然的这种顾左右而言他的云山雾绕的迂回术、障眼法，在颜榴笔下却成了穿透力很强的"照妖镜""炼丹炉"。她轻巧地拨开了事实迷雾和她那初看使人觉得"词不达意"的语言迷雾，笔锋一转，霞光一道，云雾立散，山穷水尽，柳暗花明。

看到话剧（戏剧）之外的与话剧有着关联的世界，并点明潜存的关联，这即颜榴批评的"现实主义的态度"。显然，较之花里胡哨，词不达意的名词术语的堆砌，将人、剧、舞台还归真切的日常生活而非任性的"宰割戏剧"应该是更值得尊重的"现实主义"。

"不要在戏剧里说假话"是颜榴的经典语录之一。对颜榴的文艺批评，或许可以套用她自己的这句语录，"不在文艺批评中说假话"。这是一条陷阱重重，荆棘丛生的坎坷路。"戏剧，是一种活的呼吸"，"活下去，并且要记住"。因此，舞台上呈现的一切就是要使编剧、导演、演员、观者保持"一种灵魂纯净的状态"。对记忆的关注，对历史的看重，使得历史剧成为颜榴文艺评论的重中之重，还使得她的评论突破了"象征寓意"的藩篱，有着浓厚的"史诗情怀"。

颜榴对绝大多数借古讽今的历史剧有着她自己的定义，此时"人性（人学）"依旧是关键词。她款款情深地写道，历史剧应该是"史学和人学的结合，而非把人当作历史的木偶。截取历史片段，是为了展现人的复杂性。这也说明，历史剧的中心是人，不是历史。把历史作为当下困境的一种投射，只会削弱戏剧的生命力。""在有点魔幻感的当下，也许历史会显得异常清晰，还原过去，其实就是为今天定位。""历史终究是支撑世界的柱石，人也许可以玩弄现实，但谁又能真正地玩弄历史呢？"

因此，在对斯坦尼斯拉夫斯基（Stanislavski）、承载着国话体温与心跳的"赤子""戏剧公主"孙维世、台湾戏剧界的"导师""暗夜中的掌灯者"姚一苇等表示充分敬意的同时，颜榴呼召的是"活的戏剧"，是原创戏剧的"光"。因为"话剧毕竟是非复制性创作"，其魅力就在于"演员活生生的表演"。声、光、电可以存在，但舞台仅仅是水，演员才是鱼。颜榴不无忧虑地警醒编者、演者与观者，"必须知道虚拟和实在之间的界限，否则，戏剧存在的基础就会碎裂。"

虽然只有短短四岁的生命历程，在颜榴的精心操持下，已经更名为《国家话剧》（仍由颜榴掌舵）的《国话研究》这本院刊在业内外却有着好的口碑。导演廖向红曾盛赞《国话研究》是将"话剧艺术作为本体研究对象"的"专业性最强、学术含量最高的艺术院团专刊之一"。剧作家罗怀臻认为，《国话研究》"守住了戏剧文化这根主脉"，卷首语则在举重若轻、看似轻松的表达里，"充满了思想的含量"。戏剧评论家余林指明,《国话研究》有着强烈的"现代感"与"恒久的存在价值和思想价值",熔铸了长期思考的卷首语"用最简练的文字,表述着恰当而又不失思辨的解析",指向的是话剧的"全部语境"。

默观空间里的时间

凡是从事文艺批评的人,通常都有自己的长项和限度。颜榴不同,跨界的她没有画地为牢、故步自封,似乎没有限度。在此传媒乃无冕之王的时代,"一手握放大镜专事寻美,一手执绣花针专事求疵"的颜榴长篇大著与案头小品并行不悖,学术论文与随笔、杂文多管齐下,在电视镜头里侃侃而谈,在网上发帖设坛。多样化的"跨界"写作与表达不但使她在戏剧界名声不小,在美术界,她的文字同样有"砥柱"之感。在剧场论道时,明显源自美术修养的敏锐的空间感、画面感、美感使颜榴的评论文字独树一帜,超越舞台布景、人际关系、角色延伸、幕布转换和力透纸背的立体感常使人耳目一新。但是,当真正置身于她钟情、挚爱的空间艺术时,甚至在每一幅绘画、每一件艺术品面前,她看到的却是厚重、丰盈也多艰的时间母亲,徜徉、沉迷在时间母亲幽深的子宫,难以自拔。

髡残人格中的"恋母情结",跨越600年的对视,轻松变换的"肺的呼吸",达·芬奇、周春芽、吴冠中、徐冰,2010年中国当代艺术邀请展、大声展、西班牙电信艺术珍藏展、德国启蒙艺术展,未来主义、立体主义、新表现主义、观念艺术等都在其观、品、评的范围。从印象派入手,穿越30年、60年,甚至百年,为20世纪的中国美术把脉,望、闻、问、切的艺术史论是常年治史的颜榴的强项。

刊载于 2008 年 11 月 25 日《北京日报》的整版特稿《当代艺术三十年：穿越禁忌之路》是颜榴艺术史论的代表作之一。从突破"艺术工具论"的"伤痕美术"到"乡土写实"，从异彩纷呈"拿来主义"的"八五新潮"到"中国现代艺术展"，从消解人文主义的玩世现实主义、政治波普到艳俗艺术，从充斥直觉和包含开悟能量的观念艺术到当代艺术格局体制内外的变化，颜榴用手术刀对中国当代艺术进行了自如的切割，再井然有序地拼贴、组合，深谙法国社会学家拉图儿（Bruno Latour）的"拼图"（Actor-Network-Theory）之道。不但谙熟于这些或明或暗的潮流，罗中立的"父亲"、陈丹青的西藏组画、方力钧在蓝天白云下打着哈欠的光头农民、岳敏君那些雷同的咧嘴大笑的人、王广义的《大批判》、张晓刚的《大家庭》、割肉、放血、食人等极端自虐和虐人（物）的行为艺术都是她随手拈来，举重若轻的例证。

与一般的艺术史家不同，即使这些刊载在报纸，面向不一定对美术、美术史感兴趣的大众的普及读物，颜榴依旧试图引导大众一道进行艺术的洗礼和思考。于是，批评家、策展人引导了当代艺术，而"井喷"的市场使艺术仅是一门"大生意"，这是颜榴掷地有声也满含伤痛的断语。在这些断语之后，随之而来的是沉重的诘问："艺术的命运莫非就只是不断地褪去锋芒，如同花俏用品上的装饰纹样吗？"以及她显然满含绝望的希望："但愿她能一路走好，除了拥有景气的市场，亦能拥有景气的创造力。"

无论是 1988 年的《天书》（不可认的文字），1990 年的《鬼打墙》（长城），1993 年的《文化动物》（猪的交配），还是 2010 年在海内外都异口同声叫好的浴火重生的《凤凰》，徐冰显然是当代中国艺术史上有着世界声誉的响当当的名字。对于这样一个"大师"级人物，颜榴没有吝啬自己的"尖刻"：

> 这浴火重生的美的凤凰,完成了徐冰的政治心结,它是已进入商品化时代的中国社会的废品堆积,美学上好看并具环保意义。《凤凰》坐实了他对中国的基本文化想象,足以和《天书》的造字相媲美——造字限于方块的文字,大众识读有障碍,《凤凰》却是在视觉上获得享受的绚烂作品。……文字是语言的故乡,从乌有的汉字到乌有的凤凰,徐冰实现了政治与视觉的完全结合。

这些貌似的恭维多少还有些令人心仪,至少读起来让人舒服、快慰!确实,踩准世界神经元的节拍,左眼盯着政治-经济,右眼紧盯艺术的徐冰的上述"四重奏"不但代表了西方认识中国的四步,还印证了"中国从弱势经济到强势经济的崛起",既讨好了中国,也赢得了世界。

越到后来,颜榴的批评文字越是游刃有余地摆脱了偏于赞或偏于讽的误区。她尝试的是,跳出批评的那种艺术或那件艺术品本身,点明创作、流通与观赏等产销链条上的各个环节可能潜存的认知险区与误区。也即,借艺术的象征寓意,颜榴尝试传达的是严肃的思考,甚或不乏思想的意味。上述评论徐冰《凤凰》的文字刊载在2010年4月19日《北京日报》,名为《徐冰的新路标》。篇末的诘问就是典型的"颜榴深度":

> 徐冰的归来仍需设疑:西方现代艺术的这一套观念和手法自诞生以来还时日太短,其美学价值能否成立存在着疑问。徐冰能够轻松、自然地摸到政治和艺术的双重脉搏,能够把握这种律动,究竟幸耶悲耶?艺术史告诉我们:往往是踩不着点的梵高们更具价值,而踩准点的则并非全有价值。

2011年岁尾，颜榴离国，启程前往欧洲游学半年。期间，她几乎遍览欧洲的大博物馆。亲历、亲见、亲闻使得她对西方美术及其历史的当下表现有了更深的体悟，对克里姆特（Gustav Klimt）、基弗（Anselm Kiefer）、博伊斯（Joseph Beuys）这些大师的作品品评起来驾轻就熟，对花大价钱、大人力、大物力在国家博物馆中举办的观者寥寥的展览，对正在规划、拟建中的国家美术馆的基本定位都有鞭辟入里的分析。

古斯塔夫-克里姆特诞生于150多年前，是一位在其生前就引来诸多争议的奥地利艺术家。颜榴指出了后人消费克里姆特及其作品"情色"表象的肤浅，而撑起克里姆特作品的"象征寓意以及史诗情怀则被忽略乃至忘却"。对这一欲望至上的消费主义，颜榴没有绝望，因为"艺术家通过穿越尘世的火焰与灰烬，把他的所感所想定格在图像的世界里，这些图像发出召唤，至今没有停歇"。

对"人性（心）"的逼问，对历史的敬畏与审视和对记忆的拷问始终是颜榴文艺评论的基本出发点。以此为入口，颜榴常常对陈说提出强有力的挑战。作品弥漫战争和死亡主题，对人类苦难深切反省，并警醒观者的德国艺术家基弗终生致力于传播"罪恶"，是一位"德国罪行的考古学家"。颜榴突破了评论界对其新表现主义的定位，指明"基弗的绘画世界完全大于新表现主义，他是史诗性的画家"。进而，颜榴没有忘记从基弗的历史和历史观说开去："由此我想，我们也有恐怖的历史与政治伤口，但我们却没有基弗这样的画家。浓重的对历史负责的意识，对人类文明的反思，于一个画家需要的不止是表达的手段，而是要有一颗真正的'心'。基弗的存在，从反方向证明了我们对历史的茫然以及主动的遗忘。"

博伊斯，这位德国观念艺术大师，他的作品多数是"无法挪动"

的一种"在现场的行动"。2011年冬日,颜榴站在了柏林汉堡火车站现代艺术馆的那件"毛毡衣"面前,随后在慕尼黑的现代艺术馆看到了"二十世纪的终结",2012年春天在巴黎蓬皮杜艺术中心目睹了静默的"毛毡与钢琴"组合。但是,站立在这些艺术品面前的颜榴,目光所在的却是"二十世纪残酷的政治历史社会现实",感知到的是这些错落有致的静物承载的"厚"历史。在表达高度敬意的同时,对于博伊斯那句让当下凡夫俗子振奋的警句"人人都是艺术家",颜榴显得相当的保守主义:"当下的后现代社会,艺术家与普通人的确已经没有界限……但这种表面界限的消失,真的意味着人人都是艺术家吗?"

颜榴批评的限度还有一点,就是不随波逐流,说自己的真话。对于实际并无多少可取之处的军旅题材的影视剧,用字谨慎的颜榴却用了色泽艳丽的"别具风采"。细读该文,就会发现,颜榴的这一刻意命名是因为她站在了"矫揉造作"的神鬼武侠、都市言情剧的坐标轴上。虽然军旅剧驱逐无聊感、性情英雄、冲击心灵的历史体温、危险与信念的魔力、触动观众善良本性的"自然道德"等论断值得商榷,但其"在矮子中拔高子"的批评大视野、良苦用心同样有可贺、可取之处。与此相类,对张广天导演的话剧《圣人孔子》的"赞许""担忧",颜榴都是在孔子的戏剧形象的时间流和张广天的"导演流"与"意识流"中交错展开的。

不妨"低·俗"些

如果说前文所言的"限度"都是正面意义的,那么负面的"限度"就是不足或前行的动力与方向了。虽然跨界,有着让人振奋的宽度、广度与深度，但颜榴的批评大抵被两种艺术捆绑住了手脚：一个是"西方艺术"，一个是"精英艺术"，二者又有着互文性，大抵是"都市"的与"城墙里"的。与漫画相较，无论是话剧、油画还是后生的表现主义、未来主义、观念艺术、行为艺术，这些与基督文明相濡以沫的来自西方的艺术并未在中国民众中产生多大"觉世的效力"，几乎仅仅是"精英的"，是最狭隘意义上的"小众"与"小资"的。相当一部分从业者也故意将自己的玩意儿做成精英的、少数人的，并冠之以"前卫""先锋""高雅"等醒人耳目的行头，筑起一道道高高矮矮的无形的墙。鉴于对西方价值和文明的顶礼膜拜，相当一部分所谓的精英艺术不但无视大众和乡土中国敏感的味蕾和视觉神经，也自绝于中华文明的源与流，让自己彻头彻尾成为"西方的"，悬置在"城墙里"的都市中国上空。

　　无论冠之以"西方"的名还是"精英"的义，在主流话语中占据相当位置却仍然未完全融进中华文明长河的颜榴所关切的艺术，大多存在于光怪陆离都市中那些空间不大的剧院、展览馆、博物馆、拍卖行或者图书馆中，在大多数人的日常生活之外。社会科学"中国化""本土化"是中国从业者们左右手互搏的永久性窘境与伤痛。同样，西方艺术如何与古老的东方发生关联，真正的水乳交融，达到"启迪""警醒"之效，讲究品位的精英艺术如何与民众发生更多的关联，起到"觉世""美育"之功，是当代中国文艺创作者和批评家们永久的"痛"。因为，在有着丰富的关于美的艺术的古老中国，并不缺乏美感与审美力的中国老百姓对西方的-精英的美与术是那样的"漠然"，叶公好龙式一窝蜂的喜好又常常仅仅停留在奇技淫巧的形而下层面。

或者是因为学习经历的关系，或者是因为颜榴的批评领域确实都是百余年来仿效西方的"新"门类，有着历史情结、史诗情怀的颜榴却少了时长上并不逊色于西方的土生土长的中国艺术史的视角与参照。如果说艺术是相通的，都是人类对真、善、美的认知、体悟与表达，那么中国的琴棋书画、诗词歌赋的创作传统和批评传统同样是品评这些"新"艺术门类有用的知识源泉。

就颜榴熟稔的戏剧领域，梅耶荷德、布莱希特都对中国文化及其戏剧，尤其是梅兰芳的表演恩爱有加。不是别的，正是八竿子打不着的梅兰芳激发了布莱希特的灵感。同样，遥远、神秘并长期被优越的殖民主义者不以为然的巴厘岛戏剧、伊朗塔其赫等这些类似中国傩、赛社、社火、飘色的东方草根艺术，在百分之五十的意义上成就了今天被人们津津乐道的彼得·布鲁克、翁托南·阿铎及其他们各自被人们追捧和仿效的"主义"。遗憾的是，在颜榴的批评中，中国本土城墙内外的草根艺术没有位置，她也忽视了本土至今传衍不绝的草根艺术对其钟情的西方艺术、精英艺术曾经有的和可能有的驱动力。在"颜榴深度"中，与西、东相对应的雅俗、优劣二元视角依稀而朦胧，但并非没有。

随着亲往欧洲的深度游历，颜榴对展示艺术的博物馆、展览馆等空间本身表现出了极大的兴趣。但是，西方的经验同样仅仅是认知、批评的源泉之一。中国古代并非没有收集、收藏与展示的传统。无论是宫藏、官藏还是私藏，中国本土对艺术品的收藏、展示与绵延不绝的品评，传、注、疏、证同样都有文理可循。对此进行必要的梳理，或者同样有益于当下这些艺术展示空间的建构。

因为虔诚，颜榴现实主义态度的深度批评也就显得格外的认真；

因为认真，也就在字里行间和字句之外洋溢着勉力的艰辛和挑战极限的大胆。在眨眼之间，即兴观评的情感浓度确实有可能吹皱一池春水，但也多少会影响到"颜榴深度"的专业性、长效性与经典性。"牧道"的普世情怀在使通透的文字多了清新、灵动、飘逸和受众面广的同时，也使发人深省、"曲终奏雅"的"颜榴诘问"多少有些匆忙、仓促，不时还有为问而问之嫌。对微观细部象征寓意的深度阐释和宏观大气史诗情怀之间的整合夙愿，也天然使颜榴的现实主义态度潜存着一种危险，至少是风险。

隔岸观火，要么是更清楚的一目了然，要么是更糊涂的依稀朦胧！如果说创作不易，那么对创作的批评、诟病绝对永远充满危险。批评挑战的不仅仅是批评家的虔敬的态度，还充分挑战着批评家在裂缝间游走的情商与智商、心力、脑力，甚至体力。所以，对这些都明白如画的颜榴的批评是艰辛并充满苦难的！

对其文字清新、潇洒和思想性的强调极有可能造成对颜榴批评的最大误读，终至缘木求鱼、舍本逐末。不仅仅是每一次批评，颜榴的整个批评就是在"走钢丝"：在艺术家和自己之间走，在编剧、导演、演员、观众、院团和官员之间走，在一件件不同的艺术品之间走，在不同的艺术门类之间走，在不同的空间、文化及其制度之间走，在现实与历史之间走，在东方与西方之间走，在束缚与自由之间走，在心与身之间的张力场上走！只不过，她有时是在华美的舞台上，有安全绳吊着有惊无险地走；有时是在潺潺小溪之上，五里一徘徊也是三心二意、踌躇满志地走；有时是在春意阑珊的后花园，闲庭信步，"私订终身"；有时是在万丈深渊之上的悬崖峭壁间，提心吊胆，闭着眼睛前行……

总之，始终关注人性、历史、现实和"中国体认"，强调自由和独立的颜榴跨界的文艺批评至少还有百分之四十九点九的拓展空间，还有充分混搭、拼贴与黏合的余地。当然，说不定这已经是一直追求跨界、强调越界且充分意识到批评真意与危险的颜榴正在做的。对于一个对艺术、对批评满怀敬畏和虔诚之心、志存高远且敏于思、勤于行的批评家，任何事皆有可能！

（原文缩略版刊载于《文艺新观察》2014年第3期）

乡土庙会的开放性及艺术性

本书并非新作。严格意义上，它也并非2010年在生活·读书·新知三联书店出版的《灵验·磕头·传说：民众信仰的阴面与阳面》一书的修订版。除对个别字句等必要的修正之外，新版删掉了原有的《中国民间宗教：隐喻谁的帝国》一文，新增了对30多年来龙牌会调查研究回顾及反思一文——《庙会的非遗化、学界书写与中国民俗学》。如文章题目所言，龙牌会早已不仅仅是一个华北腹地的乡野庙会。通过新闻报道、照片、影音文件、学术写作等多种方式，龙牌会已经因时应景地成为政府及其相关职能部门工作人员、新闻记者、摄影家、学者等主要在大小城镇生活的多个异质性群体的。这种不同程度参与的行动主体的异质性与多元性，是中国城乡当下还有些生气、人们也愿意正视的庙会的常态。其实，细思之，正如很多研究指明的那样，从古至今，没有哪个所谓的草根庙会是完全由身居底层的"草莽"操持和实践的。

借助改革开放的春风，尤其是非遗运动，龙牌会虽然没有能够将其仪式实践挪移到都市以及海外展演，却同样通过上述不同群体多种记叙的方式，实现了跨时空和跨语际的交流与实践，实现了龙牌会自己的京津冀一体化以及国际化。不仅如此，在相当意义上，作为中国民俗学的第二个"妙峰山",龙牌会真切地影响到中国民俗学的发展。因此,该文的增补,对全面认识本书"热描"、释读的龙牌会和龙牌会所在的庙会丛,以及全国各地被冠之以非遗名号的大小庙会和乡土日常或者不无裨益。

这些年来,根据多年在华北城乡的调查,我相继出版了《行好:乡土的逻辑与庙会》(2014)、《朝山》(2017)和《举头三尺有神明:漫步乡野庙会》(2018)三书。

《行好》重在借对生发传衍在华北梨乡的庙会(包括龙牌会)的全面考察,诠释乡土庙会的动力机制与内在逻辑。即,作为展演乡土宗教和日常生活的平台,乡土庙会的内在生命力是人们向善的"行好"。因此,庙会并非日常生活的中断,而是日常生活的延续与集中呈现。进而,以神人一体和家庙让渡两个辩证法为核心的"乡土宗教"成为该书诠释的重中之重。与此不同,在对学界同样强调地缘联结之朝山进香和出巡绕境总体回顾的基础之上,借助主要发生在妙峰山和苍岩山的社会事实,《朝山》指出了如今山上与山下、聚与散、神圣与世俗、官与民、传统与现代、神与人、都市与乡野、宗教与经济、想象与现实、人与物、主体与客体等多组二元关系之间复杂且交互影响的辩证法。同时,该书继续在释读一直被禁锢、扬弃的乡土宗教哀而不伤、僵而不死,反而很容易借"尸"还魂、活力四射的原因。那就是:以庙会为载体乡土宗教,不仅仅是日常生活的延续,它直接针对的是芸芸众生个体生命的实现,寄托着人们的生命观、世界观等每个人都有的价值理性、精神追求,深入人心。

作为明显随性的书写,《举头三尺有神明》则呈现的是自己20年来田野调查的心路历程,坦白自己上述这些似乎理性的认知在田野现场形成的因缘、过程。换言之,这本看起来还是在描述一些经验事实的"随笔",其实有着自我解读、剖析的意味。民俗学研究并非是在研究被称之为研究对象的人或事,抑或说被对象化、客体化的人与事。对我而言,民俗研究始终都是在追寻、追问那一个潜在的"小我",抑或心理学意义上的"本我"。此时,"我"亦"非我","非我"即"我"!无论是对于被物化的民与俗,还是对"我"与"非我",在轻视时,"能以奴仆命风月",在重视时,"能与花鸟共忧乐",进而移步换形、随性变脸,入乎其内,出乎其外,如此,民俗学才能写之,能观之,有生气,有高致。

借此机会,我试图再次对庙会进行定义。鉴于其核心是指向个体精神世界和生命历程的乡土宗教,而宗教与艺术在生产与消费、传承和传播的过程中都有着"共情"之基石,庙会实则是在乡土性(并不意味着非现代性与反都市性)的社会中,个体与个体之间、群体与群体之间、人与神明之间和人与物之间艺术性的交流与实践。同时交互针对身、心的庙会之香蜡纸神、吃喝玩乐等可视可感的物化形态在不同语境以不同面目的出现,都有着行动主体如艺术家般创作的灵感、冲动,有着艺术家本能的狡黠、技巧和智慧。在百折不挠的乡土日常面前,因为大抵没有深入乡土日常原本有的肌理,没有与乡野、乡民真正的共情、同呼吸和共命运,眼下火热的"乡愁"以及随之而生的大小运动,反而有着为赋新词强说愁的矫揉造作,其俨然辉煌的功效也就必然大打折扣,甚至如过眼云烟。

换言之,本书中的娃娃亲、磕头、传说以及灵验等这些似乎是指向"过去"却在当下继续上演的乡土日常,绝非是他者、外力就能一厢情愿改造好、教化好的被潜意识定格为"木讷"而冰冷的工作对象。乡土日常既是有着热度,蕴含认同、情感和愿景的社会事实、地理图景,在相当意义它还是认知的原点,甚至其本身就是一种认知论与方法论。

因此,无论旧本还是新版,这都是一本与奇风异俗、美丽乡村无关的书,它也不关涉作茧自缚抑或开宗立派的理论。同时,它无意褒贬哪种运动或者讨好谁,仅仅试图展现乡土的日常。这种日常又浓缩在毁建轮回的庙舍神像、忽明忽暗的香火油灯、虔诚的跪拜磕头、无处不在的传说故事、不绝如缕的经歌祈祷、色彩浓烈的秧歌鼓乐、大小的牌匾言辞和喧闹的庙市等或疏或密编织的乡野庙会之中。在此意义上,直面乡土日常的这本书平凡、琐碎,还苍白、无味,如蝼蚁、如众生、如冬阳。

事实上,关于当代中国庙会的研究已经有了很多新的推进。在相当意义上,这些中国本土学者的研究已经远远超出了不少海外学者关于此话题高高在上却又感性甚或浅薄的认知。前些日子,作为组稿人,我给《文化遗产》杂志2018年第6期"庙会研究专栏"写的"导语"如下:

> 借改革开放之机,尤其是非遗运动的威力,二十世纪以来长期基本被定性为负面的庙会,因为多方参与的自我调适而获得了些生机,甚至成为欲走出国门的优秀传统文化的载体。与此同时,在一些没有意识到的预设前提之下,既有的关于庙会的相当一部分研究,不是机械套用某种理论,就是依旧局限在村庄抑或街区,陷入了一些熟悉的套路。在此语境下,推出这组来自不同学科背景的庙会专栏文章也就有了特别的意义。
>
> 这组文章,研究对象中、日皆有。
>
> 中国的两个案例皆来自江南。在系统对人类学界之于庙会,尤其是仪式研究传统路径总结、反思的基础之上,偏爱认知人类

学并兼涉心理和情感的人类学家杨德睿，更加关注庙会行动者的感官感觉世界。以江苏高淳庙会出菩萨和苇航庵的祈禳法为例，他描绘了庙会中的关键符码——"影像"等可具体感知的物，如何强化行动者天赋的认知倾向，以及这种基于感官刺激的认知如何反向影响人们的美感和行动模式。换言之，作为庙会掺和者的物，不仅是传统意义上的行动者。作为一个能动者，物还与传统意义上的行动者构成了一种互为主体性的关系，甚至还相互"物化"，形成了相互客体化、对象化的反转、互渗。

在对当下俨然主要是"国家赞助人"主导的上海金泽香汛、三林圣堂出巡的观察中，哲学家郁喆隽以反对国家全面介入地方惯有的批判态度，指出了庙会在自我调适过程中，乡镇人口空心化、老龄化和在快速都市化后必然有的仪式之表演化和景观化这些未曾预料到的现代性之果所引发的当代庙会传衍的复杂性，抑或说杂乱性与无所适从性。其明敏的哲学思辨，不仅是对庙会研究，对非遗等传统文化的研究都有着醍醐灌顶之效。对他而言，因为庙会本身的开放性，官与民、管制与被管制这种被长期套用的二元框架对当代中国庙会这一繁杂的社会事实不再具有诠释能力。

异曲同工的是，虽然作为民俗学家的王晓葵有借他山之石对中国都市民俗学理论建构的诉求，但他对日本"祭礼"的演进及相关研究的绵密梳理，同样涉及被多数中国庙会研究者漠视的庙会之开放性这一不容忽视的主题。即，与整个社会的演进相伴，原本同样强化地缘连带和认同的日本祭礼早已经突破"地方"，尤其是乡野、乡土和乡愁的束缚，而对都市、现代、他者具有了全方位的开放性。同时，祭礼的行动主体——社群（community）也随之具有了明显的不确定性与流动性。在相当意义上，强调开放的"社会传承"也就更替、刷新着传统意义上的指向地域社会内部的"地方传承"。

或者,立足于整体社会演进中的行动者的这些创新性认知,会将中国庙会研究推进到一个新的高度。显然,作为社会发展演进棱镜也关涉个体生命观、世界观和地方认同的庙会,不仅仅是乡土宗教和日常生活的集中呈现。或者,我们可以进一步将之定义为:个体与个体、群体与群体、人与神明、城与乡、传统与现代、虚与实、主体与客体等相互之间叠合的艺术性的交流与实践。

要进一步指明的是,如同日本祭礼在20世纪已经发生的演进那样,对于诸如龙牌会、三林圣堂庙会等不少位列非遗名录的中国庙会而言,超地域、跨时空的"社会传承"继续在按部就班地"刷新"固守一方而在"小"群体内部纵向接续的"社区传承",既有着"流动的江湖"之反传统、反结构的阈限(liminality/communitas)之伦理学意涵,也有着全景敞视又安全、为所欲为又井然有序而诗意盎然的广场美学和其乐融融的政治诗学。此时,开放性的社会传承完全涵括了横向的传播,并构型着一个民族的时代心性。这就使得传承同时有了时间-纵向、空间-横向和心意(抑或心性)的三重维度,甚至三位一体。对传统意义上民俗学——频频回首的乡土民俗学——所界定的单单强调纵向且似乎天然存在一个故步自封的群体内之"传承"而言,包括庙会等乡土日常的当代中国民俗的接替展演也正全面地从农村、乡土、小圈子、小地方突围。在全球化、经济一体化、城镇化、都市化、旅游化、非遗化、表演化、产业化、政绩化、博物馆化等相悖却又混搭、互融的诸多层出不穷、此起彼伏的浪潮中,中国民俗既敲锣打鼓也踟蹰徘徊地进入了"后传承"时代。

正因为此，乡土性厚重的中国现代民俗学，不仅仅需要重新界定庙会、乡土日常以及村落、街巷，民、俗和民俗都有了重新定义的必要，而且势在必行。果真如此，面临巨大挑战的中国民俗学或者也就有了彻底、真正洗心革面而扬眉吐气的可能。朝向当下的现代民俗学也好、迈向日常的实践民俗学也好、指向梦想的未来民俗学也好，才有可能不是昙花一现的海市蜃楼，不是一种空灵的呼召与承诺，也才有可能接续上杨堃（1901—1998）、黄石（黄华节，1901—?）、司礼义（Paul Serruys, 1912—1999）、贺登崧（W. Grootaers, 1911—1999）等前辈在七八十年前就开创却始终蒙尘的"对民俗资料本身投入全部精力"的既有的伟大的中国民俗学之优秀传统。

最后，感谢漓江出版社愿意重印这本市肆难寻的"旧作"！将该书列入"中国村落文化丛书"，既在情理之中，也在情理之外。这又要特别感谢何伟编辑的抬爱与坚持！

是为序。

（本文是拙著《庙会与乡土日常》的"序"）

3　市井・名士

文化的狂欢

> 生活本身在逐渐枯竭,大家却空前热衷于夸谈文明与文化。生活的全面崩溃,导致人心沮丧,恰与对文化的热衷呈奇异的对比。这文化从不曾与生活发生过关系,只想主宰生活。①

这段文字是以倡导"残酷剧场"著称的法国人翁托南·阿铎在20世纪30年代写下的。可是,这段80多年前用来指称法国以及欧洲的文字,显然也适合于21世纪以来的中国。

今天的中国,官员在大谈文化、学者在大谈文化、作家在大谈文化、记者在大谈文化,男人在谈文化,女人在谈文化,导演在谈文化,明星在谈文化,主播在谈文化,"超女"在谈文化,"快男"在谈文化,"天上人间"的员工们在谈文化……各色人等都在振振有词,一本正经地大谈特谈。文化成了应景的、最为时髦的空洞言语。很有点类似风情万种的风尘女子,文化被不同的人揉搓着,手感都很好。于是,被争先恐后抢夺甚至掠夺的文化也就远离了文化。居上位并拥有话语和

---

① 〔法〕翁托南·阿铎:《剧场及其复象:阿铎戏剧文集》,刘俐译,联经出版事业股份有限公司2003年版,第1页。

表达特权的精英们，还嫌玩得不够，颇有创意地在"文化"之前加上了"传统""民间""草根""原生态"等字眼，继续在光天化日之下，大胆、猥亵地抚摸、挑逗！

在这样的语境下，凝视显然不合时宜！

无论是在全新、空旷的候机大厅，还是在杂乱、喧嚣的一直号称亚洲乃至世界最大的北京西客站、早上七点拥挤得令人窒息的长安街下的地铁，一个人原本完全可能是因为无聊、紧张、局促、拥挤的凝视，会被旁观者进行种种猜测，赋予种种意义：他失恋了，他精神不正常，他难过，他故作清高！如果这个人不是在凝视天花板、地板或窗玻璃，而是在凝视一个女人，被观者和旁观者联想浮翩、触景生情的意义就更丰富了：他是色鬼，他在意淫！

在这个世界，你怎么敢凝视呢？哪怕仅仅是出于清澈、纯净之心，对于美/丑的凝视，小憩时任性的游弋，抑或无聊的绝望！

一旦凝视，定睛只看一小点，自己的脑子显然就会出问题。因为众人那里的有成了无，美成了丑，对成了错，真成了假。总之，世界会因此颠倒过来。世界不是影射在高高在上的眼睛里，而是影射在倒立的头触地的眼睛中，影射在头穿裤裆而出的呆滞的眼睛中。

这是一个喜欢好话的年代，也是一个帮闲辈出的年代，是一个劝百讽一的大赋一统天下的年代，也是一个身不由己、容易缴械投降、投怀送抱的众狂我亦狂的狂欢年代，颇似先人在《宋书·袁粲传》中描绘的狂欢国，云：

> 昔有一国，国中一水，号为狂泉。国人饮此水，无不狂，唯国君穿井而汲，独得无恙。国人既并狂，反谓国主之不狂为狂，于是聚谋，共执国主，疗其狂疾，火艾针药，莫不毕具。国主不

任其苦，于是到泉所酌水饮之，饮毕便狂。君臣大小，其狂若一，众乃欢然。

其实，这仅仅是基督纪年后的两千年多一点点的瞬间！

虽然我们能写作、会表达，但我们并不自由，也不高尚，有时还不乏獐头鼠目式的油滑与猥亵。拥有表达权力的不少精英们不但唯我独大，还时常拉帮结派，结党营私，沽名钓誉，哗众取宠，道貌岸然；进而黑白颠倒，是非混淆，真假易位！于是，默观有问题，凝视不正常，独行者也成为另类，甚或品行不端，道德沦丧。

天还有可能塌下来！

文字的作用，首先是让我们自己而非那些没有话语权的人明白这一点，然后再尝试去让那些并不一定需要我们帮助、教化、启蒙，但有着自己的文化和逻辑，还经常审视、打量甚或嘲笑我们的人们理解。对土地的敬畏、对小我的礼敬是我的民俗学的原点。

由此上路，眺望自己远行，凝视与默观，学科的红火、老母的暮年、小我的悲喜、艺术的光晕、民间的段子、乡土的音声、节庆的盛大、泰斗的脾气、诗人的才情，都别有一番滋味。如疾驰车窗外移步换形、高低深浅、转瞬即逝的彩虹、夕阳，才上眉头，却下心头。

诗歌、小说、绘画、音乐、戏剧常常激情澎湃、爱意浓浓、沁人心脾。哲学、社会学、人类学抑或民俗学的论述则常常中规中矩、佶屈聱牙、不温不火甚或索然寡味。无论前者还是后者，在真正具有强大的穿透力和震撼力的创作、书写中，大写的人——"小我"——芸芸众生中的那一个，绝对有着基本的价值、尊严，或浓或淡的光晕无不值得礼敬。

愿我的这些残章、短篇、随想有着上述意味，哪怕是零星的、杂乱的。或者正是在此意义上，我的凝视是忧郁的，我的民俗和民俗学是感伤的。当然，在这个阳光与雾霾同在，希望与绝望比肩的伟大而多艰的年代，人们也完全可以说我的内心是抑郁、昏黑的，文字是无病呻吟、扭捏作态、乱七八糟的……

（本文是拙著《忧郁的民俗学》的"自序"）

人穷了当街卖艺

> 戏班里不养小、不养老,
> 唱红了财主当作宝,
> 唱黑了脚下一棵草。
> 十七八岁是正好,
> 财主看上一个也跑不了。

这是一首在老北京生活的多数人都熟悉的顺口溜,说的是20世纪初叶在北京混日子、讨生活的女艺人的生活实况、窘况与艰辛。当然,绝大多数人更熟悉的是首句。行里行外,人们常常更简洁地说:"艺不养小,艺不养老"。这时,男、女艺人之间的分别就不明显了,而引人注目的是长期被视为"下九流"的"优伶界"特色。

其实,在中国传统社会,不但男、女不能同台看戏,女艺人登台演戏都有禁令。1912年,政府才废除了禁止女艺人登台的禁令。到1920年,已经有194名女艺人与北京的戏园有演出合同。这些女艺人也有了专门的称谓,"坤伶"抑或"鼓姬"。因为北京特有的权力空间的格局,与众多的落子馆一道,以坤伶为主演的坤书馆基本都分布在前门外，尤其是更靠南边的老北京"杂吧地儿"——天桥一带。

大致同期，因断科举而失意的文人士子们，对这些传统文化观念中"低贱"的女艺人同病相怜，心有灵犀，表现出了极大的敬意。这样也才有了"自见天桥冯凤喜，不辞日日走天桥""倾城车马下天桥""多少游人不忆家"等情感化的赞誉。不仅如此，在1919年《燕风报》发起鼓选后，1922年《小公报》等纷纷发起鼓选，还戏拟"如意轩鼓姬内阁""鼓界十二公主"，等等。

对于当下多数人而言，这些百年前关于女艺人的陈谷子烂芝麻的旧事要么热闹有趣、荒唐可笑，要么索然寡味。但是，对受到女性主义影响，又志在研究社会史的历史学者而言，这些看似理所应当也平淡得出奇的顺口溜、昔日的潮流，都有着非凡的意义。在其遗著《劳作的女人：二十世纪初北京的城市空间和底层女性的日常生活》中，不幸英年早逝的美籍华裔历史学者程为坤解读出了复杂的内涵。

在对那个年代这些女艺人的演艺生活进行梳理之后，程为坤认为，现代政治塑造了这些女艺人的身份，女艺人为现代戏曲所改造，也重新定义了戏曲的世界，民族主义则使之声望更高，受人尊敬。因为这些女性不但重拾传统"女性的美德"，还有不少人通过自己的演剧为社会改革指引着方向。但是，尽管戏园给了女性重塑自己的机会，却也容易将其降格为"物化的肉体和性，一个年轻美貌的女演员可能会成为男性性幻想和偷窥快感的对象"。于是，由于"良贱"等传统文化观念的强大惯性，女艺人不可避免地面临着来自不同社会群体充满矛盾的期待：色情艺人、道德楷模、宣传员、新女性、平民的发言人、性幻想和消费对象，等等。

显然，在20世纪初叶的北京，确切说到1928年因民国政府南迁而未易名为"北平"之前的北京，这些社会地位低下却有着市场的坤伶的自由、恶名和经济上的能量是以极大的代价换来的。在这本新近翻译过来的英文著作中,书名"劳作的女人"(working women)和正文中的"底层女性"均是范围非常广的概念,包括:因为社会巨变而堕入社会底层的满族妇女,被富贵人家雇佣的老妈子,走街串巷穿梭在千家万户中的三姑六婆,街头谋生的拉车妇、缝穷妇、女乞丐,冒天下之大不韪而最早在京城开办女澡堂子的金秀卿等女商人,和那些不得不靠肉身维持生计的不同级别的妓女。总之,除了知识精英女性以及中产阶级——殷实人家——女性之外,作者将因种种原因而突破了三从四德等良家妇女的传统定义,而频频在街头巷尾等公共空间抛头露脸讨生活的不同行当的女性都纳入到了他的研究之中。

毫无疑问,这些占据了女性人口主要部分的劳动女性,其日常生活才是城市生活的主流、真相。也即,该书试图勾画的是在那个巨变岁月的北京的大多数女性,或者说勾画的是这些劳作女性栖身的北京。北京在变,女性也在变。虽然可能迟缓,劳作的底层妇女的变化赋予了老旧北京以现代的新意,老旧北京因为这些大胆也不得不走上街头的底层妇女的劳作、言行而有了生气和灵魂。为了激发更多的人对精英分子潮流之外的女性的思考,增进对底层女性主体性的认识,作者在新旧交替、混融的场景中,尽可能地耙梳报纸、官方档案、文人创作以及民谣等各种文字资料,以求白描出不同底层女性的生活群像。

清代北京满汉分城别居的政策使得城墙内外迥然有别。因不同的权力配置,不同空间生活的人也就有了高低贵贱之别。但是,主流历史叙事以及文化批评看中的权力并非帝都北京的一切,权力视角也非认知北京的唯一视角。正如李欧梵的《上海摩登:一种新都市文化在中国(1930—1945)》和叶凯蒂的《上海·爱:名妓、知识分子和娱乐文化(1850—1910)》等人的研究所揭示的那样,性别同样是都市研究应有的视角之一。

在该书中,程为坤从性别的角度或者说基于女性主义的立场善意地提醒读者,与历史相对短暂的上海不同,"性别区隔的原则形塑了北京的社会历史,给北京的街道注入了性别意涵"。在一定程度上,街道胡同的名字与女性相联系,表现了从事特殊职业的女性的公共影响力。然而,千百年来,不但在北京以女性命名的街巷名称屈指可数,就是偶尔出现的诸如"石老娘(接生婆)胡同""奶子(皇室乳母)房"这些以女性命名的街巷名称对城市地标影响也多半是"负面的",因为这些女性违背了传统社会对女性社会角色的基本定位与规范。

不仅如此,由于眼睛向下的俯就,即聚焦于劳作妇女的日常生活,作者更清楚地意识到,在这样明显有着话语霸权和歧视而共时性呈现的历史层累的"性别空间",清末以来新兴的"女权主义的影响和对西方文化的热忱跟大多数天天为生活忙碌的底层女性很少沾边"。换言之,独领风骚、名垂青史的精英女性及其所崇尚的民族主义或女权主义修辞术对北京城绝大多数劳动妇女的影响微乎其微。在辞旧迎新而巨变的动荡年代,为了家庭的生存、自我的活路,作为行动主体,自我意识明显的底层女性不得不走出家门,以牺牲安全为代价出去寻找一切可以谋生的机会,从而发展出了她们自己的办法应对大的社会变局。这正如俗语所言:"人穷了当街卖艺,虎瘦了拦路伤人!"因为看护孩子等家务活儿和挣钱养家的双重重担模糊了生产和再生产的界限,这些劳作女性的就业层次明显低下。但是,正因为她们群体性地频频走出家门,原本主要是男性占据的家门外的空间——公共空间——也就日渐成为底层女性活动的地盘。

邻里街坊建构的社会空间和街头这些有目共睹的共享空间为底层女性表达喜怒哀乐提供了基本场所,成为以劳作女性自己为主角的人生舞台。"天棚鱼缸石榴树,先生肥狗胖丫头"点缀其间的四合院,也是今天北京要大张旗鼓宣扬却消失殆尽、一去不复返的四合院是阔大、闲适、静谧与安逸的。除被人雇佣的老妈子之外,多数底层女性都是寄身在与四合院有着天壤之别的老舍浓墨重彩的"大杂院"和郑振铎简称的"杂合院"中的。无论是大杂院还是杂合院,这些空间拥挤、凌乱,却也因为抬头不见低头见的磕磕碰碰,有着浓浓的人情味。20世纪初叶的底层女性也就更加高频率地动员邻里街坊的"人情味"——提供支持或做出评判——来维护自己最基本的权益。为此,在铺陈了当年《晨报》以及官方档案曾经刊载、记录过的大量北京底层女性街头斗殴事例之后,程为坤分析指出:在那个年代,看似"不雅""撒泼"的街头斗殴实则是底层妇女"自我保护"的一种有效机制。

其实,在男权社会,用肉身维权或者证明自己的清白是女性惯用的武器。至今,在很多名山作为景观被张扬和讲述的"舍身崖",大抵都是昔日被污名化的女子为示清白、节烈的所在。如同百年后的今天一样,在二十世纪初叶,女性自杀更是一种象征着反抗的极端行动。程为坤指明,在相当意义上,此时的女性自杀已经有了本质的不同,因为它不再如"舍身崖"的烈女那样是要献身于男权社会的道德理想。具有朦胧主体性的劳作女性知道,在公众面前的自杀会反向让逼迫、虐待自己的人抬不起头来,让他或她也"不好过"!这样,自杀纷纷被用于底层女性对不满婚姻和家庭的反抗。

当然,如果注意到凉山彝族社会长期就有的"死给"[①],程为坤这一

---

① 周星:《死给、死给案与凉山社会》,载马戎、周星主编:《田野工作与文化自觉》,群言出版社1998年版,第701—192页。

赋予"自杀"以现代性意味尤其是女性主体意识觉醒的阐释或者也就有了更多商榷的余地和空间。与自杀的决绝不同,在解放、独立、自主等思潮影响下的"私奔"成为底层女性寻求保护、爱情和满足等更为实际的选择,并流行开来。如果注意到五四新文学创作对私奔潮流的讴歌,我们就知道程为坤所言非虚。当然,互为表里、因果的二者究竟孰先孰后就无足轻重了。

对于不同的底层女性群体,该书都有值得称道的细读。这种细读并没有止步于浓描出其日常生活群像,而是进一步道明了在那个巨变时代,这些劳作女性与北京近代化之间的互动关系。因此,从乡野(主要是三河市)跻身北京当佣工的老妈子的有偿家庭劳动动摇了社会对于家的惯有定义及其和私人、家庭的联系;走街串巷的三姑六婆对家居女性意义非凡;流浪街头的女乞丐不但挑战了传统女性和婚姻家庭相连的主流观念,甚或还部分实现了这些底层女性的个人价值。

大量女性纷纷走出家门,走向街头巷尾,也自然形成了相应的对这些现代"新生"劳作女性的新的管控方式。与社会改良的风气相应,也与常识中"旧社会"的黑暗和民不聊生相反,书中给我们勾画出了那个动荡年代非常温情的一面。无论是警察、还是大户人家,人们似乎都对走出家门的这些弱势女性有了更多的善意、宽容和爱护,如警察保护身处危险的女性、调停家庭纠纷、禁止和控制有危害的女性(接生婆、妓女),政府伙同慈善家设立女习艺所、济良所以救助贫困女性,等等。

任何时代、任何阶层的女性都不可能始终是"绷紧的弦",都有其或长或短的闲暇,有着大相径庭的休闲方式与策略。直到帝国晚期,老北京妇女的休闲活动主要是过节、逛庙,抑或在家门口观看来来往往的红白喜事的迎送队伍,甚或随口哼两句小曲。走百桥、摸门钉、朝山求子祈福等妇女经常参与的"休闲"明显有着宗教的色彩，并服务于男权社会传宗接代的香火观念。因此，尤其是庙会与节庆，作为传统休闲的象征将北京女性和过去联系在了一起。

清末以来，效仿西方的北京近代化历程次第展开。1907年，不仅万牲园在北京开园，清政府还颁布《女子小学堂章程》和《女子师范学堂章程》，明确宣布废止缠足，倡导体操、音乐和游戏，以培育合格的妻子和母亲。辛亥革命后，除已经局部意义上向女性开放的戏园之外，电影院、动物园、游乐场，尤其是将社稷坛、先农坛等原本皇家禁地改造而来的大小公园等新兴娱乐设施及其娱乐活动纷纷登场。在民国初年舆论中，女子项目更受欢迎。精英阶层相信，身体的强健代表着封闭、温顺和弱质女子变成了独立、爱国的人。作为潮流，包括交谊舞、体操等在内的新兴的娱乐，也明显没了昔日浓厚的宗教味，而是女性个人的选择、兴趣使然。

客观而言，程为坤对20世纪初叶这一过渡时期的京城妇女的休闲娱乐的把脉、判断是准确的。但是，对新兴的娱乐，除了上述标志性事件的叙写之外，劳作女性的休闲娱乐则语焉不详。不仅仅是女乞丐、包括多数在天桥坤书馆、落子馆讨生活的女艺人在内，绝大多数忙于生计的劳作女性是无缘这些新兴的休闲活动的，依旧是女艺人、妓女——昔日文化分野中的"倡优"——自身在整体性地供人娱乐、消费和享用。不仅如此，同样是程为坤笔下的劳作女性，清吟小班中的高级妓女——那些颜如玉的妙龄女郎们——还完全有可能是这些时尚休闲的领头羊。

换言之，程为坤所言的来自不同行当、不同阶层的劳作的女人实则是个非常庞杂，又各自有着亚文化、次文化甚或反文化的异质群体，是古斯塔夫·勒庞所谓的"乌合之众"。程为坤一再强调的这些女性自立的"劳作"和强调其社会地位的"底层"这两个最大公约数并无法行之有效的统合其历史、文化的差异性、复杂性和多样性。因为材料或材料的检视所限，对其所言的劳作的女人抑或底层女性的日常生活的描述、辨析也就常常不可避免地流于了形式与片面，甚至不乏矛盾之处。当然，这或者是同样意在求真、修正英雄史观而格外关注常民柴米油盐酱醋茶等微观世界、日常生活的社会史研究共有的瓶颈、两难与纠结。

在关于乐户等底边社会的传统与现代的系列研究中，人类学家乔健早已指明：伺候与被伺候是中国传统社会文化结构的核心法则。富裕风光的不一定社会地位高，社会地位高的不一定显赫威武。无论是"劳作的女人"还是"底层女性"，核心概念的定义不明，也给人造成了认知的含混。这或者也是封底同样关注街头日常生活的美籍华裔历史学者王笛的"荐语"中不点明占据了该书六分之一篇幅的"妓女"的原因所在。无论是序文中，还是封底荐语中，王笛都用了一个更为模糊的表述："其他一些我们缺乏基本认识的女性劳动者"。这里，要进一步追问的是："我们"又指的是谁？为什么这些"我们"会缺乏基本认识？

不可否认，该书从性别视角对20世纪初叶北京的研究的开创之功。包括妓女在内，书中分别描述的不同行当的女性都表现出了主体性、复杂性和矛盾性。但是，程为坤一锅煮的底层女性的主体性反而给淹没了。如果说走出家门自谋活路的意识与实践就是20世纪初底层女性的主体性，那么作者有意将精英女性排斥在外也就没有必要了。

这或许多少让人有些遗憾！

（原文刊载于《新京报·书评周刊》2015年9月12日 B14版）

附记：

近代以来，在倡导男女平等、女性解放的精英语境与缓慢推进的社会实践下，以"文明""风化"的名义，精英阶层又一直在对解放了或解放过程中的女性，尤其是程为坤所言的"劳作的妇女"进行着新的管控、教化。这一解放与规训并行不悖的历程并未因日寇的入侵而中断。

2016年秋冬之交，在查阅民国时期辅仁大学的档案时，我还看到了1941年6月7日，伪政府签发到辅仁大学的《整顿北平市风化暂行办法》。其条款除对包括在校学生等在内的在街头巷尾等公共空间出入的男女着装、言行的规定之外，四、五、六、七、九条则是专门针对女招待、娼妓和女澡堂的条款，特抄录如下：

> 本市戏园电影场球房饭馆所雇佣之女招待公安局核准登记者仍准继续服务由该局随时派员查察自二十四年一月一日起即停止登记
>
> 坤伶鼓姬娼寮之服装须按照取缔妇女奇装异服办法之规定由公安局切实取缔无不准着用奇异花色及过于奢华之服装
>
> 本市城内外之娼寮依原有地域集中居住禁止与民居杂处
>
> 严禁私娼初犯按违警法处罚再犯者送社会局救济院救娼部管束
>
> 女浴堂之风化由公安局专派女警察前往监察

城镇化的乡愁

一

2013年12月12日至13日，中央专门在北京召开了改革开放以来的第一次城镇化工作会议。会议公报明确提出，城镇化的建设与推进是现代化的必由之路，是现代化实现的一个不可违的自然历史过程，因此要以人为本，推进以人为核心的城镇化。

经过多年的倡导、践行，城镇化已经卓有成效。按2013年底公安部公布的统计数据，以常住人口为基准，中国城镇化率已经达到52.6%，但按户籍人口计算，城镇化率则仅达35.3%。也即在城镇化过程中，滞后的户籍制度使得已经长期工作生活在城市的占全国人口总数17.3%的人是"半市民化"。这些"半市民"无法分享市民的红利。与此天渊之别的另一面则是，在地方政绩、GDP驱动下的"拉进城""被落户""被城镇化""被上楼"等诸多乱象。

显然，此次中央城镇化工作会议及其公报是在城镇化建设层面对改革开放以来人口流动、经济发展、城乡巨变的理性总结，是对问题的正视，是对未来良性、可持续发展的期许。但是，在充分肯定城镇化对于国计民生不可替代的工具理性的同时,这里更需要前瞻性质疑的是:城镇化是否一定就意味着发展,尤其是是否一定就意味着好的发展?人类文明、生产方式、生活方式原本是多样的。在强调城镇化重要性的同时,我们是否也还可以兼提多样、多元的价值观念、生活方式?与天地、日月、神鬼为伍的乡野是否一定就意味着落后,是否一定要被发展掉?不愿意城镇化的人、将来希望从城镇回到乡村的人是否可以有自己的选择?是否还有选择的权利、机会与可能?

今天大行其道的都市文明及其生活方式是以工业文明为基石、以科技为手段的,也是所谓的发展中国家身不由己地努力仿效西方的结果。彼得大帝时期的沙俄、明治维新时期的日本、戊戌变法以来的中国、圣雄甘地之后的印度大抵都未逃离这一怪圈。不能否认的是,工业文明是剥离土地的文明,是将天、地、人、神分割的文明,是强调人定胜天、远离乡土、乡愁、乡音,继而支配也破坏自然、生态的文明,更是人在肯定自我、彰显个性同时也迷失、忧思弥漫,荒诞感倍增的文明。集团化的工业生产、骤然聚集的人口催生了现代意义上的城镇、都市。与此不同,传统的城与堡多因政治(如王公贵族所在地)、交通(如驿站、港口)、军事(如屯、堡)和商贸(市集、边关)等原因而生,并常有宽、深的护城河和高大厚实的城墙萦绕、护佑。这在东、西莫不如是,并无多少差别。

伴随工业革命而生的便捷交通,使得工业文明以来人类社会物理意义上的时空距离骤然缩短。可是,与此相左的是,各自为政的心理距离却日显遥远。尤其是独裁专制的强权政治土崩瓦解时,涣散也使异质的人心、人性更显隔膜与冷漠。信息时代倍增的异地交流、沟通方式与信息获取手段不但未能有效地加强心与心的理解、交融,反而使得近在咫尺的人都形同陌路。父子反目、兄弟相煎、夫妻情断、师徒破门、同行倾轧、上下灌水、是非混杂、造谣生事等成为日常生活中的常态。绿色、生态、环保、可持续发展这些看似前卫的观念、运动都是工业文明、科技文明、信息文明大行其道之后的亡羊补牢术、掩耳盗铃术,多少都有些自欺欺人的味道。

虽然有形的道道城墙使农耕文明主导的传统城市和乡村的外在形态迥然有别,但传统社会是熟人社会、礼俗社会,其城乡的底色都是费孝通所言的"乡土性"的。① 在或主动或被动地效仿西方的现代化历程以来,古旧城墙的灰飞烟灭在促使以西方为准绳的现代都市文明及其生活方式迅猛地开疆拓土的同时,也空前地拉大着城乡之间的差距。在观念层面上首先定格为发展与美好的城市、城市群、大小城镇成为了建设的重中之重。教育、医疗等与个体日常生活基本关联的社会资源被有意地不均衡配置。"重工轻农"的政治强权时代如此,"重城轻乡"的以经济建设为核心的改革开放时期同样如此。

城市和享有城市户口的人处于了社会金字塔的上位,也占据着道德形态学的制高点,及至在日常口语中,"进城""上街"和"下乡""返乡"都有了特定的意涵。② 改革开放前,"城里人"与"乡下人"泾渭分明的区隔以及由此形成的社会不公和阶序,培育了数代乡下人对城市的憧憬,至少激发了"乡下人"对城市的窥视欲望和在可能情况下"入主"的心性。鲁迅笔下的阿Q和高晓声笔下的陈奂生分别是20世纪首尾的贸然而兴致勃勃进城的"乡下人"心性的代表。这种窥视欲和入住心性直接促生了改革开放后城乡之间的巨大人流,导致城镇一窝蜂地斩断历史线性链条的盲目拆迁,整齐划一地摊煎饼式扩建

---

① 费孝通:《乡土中国 生育制度》,北京大学出版社1998年版,第4—6页。
② 岳永逸:《都市中国的乡土音声:民俗、曲艺与心性》,中国人民大学出版社2015年版,第171—172页。

钢筋水泥堆砌的"石屎森林"。

对于多数个体而言，无论城镇真实的工作、生活境况多糟，挤进城市、拥有城市户口仍是基本的梦想。拥有京、沪、广这些代表当代中国荣耀的一线城市的户口，更是千千万万人的理想。没有乡愁的背井离乡、抛妻（夫、父母）弃子的都市化是如此的急不可耐、蓬蓬勃勃、红红火火！长此以往，这种单一、趋同的价值认同势必会催生文化的贫瘠和精神的枯竭。因此，城乡并重，而不仅仅是在城市中融入或者有限度地保留乡土的元素，应该才是可持续发展应有的理性基础。

二

在机械文明以迅雷不及掩耳之势地改变艺术创作的方式、人们的生活形态与观念的年代，行吟诗人般的瓦尔特·本雅明对前工业文明及其众多文化艺术形态的"光晕/韵"表现出了让人感伤的眷恋。如大抵同期的中国文学中美丽、婉约的乡土文学，无论是周作人的"乌篷船"、废名的"竹林"还是沈从文的"边城"，在给人以温馨与浪漫的同时，多少都有些凄楚和断人魂肠的参差苍凉。同样，二十多年前，法国人让-弗朗索瓦·利奥塔（Jean-François Lyotard）曾用"房舍"和"大都市"来分别喻指前工业文明的素朴和后工业文明的繁杂，多少有些怀旧、感伤，亦不乏明敏的思考与批判。[①] 当下，西方发达国家乡村—房舍的居民对自己享有的生活已经有着与利奥塔不同的体认，多

---

① 〔法〕利奥塔：《非人：时间漫谈》，罗国祥译，商务印书馆2000年版，第205—221页。

了发自内心的喜爱。都市-好、乡村-不好的界限已经模糊，甚至颠倒过来。"城市让生活更美好"也不再是人们坚守的唯一信条。

2006年7月，我曾前往日本进行短期的访问研究。在神奈川县真鹤町的一个面朝大海的百余人小村，村口路边公交站牌上，清楚地写着每班次车停靠、离开的时间，精准到了几点几分。这绝对不仅仅是一个标牌。我乘坐的公交车正如同站牌上标示的时间那样，准点到达，准点离开。村中，除了小型的超市间杂民居之间，不时还能碰到正常运行的自动售货机。作为一个公共场所，村子神社围聚了不少喝茶闲聊的村民。我问身旁一位80后的年轻人："横滨、东京好，还是这里好？"这个小伙子很诧异我有这样的问题，反问道："这里很好，城市有啥好的？"后来，我才知道，在现今的日本，一个原本出生在城市的人，要想长期定居乡村实际上是一件相当困难的事情。

2013年5月，在剑桥寓居的我曾数次专程前往纽马克（Newmarket）小镇一个散居着三百余人的小村，并有幸到迈克和西娜夫妇家做客。迈克夫妇都是20世纪70年代初期出生的人，大学毕业后，双双回到了村里安居乐业，育有三子一女。他们水、电、气、网络等设施一应俱全的房屋背后是通往村外、连接邻里的平坦马路。房前的花园、养殖场和手工作坊渐次排列开来。花园中有苹果、李子、草莓、无花果等果树，蹦蹦床、秋千、梭梭板、羽毛球场等间杂其间。夫妻俩都有宣传自己产品的网站。在收到订货单后，迈克在他的手工作坊给客户制作水箱、车斗等大型机械的零部件。

西娜经营着紧邻花园的养殖场。除了种类繁多的鸡，养殖场还有兔、羊、猪等动物。禽畜的圈舍、喂养都是高度科技化的。每次收拣鸡蛋时，西娜都会在鸡蛋上标明生产的时间和母鸡的类别。没有帮工，数百只动物的喂养、产品的营销都是西娜一人。但是，繁忙的西娜歇息下来时，还会拿起她的油画笔，画出与她朝夕相处的这些动物。在初进她的家门时，我还误以为那些跃入眼帘、栩栩如生的大小镜框中的油画是买来的。

我多次问过迈克夫妻俩对自己生活现状、对这个小村的看法。在不同场合，他们夫妻的回答基本一样："确实辛苦些，但很好。没想过要去剑桥、伦敦！为什么呢？"

三

相对上述两幅图景，当下中国乡村空间的城镇化明显快于人口的城镇化，人口的城镇化快于人的城镇化，人的衣着举止言行的城镇化快于人的观念和思维模式的城镇化。以此观之，"以人为本，推进以人为核心的城镇化"就意义非凡！唯愿城镇化的践行者能将城镇根植于乡土，而非斩断乡土之脐，从而多少实现些"让城市融入大自然，让居民望得见山，看得见水，记得住乡愁"的愿景！

当然，绝对还应该在"记得住乡愁"后郑重其事地加上"听得见乡音"。因为乡音承载着在乡野中如风般传衍的故事、传说、歌谣，令人开怀大笑或会心一笑的段子，家长里短的粗言俚语；承载着在节庆、庙会、红白喜事等场合的野台子戏、曲艺；承载着浓浓的乡情，邻里、村社之间的纷争、理解、关爱与依依不舍。没有了乡音，哪怕共为邻的青山绿水历历在目，乡愁也仅仅是昙花一现的海市蜃楼，是无迹可求的水中月、镜中花！

但我更愿意说：乡土本身就丝毫不逊色于城镇！愿我们子孙后代的中国不是"一个"苍白无趣的城镇，不是一片没有蓝天、阳光的石屎森林，而是一个个有着自己乡音、乡情、乡韵，有着自己个性、历史、记忆、温馨与乡愁的"村落"城镇！或许会有那么一天，相比"村落城镇化"，人们会更喜欢"城镇村落化"，也有更多人愿意自得其乐而又胸怀世界地生活在乡下，生活在村里。

与慎终追远、崇德报功两位一体的光宗耀祖、叶落归根的价值追寻、身体认同使得乡愁确实与乡土——故乡、故土、故人、故里——密不可分。自然而然，乡愁绝不仅仅只存在于乡土。广义上的乡愁与感怀伤时的"恋旧""追忆""凭吊"是孪生姊妹，它指向的是所有已经逝去了的景象与心性。因此，无论是追述岁时节日的《荆楚岁时记》，还是慨叹已逝繁华市井生活的《东京梦华录》《武林旧事》《梦粱录》，及至今人王世襄的《秋虫六忆》、邓云乡的《燕京乡土记》、北岛的《城门开》都有着浓浓的依托于"故城"的乡愁。当然，这类对一去不复返、不可复制的消散之城的追忆，我们也可以称之为"城愁"。

对于过去数十年以强拆、强征土地为基础的摊鸡蛋、摊煎饼式的"城镇化""都市化""大都市化"及其如影随形的异型建筑、空城、鬼城或堵城，来自各界的警醒、批判之声早已不绝于耳。鸟蛋、鸟巢-鸟窝、麻花、马靴、大裤衩、牙医箱等批评者对各大城市异型建筑的命名，及至2014年官方对异型建筑的正式叫停，既是"乡愁"的不同表现形式，更是鲜活的当代"城愁"。不仅包裹每个都市子民日常生活的空气、食物、用水等有着安全隐患，大投入的街区文化建设要么是陷入褊狭的复古保守主义，要么就是陷入不接地气、人气的精英虚无主义。多数所谓的街区文化建设沦为徒有其表的空中楼阁，或昙花一现的海市蜃楼。

尤其让人困惑的是，位高权重、财大气粗并拥有话语霸权的官媒精英要在百余年来斩断的文化链条中，要在老百姓已经片面接受了的都市文明的基本观念与行为准则中，勉力嵌入市井小民自身同样视之为"落后""愚昧"并早已抛弃的鞭春牛之类的"旧俗"。在北京，不少居上位者口口声声地要恢复三教九流汇聚的作为京城"下体"的杂吧地老天桥。在上海，恢复莺歌燕语、香烟袅袅的龙华寺庙会不但正义凛然，还有道德上的优越。在成都，那个只有吃食的"假"宽窄巷子让游人大呼"上当""没劲儿"。

伙同雾霾，高楼大厦林立的石屎森林终于遮挡了人们的视线，强力改变着人们的视阈。混同基因与转基因食品的争吵，各种肉香味、汗臭味遮蔽着人们的味觉、嗅觉、听觉。纷繁的物质、言语和易变的电子信息不折不扣地混搭，快速地重组着人们的感官感觉。打工仔、房奴、车奴、网奴、蚁族、工蜂也就层出不穷、前仆后继地成为了今天在都市生活的芸芸众生的标签、隐喻。如果都市文明高于乡土文明这个价值论命题成立，那么今天都市的乡愁——城愁——的散失与凝聚远远胜于乡村。声、光、色、电、雾霾、车流、网络、直刺天空与眼帘的高楼等装饰的繁华都市更缺少根基。因此，飞蛾扑火般奋力挤进都市的子民们很快又将其双脚迈向所谓原生态的乡野，迈向空气清爽、商品质优价廉的异国。

其实，人在哪里生活并不重要，重要的是他能否感觉到自我价值的实现，有着安身立命并赋予其安全感的挥之不去的或浓或淡的乡愁，有着既不妄自菲薄也不卑不亢的自尊、自信与自豪！

（本文是根据拙著《都市中国的乡土音声：民俗、曲艺与心性》的"前言：城镇化的乡愁"修订而成，后刊载于《民间文化论坛》2015年第3期。）

天眼、日常生活与街头巷尾

天眼的现代性

不知不觉间，以安全的名义，摄像头、监视器遍布了大小都市的每个角落，而且还有了"天眼"的美名，神圣而艳丽。据说，"天眼"工程的快速推广与高速公路网的扩张连带一体，本意是推进高速交通的安全。确实，摄像头让高速公路上不少试图违规者有了顾忌，让已违规者只能心存侥幸。然而，摄像头在都市的开疆拓土，则明显存在悖谬。

在敏感的政治空间，在国美、苏宁等引导时尚的豪奢商场，在超市发、美廉美等兜售日常生活用品的大型超市，人们都安装了明察秋毫的摄像头。就连 7-Eleven 之类的便民小店，人们不仅安装摄像头，还常常在闪闪发光的玻璃门上悬挂一块温馨的小牌子，上面歪歪扭扭地写上"请自重"之类的字样。图书馆、博物馆、展览馆、书店、教室、医院的挂号大厅、公寓和宾馆的廊道、大厅、停车场、车站、机场等凡是人群可能汇集的地方，电梯、地铁、公交甚至出租车等，都有或明或暗的摄像头。

因应高科技而生的现代民族国家以治理、管理和服务的名义，尤其是安全的名义，大大方方地让全能的摄像头切实有效地监视着人们的日常生活，任性地逼视着每个个体。换言之，在这个地球村，因为可能有的潜在的不法分子、道德违规者以及无法泯灭的恩怨情仇，现代都市社会中生活的个体都必须无条件地接受这种全方位的监视。这营造了一种以不信任和不可信任为底色的社会环境与人情世故。被监控、被监听、被监视成为都市每个个体日常生活的常态、正态。

尽管语境不同，对唐纳斯马克（Florian Henckel-Donnersmarck）执导的电影《窃听风暴》和美国中情局前特工斯诺登（Edward Snowden）的过度审美式消费，从另一个角度表达着大小受众潜在的监视欲与窥伺癖，而非仅仅是满腔正义的愤怒和技不如人的羞愧、憋屈。因此，当下大小都市公共性建筑，在规划设计时，摄像头、监视器的管线、位置的设计成为必备的部分。不仅如此，摄像头早已经是名流、富豪、权贵的私人住宅必备的夸饰性或内隐性物象与符号。

反讽的是，天眼并未让安装者和享用者的安全感、信任感比前天眼时代更强。发生在莫斯科、伦敦、马德里、巴黎等诸多大城市的恐怖袭击更是让天眼蒙羞。"夜不闭户，路不拾遗"不但是现代都市人永远的神话，也是一个冷笑话。

作为以科技为核心的现代性战无不胜的物证，摄像头、监视器与猫眼反而使人人自危，并强化着光怪陆离的都市生活的不安全感、不信任感，给人们原本可以有的包括试探在内，从陌生到熟悉的正常交往、情感交流造成难以泯灭的心理阴影。在以摄像头、监视器、窃听器、猫眼为日常生活器具的当下，如鸡、蛋互生，监视与反监视周而复始，恶性循环。不仅如此，因为对科技的迷恋、敬拜，监视、窃听已经不再是贬义词，拥有者、使用者反而有着"技术达人"的情感优势和道德优越。在国别外交、商战现场、政敌、情敌之间，上下级、老板和雇工之间，甚至夫妻、父子、情人、师徒之间的反目，相当一部分都是依赖监视和窃听而水到渠成。作为双刃剑，智能手机的普及加速了人人亢奋也人人自危的心路历程。正义与邪恶、正用与反用皆在一念之间。

如同一个吞噬一切的巨大漩涡，天眼时代的子民很快就主动地皈依天眼，成为其忠实的信徒和"瘾君子"，心甘情愿地"出柜"，以身相许。不但位居都城深处，九弯十八拐幽静小巷的安全感需要摄像头，权贵富豪山间别墅的清幽、自然也首先仰仗于摄像头编织的屏障。在无孔不入也俯视万物、妙杀众生、一览无余的天眼面前，无论作为隐喻还是象征，抑或理想，自绝于他者和外界的人文"桃花源"和自然"桃花源"都粉面含羞，一泻千里，荡然无存。在天眼面前，寄托着中国文人纵情山水、独善其身这一千年理想的桃花源，恍然卢生的黄粱梦、淳于棼的南柯梦，沦为不着调的乌托邦、掩耳盗铃的异托邦，甚或欺世盗名的恶托邦。

这些是现代性的负面表征，是当下都市生活方式所主导的文明世界的阴影，是"让生活更美好"的现代城市的阿喀琉斯之踵，是心知肚明的现代都市人的羞处：人人盗跖，而非尧舜，人人性恶，而非性善！基于不信任的互相监视，成为都市日常生活中整体性的社会事实。在这种语境下，重新阅读怀特（William Hollingsworth Whyte）的《小城市空间的社会生活》(*The Social Life of Small Urban Space*) 就别有意义。

笑意盈盈的街头巷尾

怀特的小城市空间实际上就是我们通常所言的街头巷尾、房前屋后、门口街边、凉亭大厅、迷你公园、犄角旮旯这些为更多的普通市民日常的共享空间。在该书的末尾，对自己赞美的小空间，怀特有明确的描述性定义：

> 小空间的乘数效应是巨大的。这种效应不只是就使用这些小空间的人数而言，实际上，还是就经过这些小空间的人的感受而言的。很多人不过是路过那里，他们很喜欢这些小空间的感受，或者更多的人觉得城市中心有了这些小空间，感觉更好。对一个城市来讲，这样的小空间是无价的，无论花多少钱都是值得的。这些小空间是由一些基本元素组成的，它们就在我们面前。

简言之，怀特瞩目的并希望一座城市能够有的更多小空间，是人们愿意停留并享用的"人性化的空间"，是可以让使人感到不舒服甚至窒息的城市焕发出生机和活力的空间。正如威廉·K.赖利在该书"序言"所解读那样：小空间是有益身心、增进幸福感，从而让人"笑意盈盈"的地方。那么，怀特是如何细化他所定义的体现城市价值，让人可以舒心生活并留恋的小空间的基本元素呢？就类型而言，怀特将小空间分为了广场、迷你公园、街头、室内、大厅以及商业中心等。就这些小空间是否是一个值得称道并被不同人等享用的空间而言，在长久且精细的观察基础之上，怀特强调常人不以为意的坐凳的设置、阳光、风、树、水、食品、有效容量，以及愿意停留其间的女性的比例等微细指标。

采用延时拍摄等方法，怀特对上述既有小空间的观察、描述和分析，不是为研究而研究，为观察而观察，更不是为了写本专著。他的初衷是在这些已经定型的小空间的分析之上，警醒市政官员、城市规划设计师、建筑师、管理经营者以及市民本身如何更加合理的营造出更多让人感觉舒心、幸福的小空间，如何充分享用这些小空间，从而真正地使城市让生活更美好，使城市成为绝大多数居民的诗意的栖居地。

作为在美国甚至西方世界都有深远影响的城市思想者，小空间的日常生活样态是怀特思考城市的出发点。对于怀特而言，小城市空间最能显现个体的自由、价值与意义。这些观念看似平常，却对与他同时代的那些喜欢假大空与"政绩"的主流城市规划师和建筑师杀伤力极强。在相当意义上，正是诸如怀特这样驻足于城市小空间的日常生活的观察、思考，警醒着美国的大小城市的规划与设计，还为二战后美国城市的整体转型打了一剂维生素。

其实，怀特并非是建筑学与城市规划的专家，而是不折不扣的社会学家。1956年，怀特就以《有组织的人》(*The Organization Man*)这本书引起学界和社会的关注，享有了盛名。在该书中，他指出，作为关键因素，住宅、停车、院落和公共空间的布局有助于表达友善或隔离的情感，从而促进或阻碍社会交往。自此，对于人们如何在共享空间中相互交往成为怀特一直感兴趣的话题。二战后的美国，其社会变迁与转型充分体现在因应战时经济的转型而对城市及其功能的重新定义。正是在此社会进程中，大批学者对城市，尤其是公共空间的本性——城市应该是可以安然、惬意的生活的与人性化的——进行了深入的思考，并引起了社会各界的广泛关注。在这个议题上，简·雅各布斯（Jane Jacobs）无疑是怀特坚定的盟友。在相当意义上，雅各布斯的名著《美国大城市的死与生》(*The Death and Life of Great American Cities*)以其直观的感受、细腻的观察和率性的笔调，给处于转型之中的美国大城市指明了生路。

怀特晚了将近20年才出版的关于小城市空间这本小册子，温文尔雅，有理有据，娓娓道来。与此不同，体量要大得多的《美国大城市的死与生》意气风发，甚至有些张牙舞爪。它振聋发聩，攻势凌厉地对当时占据着主导位置却想当然的城市规划、建筑设计进行了颠覆性的批判。异曲同工的是，雅各布斯对强势陈说的批判同样是基于对城市日常生活的观察，而非八股式的学术史梳理与专业名词的定义堆砌。因此，在大多数想当然的规划设计者、建筑师眼中可以随意挤压的人行道对雅各布斯而言，意义非凡。

作为全书的基石，雅各布斯正是通过对人行道的观察、解剖来警示人们重新认识城市，并给城市定义和赋予城市以意义。在雅各布斯看来，传统的老旧街区，尤其是一个有活力、让居住者觉得舒适安全的老旧街区，其核心正是作为公共空间的人行道及其日常生活。相对宽敞的人行道给小孩以运动、游戏的活动空间，也让这些小孩处于两侧房里成人友善的关注之下。居民熟悉的家门口街道边杂货铺之类的小商店店主不仅是生意人，其全天候的营业对其所在街区生活形成一种天然的维护，让居民心安理得。因此，雅各布斯将人行道之于城市的重要性提到了前所未有的高度，并从安全、社会交往和孩子的同化三个角度系统诠释有活力也让人觉得舒适的街区实乃"熟人社会"的本质。

原本强调陌生、差异、变化的城市，居然被雅各布斯重新定义和命名为：多样性和混融性并在的"熟人社会"！原本主流追求标榜的整齐划一、洁净反而被雅各布斯视为是违背人性、阻扰安宁的异端。这显然是逆天之举！但事实证明，雅各布斯是对的。城市不是别的，它首先是人生活的地方，是人能够生活下去的地方，是人能够舒心生活的地方，是要唤起生活在其中或打算生活在其中的居民"这里是我的""街区是我的""城市是我的"之主人翁意识，从而积极主动参与规划、设计、营造,并维护和保养那个似乎外在于我的"我的地盘""我的空间"。

其实,二战后美国社会的转型,在不同学科都有广泛的回响。越来越多的学者关注眼前的日常生活,试图让更多人的日常生活越来越好成为主流。在美国学界,街头巷尾的日常生活在二战前就成为学界新的热点。1943 年出版后,一版再版的威廉·富特·怀特(William Foote Whyte)的《街角社会:一个意大利人贫民区的社会结构》(*Street Corner Society: The Social Structure of An Italian Slum*)直接凸显的是"街角"之于城市社会和社会学的重要性。对于人们日常生活中的行为深入的观察与诠释,欧文·戈夫曼(Erving Goffman)在 1959 年出版的《日常生活中的自我呈现》(*The Presentation of Self in Everyday Life*)达到一个高峰。在主要以都市日常生活为基本研究对象的美国民俗学界,理查德·多尔逊(Richard Mercer Dorson)也在 1950 年创造了"伪民俗"(Fakelore)这个词。换言之,对美国城市日常生活演进的微观察,从街头巷尾入手的怀特和雅各布斯并不孤独,他们并非艰难地逆流而行,而是明敏地顺应了时代潮流。

市井的悲情

正是因为怀特的小城市空间打量和雅各布斯的人行道细读,扬·盖尔(Jan Gehl)在其名著《建筑之间的生活:使用公共空间》(*Life Between Buildings: Using Public Space*)提出的"建筑之间"这一相对抽象的学术语词也有了学科史上的位置,直至这位著名的丹麦建筑大师以"人性化的城市"(Cities for People)来作为其 2010 年新著的书名。然而，如果回到传统中国，即片面效仿西方对城市进行改造、革命，并以种种名义强拆、强建前的中国，我们发现在相当意义上，以西安、北京、南京、杭州、洛阳、开封六大古都为代表的传统中国城市不但有着"明堂""龙脉"等天命风水观左右的魂魄和肌理，是天、地、神、人的合一，而且还有着浓厚的抒情味与市井味，虽然这明显渗透着文人士大夫浓郁的追梦忆旧、至忠至孝的扼腕叹息和感怀伤时、指桑骂槐的悲情。

鼎鼎大名的《清明上河图》是作为宫廷画师的张择端因颂圣而对开封繁华市井生活的职业化的精心"实录"。这为后世了解那个年代的都市生活提供了一个可遇而不可求的直观的便捷入口。在《同舟共济：〈清明上河图〉与北宋社会的冲突妥协》一书中，独具慧眼的曹星原指出，该画作"描绘了一幅极具平民思想的社会氛围图"，并"隐喻了'变法'和对汴河的充分利用给社会带来的良性变化以及眼下的波折"，是神宗皇帝"上善若水"的统治理念与上下"同舟共济"精神的艺术再现。为此，在该书中，曹星原不遗余力地从《清明上河图》的跋文、涉及清明这个时日、北宋的市肆文化、汴河与河市的变迁、中国历史上图画的功能和宋代"今体画"与"宣和体"之间的沉浮、神宗皇帝个人的心性抱负，以及与向皇后及其家族之间的微妙关系等多个层面，进行了绵密的分析考证。

与此不同，同样以亲力亲为者而知晓一切的"过来人"身份，用文字记述宋代都市生活的孟元老的《东京梦华录》、吴自牧的《梦粱录》、周密的《武林旧事》，则将对中国城市生活悲剧性抒情的浪漫主义叙事传统推演到极致。

当然，这一频频回首的温吞传统实际上可以远溯至汉代刘歆的《西京杂记》，经杨衒之的《洛阳伽蓝记》，到唐代已经蔚为大观。《教坊记》《羯鼓录》《乐府杂录》《北里志》以及《明皇杂录》《开元天宝遗事》等大抵都是这一套路。今人王世襄的《忆往说趣》《自珍集》、邓云乡的《燕京乡土记》、齐如山的《北平杂记》、白铁铮的《老北平的故古典儿》,直至诗人北岛的《城门开》都有着这种审美式恋旧,即抒发"城愁"的伟大传统。这种审美化城愁的古典传统,同样体现在鲜活明快的记述都市市井风情的众多竹枝词之中,也散见于名不见经传的无名小辈的日常书写之中。

《陋巷人物志》是本将工笔画、旧体诗、回忆小品融为一体的旧京书画志。作者邓海帆是位定居北京的中学美术教师。在他的笔下,粮店小学徒是这样的:"幽巷角,槐荫下。送粮去,得空暇。思昏昏,睡沉沉。梦甜甜,笑吟吟,口水流,鞋乱丢。粮袋破,鸡儿乐。管他娘,睡一觉。"紧接着这首打油诗之后,是他款款情深而爱莫能助的说明文字:"我亲眼见到,在背静的胡同里,那个小学徒送粮食到主顾家去,在粮袋上竟睡着了。我很替他担心,也很同情他的遭遇。"

如果说文人士大夫温吞的柔情事实上无益于街头巷尾的日常生活的改进,但有着悠久历史且植根于农耕文明之上的中国城市中的子民却在有限的空间内和条件下,精心营造着自己的生活情趣与品味,从而给城市以温情和亮色。与江南城市的里弄一样,作为首善之区,北京的胡同、四合院都是其典型。

今天被建筑学家、旅游规划师、胡同四合院保护专家们津津乐道的四合院文化的核心并不是四合院的形制格局,而是四合院这一外显的空间形制所承载的生活方式、品位与情趣。这在老北京人有着他们自己习惯性的表达。"天棚鱼缸石榴树,先生肥狗胖丫头"是其中最为经典的表述。换言之,四合院的空灵、惬意源于在这个静态和动态布景一体化的空间中往来的各色人等。他们有着高低之别、主仆之分。

按照既定的身份地位、社会角色，大家安分守己地各行其是，没有交流的障碍，互构并共享着同一世界。甚至，我们可以用戏剧大师彼得·布鲁克的"空的空间"来指代四合院的本质。

院内，有象征着多子多福的石榴树。窗台内外，玻璃缸内五颜六色的金鱼悄然游弋。每年四月到十月，在院内天井用崭新苇席搭建的天棚底下，有着张爱玲在《少帅》中称道用崭新苇席撑起的"一片夏荫"。棚下，可乘凉、品茗、闲聊、观鱼、听曲、唱曲抑或打鼾。而随时遵从吩咐，在空的空间往来穿梭的门房、账房、使唤丫头，如影随形、上蹿下跳的肥狗，都言说着"主子"的优越、情趣与情意。不仅如此，正如叶嘉莹在《红蕖留梦：叶嘉莹谈诗忆往》中追忆的那样：她儿时在北京生活的四合院甚至蕴涵、浸透着中国古典诗词中的"美好的意境"。

在《建筑的意境》中，老道的萧默指出，四合院这种空的空间"不是人围绕建筑而是建筑围绕人"，不是静态的可望，而是动态的可游。其对外封闭，对内开敞，乐在其中的格局，一方面是自给自足的"家庭需要保持与外部世界的某种隔绝，以避免自然和社会的不测，常保生活的宁静与私密"，另一方面则是农业生产方式的深刻心态使得人们"特别乐于亲近自然，愿意在家中时时看到天、地、花草和树木"。在这个意义上，卡斯腾·哈里斯（Karsten Harries）在《建筑的伦理功能》的那句，建筑是"一个时代可取的生活方式的诠释"显然是永恒的真理。

与四合院承载的典雅、闲适的衣食无忧的"慢"生活文化——都市风——不同，前门楼子外的老北京"杂吧地儿"天桥则是另一番风景。19世纪中叶到20世纪中叶的百年间，作为旧京的"杂货铺""阁楼"，天桥也扮演了旧京社会矛盾的缓冲器、城乡文化循环再生互渗的过滤器。如同同期天津的三不管、济南的大观园、上海的城隍庙、南京的夫子庙、开封的相国寺等杂吧地儿一样，在天桥这块三教九流的混杂之地，脏、乱、差、邪、贱、贫、奇都纷纷染指其间。因此，在20世纪50年代，被视为旧社会毒瘤的天桥被强力整治。老舍的话剧《龙须沟》就艺术性地再现了新政府整治这个毒瘤的情形。虽如此，在新的政治语境中，天桥这朵"恶之花"却又有着"民间文艺的摇篮"的美誉。侯宝林、新凤霞等在20世纪后半叶享有盛名的"人民的艺术家"，和作为新中国外交的文化使者的中华杂技团的骨干成员多是从这块杂吧地儿姗姗走来。

1950年，社会学家李景汉在为张次溪的《人民首都的天桥》所写的"序言"中，盛赞天桥之于北京的意义远超过天坛、故宫、国子监或颐和园，并强调作为一座"旧式的平民文化宫"，天桥象征着"东方的文化和中国人民杰出的智慧"。对于"大麻子"朱国良这样几代人都在天桥耍把式卖艺的世家而言，晚年的他依然清晰地记得那些天天来的观众。对于出生在20世纪30年代的李长荣、刘景岚、王学智等老街坊而言，天桥才是身处都市底层的他们儿时的乐园。

因此，正邪一体的杂吧地儿天桥生机勃勃，市井味十足。被进化、革命、发展支配的主流话语对天桥定性上的矛盾、纠结，也使得作为旧京市井文化象征的天桥成为改革开放后政府难以言说并揪心的隐痛。

在以钢筋水泥和玻璃为基本材质，以高楼大厦为核心的都市建设的今天，要保护专家和建设规划师们保留四合院抑或杂吧地儿的生活方式无异于痴人说梦。诸如北京这样日渐被摩天大楼、汽车统治和支配的大都市，没有了天、地和神，人们也没有了发自内心的敬畏。萧默称颂的那个个体随心所欲的可游的"空的空间"已经一去不返。雅各布斯笔下的人行道被肆意的切割、侵占,怀特念想并赞美的小空间因为寸土寸金,反而没有了位置,或者流于形式。虽然还有很多免费的公厕,但交通拥堵、空气凝重的北京似乎正在走上一条之于它的子民而言日渐"陌生"和遥远的不归路。

因此,无论是保护胡同、四合院的呐喊,还是恢复天桥的呼声,这些指向笑意盈盈的小空间的善意不是胎死腹中,就是无疾而终,甚至反向将其格式化为千人一面、了无生趣,很少有人愿意驻足的文化广场。以文明和现代化的名义,高楼大厦区隔的正是低矮平房的地气、人气,要祛除的正是那些以电影《老炮儿》中顽主六爷为表征的有些邪乎、痞子味而羞于示人却暖心的市井气。

在《走向近代化的北京城:城市建设与社会变革》中,史明正指出,帝制时期的中国有皇家园林或权贵的私家园林,却没有西方意义上的公园。辛亥革命后,作为效仿西方近代化成果之一的公园纷纷进入人们的视野。普通市民进出公园也逐渐成为风气。然而,公园很快就陷入了卖不卖门票,卖多少价格的门票,以及不时要民众为重要人物、重要活动让路清园的恶性循环。改革开放后,如同国内其他城市一样,北京加速了钢筋水泥化的进程,在吸附大量农民工的同时,又陷入将民工隔离都市日常生活而使之无法享有"都市人"基本权利的窘境。城管与流动小贩在街头巷尾、过街天桥、地下通道的斗智斗勇成为常态。

在相当长的时期,盲目仿效西方世界早已经抛弃的鸟窝、大裤衩、马靴、鸟蛋、锥子、麻花等异形建筑蔚然成风,不少政府大楼前大而无用的巨形广场铺天盖地,公园的草坪基本是仅具装饰意义的景观,可远观而不可亵玩焉,常常还有充满挑逗意味的"别踩我,痛!"

之类的矫情牌匾。对水泥的迷信和无止境的滥用也造成了中国大城市雨季涝灾的整体事实。市民也好，公民也好，整体素质仍然是低下的，不文明、不道德甚至危险的，因此需要全方位地监控、规训与教化。在此逻辑前提下，当技术条件具备时，"天眼"自然而然地成为都市大小角落阴森森的"眼"。旧京街头巷尾的熟人空间让位于陌生人空间，质朴的木门标识的"空的空间"让渡给以各式各样质坚的防盗门隔绝的"空壳空间"。不仅是天眼，经常散布在大街小巷佩戴红袖章的老花人眼，都是在力图控制、防范俨然无处不在的危险。

回到土地

似乎，一切的防范、治理、设施、配备都是源于不信任！

百余年来，"城市究竟是为了谁"始终是执政者、管理者、规划设计者和建筑师们都难以直面甚或退避三舍的问题。如果城市真的表征着一种好的生活方式，它的舒适、惬意和人情味、安全感究竟在哪里？

半个多世纪前，在美国城市陷入生死窘境时，有怀特、雅各布斯这样一批的异见者、思考者、为民请命者，这是美国城市之幸，更是美国人民之幸。所幸的是，在今天的中国，当多数规划师还欣喜于规划设计了多少个开发区、高档小区时，当多数建筑师还满足于设计建造了一幢异形建筑时，当多数官员还热衷于卖了多少楼盘时，也有了俞孔坚这样要城市的规划、建筑"回到土地"的尖锐而刺耳的声音，并越来越多地受到社会各界的关注。

显然，俞孔坚及其同盟者倡导的"回到土地"并非是要回到土地所代表的农耕文明及其生活方式,而是回到市井小民——大写的"人",希望人们关注生活在城市地亩之上的绝大多数个体的感受与精神上的喜乐,关注日常生活中人的价值与意义,尽可能让市井小民的生活多一分惬意、温馨,从而让冰冷的城市是每个人自己的,有着熟人社会的亲情、温情与热情,尤其是有着人与人之间最基本的信任和感动。

可以说,"回到土地"实际上也就是要回到"笑意盈盈"的街头巷尾,让使人乐不思归的街头巷尾密布城市。

30多年前,在给《小城市空间的社会生活》写的"序"中,赖利还指出:"现在,我们还是不能阻止城市的蔓延。我们的确已经做了创造性的开发,给日益增长的人口提供了住宅并满足了他们的需要。所以,我们必须把我们保护乡村的努力与我们保护城市的努力配合起来。"对当下快速都市化的中国,这种呼召同样意义非凡。换言之,我们需要保护的不仅仅是乡村,还有看似繁华硕大实则脆弱的城市,需要怜惜的不仅仅是云山雾绕的"乡愁",还有实实在在的生活空间日渐封闭而安全感、信任感缺失的"城愁"。

接着,赖利还写道:"不难理解,如果人们发现城市不宜居住,他们是会搬出城市的。"赖利的话绝不是危言耸听,哗众取宠!如今,在地铁已然很多的京、沪、广等大城市,已经有了类似的蛛丝马迹。当然,这些有能力也愿意逃逸的人并不一定就回到乡村,也不一定就是为了被文字审美化、被政治工具化了的那一缕缕"乡愁"。

或者,这正是重品《小城市空间的社会生活》意义所在:本着细致入微的感同身受,各方平等的参与进街头巷尾等小空间的建构,即,小空间的乘数效应越大,异质而陌生的城市越有可能成为充满情趣,从而诗意栖居的"熟人社会"。

当然，在这样一个多变的时代，一切皆有可能！新近，来中国传道的英国人类学家大卫·帕金（David Parkin）就给我们带来了乐观的愿景：超级城市的政治文化影响力有可能超越民族国家。唯愿这与中国城市似乎无止境地在拆与建的轮回中"摊大饼"风马牛不相及。

（原文刊载于《读书》2017年第3期）

一切坚固的东西都烟消云散了

北岛是诗人。我知道这个名字始自20多年前读当时的诗歌。当然,一同遇到的还有顾城、舒婷之类的名字。

到了北京,同乡也是诗人和批评家的文东兄那里,时时也会蹦出北岛的名字。当然,文东兄在酒酣之际时常还一并提到的有钟鸣、欧阳江河等。还是托文东兄的福,十多年前,在那个现今早已消失的北京电影学院北边的黄亭子酒吧,我见到了语速平缓有力、不乏风趣也有些冷酷的欧阳江河。感于其博学的我,很是艳羡诗人的才情。

或者是惺惺相惜,《城门开》的书名这三个字就是诗人欧阳江河为诗人北岛题写的。抑或是臭味相投、心意相通,诗人欧阳江河丰满、遒劲但同样枯涩、苍凉的书法与北岛凝练、妙语连珠却同样不乏凌乱、呓语、横七竖八的文字交相辉映。

《城门开》是作为北京娃、诗人、流浪者与思想家的北岛用文字为他想象中的那些失忆、失语的芸芸众生重建的他记忆中的"感官"北京,也是对现代钢筋水泥玻璃堆砌的北京的婉讽和嘲弄。为此,他调动了属于他身体当然也属于他灵魂的所有感官的所有记忆和感知,从充满童趣也不乏残酷的各种声音、味道、玩意儿、方向来重构北京。正因为想借诗一样的文字,散文化地表达他心中的那个值得思念和批判的北京,童年和少年北岛没有逃离所有传记文字的藩篱、桎梏。

虽然不乏调皮、顽劣,甚至有着砸坏邻居家玻璃、打伤隔壁"发小儿"、总是给父亲惹祸的坏,但他依然是那样的少年老成。不仅积极向上地苦练游泳,意志坚强地到德外护城河的脏水中舍身钓鱼,他也早早暗恋表姐,偷窥家中的"禁书",以男子汉的气魄捍卫母亲,以不是大院红五类"贵族"的"平民"身份,游走在三不老胡同一号、北京十三中与四中之间。

最为关键的是,在懵懂、黑暗和偶尔也不乏光明的北京城的天空,年少的他还用一双幽幽与明亮的双眼,打量和逼视着属于他的那个童年北京和少年北京。父母亲之间不对等同样充满权力关系家常便饭式的争吵,"四三派""四四派"等不同派别之间的文斗武斗,数次神秘失踪的落难公子刘源、早熟且喉结灵活滑动的曹一凡、身份和身体都随着岁月苍老的扬州仆人钱阿姨,大串联的惬意和在面临暴风雨的大舅面前的自感多余等,都成了孩子北岛、诗人北岛和思想者北岛急于倾诉和表达的对象。

但是,正是在这样风雨飘摇的北京,灯光昏暗的北京,食物紧缺的北京,夹杂着弓家那"悬在半空"练习打鸣的公鸡和哮喘得像老头却健壮得可以让小孩北岛骑走的火鸡等大小动物蠢蠢欲动的骚臭味的北京,少年北岛学会了倾听蝉与蟋蟀的和鸣,也快乐地参与伙居的胡同串子们或虎视眈眈或肉搏的你追我赶的巷战、扇三角、抽"汉奸"、抖空竹、滚铁环、放鞭炮……在这些对当下北京小孩来说仿佛童话的快意恩仇的娱乐中,北岛的身体长大了,喉结也慢慢突起了。

不仅如此,相声、军乐队小鼓、施特劳斯的《蓝色多瑙河》、柴可夫斯基的《意大利随想曲》、帕格尼尼的第四小提琴协奏曲都与成长中的少年北岛结缘,并让成年后身处不同时空的北岛流连忘返,还顺势想起了那个属于过去的遥远的北京。当然,伴随身体成长而有的偷窥欲倍增,从而在垒砌椅子向家中"禁书"进军过程中,北岛奠定了他的反叛、反思和成为诗人与思想者的成人北岛的基础。

于是,不在了的那个北京通过文字复活了,但也正是这些文字,使那个死亡的北京,也是绝对不可复制的北岛记忆中的感官北京再次进入坟墓。因为格外强调过去的意义,并赋予了无限真实的情感,这些增魅化的文字越发使得当下的北京没有意义。似乎当下的北京和过去的北京没有任何关联。作为背景和阴影也充满强权和感伤的旧京死了,少年北岛也死了!凤凰涅槃的少年北岛活了,旧京却永远地死了。童年的北京不再是温馨的,少年的北京不再是浪漫的,青年的北京不再是火热血腥的。

一切坚固的东西都烟消云散了!

城门开了,里面却全是暗淡灯光中游走的孤魂野鬼,北京城还是死了!这对主流媒体动辄就说的历史悠久的北京、光辉灿烂的北京、八荣八耻的北京、要大发展大繁荣的北京、城市让人生活更美好的北京,是个绝大的嘲讽!对已逾花甲之年的诗人北岛和思想者北岛,也是极大的嘲讽!

其实,千百年来,对北京的写法有多种,政治家的阴谋与阳谋,将军的血腥与韬略,建筑师的匠心与丰碑,小说家炮制的跌宕起伏、荡气回肠的小说,诗人感情饱满、语惊四座的诗歌,艺人的或坚强或充满弹力会表情达意的躯体,走街串巷的小贩的吆喝,钟鼓楼边须发皆白的老人的唠叨、调侃,等等。近百年来,以老舍、张恨水、萧乾、刘心武等为代表的许多文人都对北京进行了书写。连同陈师曾的北京风俗图,这些书画都有着鲜明的时代烙印。叮当车、话匣子、女招待、残垣断壁的枯草、踟蹰缓进的骆驼,你方唱罢我登场的天安门等等,都是叙写、描画的对象。

不仅中国人对北京欲说还休,欲罢不能,洋人也肆无忌惮地对北京挥洒自己的才情。百年前,面对那个屈辱的北京,满目疮痍的北京,法国人谢阁兰通过其小说《勒内·莱斯》中的主人公勒内·莱斯建构出了与地面上同样复杂的地下的北京城,并在前门内外上下穿梭,以清廷警察头子、失意的隆裕皇太后情人的身份,如隐形人、蝙蝠侠般与老旧京城同生共死。

新的千年之际,同样是诗人的西川在其《想象我居住的城市》一文中,委婉地借他人之口,说出了天安门广场"纪念碑内部是空的"这个"天大的秘密"。这俨然揭开了北岛、李陀主编的《七十年代》的序幕——通过亲情化的自我控诉和表达从而将人们拉回空洞的、似乎不愿回首的七十年代。

《七十年代》的主角和主体是至今仍在各个文化艺术领域独领风骚的文化名流。利用已有的社会地位和话语权,他们纵情地书写着自己的记忆,毫无遮掩地抒发着自己的情感,很有些迟暮的"贵族气"。似乎是这一书写策略的尾声、余韵,当然也完全可以视为孤注一掷并不乏绝望的最后肉搏,作为《七十年代》主编的北岛,悄悄地也是凝重地推开了他记忆中尘封的一道道有形与无形的城门。

显然,作为文化精英,他还是想唤起人们的记忆,也想让人们轻松地质疑这些记忆。由此,在自己编织的文字之网中,北岛将自己置于窘境。开篇轻盈活泼的笔调很快就被凝重、窒息的笔调代替,犹如鱼刺在喉,手边却没有化解的醋。憋屈、苦闷、眼泪汪汪渗透纸背,让精装的封皮深红色的《城门开》沉重无比。

我相信北岛在《城门开·序》中的"我在写作中永远如履薄冰"的自白是绝对真实的。外七内九皇城四,北京的城门太多,也太过厚重。他把城门打开的工程不但旷日持久,而且因为要选择性、模糊性、排他性地把长期冬眠的记忆重新编码,肯定就比他想象的要难得多。"一条通道引导向另一条通道,一扇门开向另一扇门"的意象叠加,将历史内外、心房内外、眼帘内外的北京混融,更增添了北岛记忆中的儿时北京的"迷宫"性质。

似乎不乏童心的诗人北岛在俏皮地问他的读者:我城门开了,你敢进去吗?你愿意进去吗?我城门开了,你是要进还是要出?我城门开了,进出都是你自己的事了,一切都与我无关!

波德莱尔(Charles P. Baudelaire)的《恶之花》道出了变动中的巴黎鬼魅,也使巴黎借尸还魂,还使后来人本雅明终生演绎着发达的资本主义和它的抒情诗人。一个半世纪后,中国的两个诗人以自己的方式书写、思考着北京。一个人以三个字的书法,一个人以青少年的幼稚、执着与荒诞的经历和记忆。城门开了,不,事实上是圈属人的身体和心绪的城门全拆了,北京能活下来吗?

有些画蛇添足的是,诗人北岛在字里行间强调着三不老胡同民主党派的诸君及其子女的"平民"属性。显然,被北岛打开城门的北京虽然有别于戒备森严的紫禁城北京、传统的"四合院"北京,也有别于王朔堆砌的"大院"北京,但依然不是平民的北京,更非北京的全部。"平民"意识的北京、"小"我的北京并不就等于平民的北京。这也就意味着对北京的记忆和书写还存在多种可能。

在此意义上，感谢今天在香港定居的北岛这个个体对北京的记忆和回观，期待更多小我及其记忆的出现，也相信北京的色彩是斑斓的，哪怕并不璀璨。更希望作为一座城市的北京依旧辉煌、迷人，而非绝望。虽然它完全可以让人感觉是沮丧的，甚至是想要唾弃的。

（原文刊载于《读书》2011 年第 9 期）

水穷云起

破门的威力

数年前,读木山英雄的《北京苦住庵记》时,最让人震惊的是周作人将沈启无逐出门墙的愤怒。根据丰富的资料,该书第九篇"大东亚文学者大会"花了大半篇幅对事情的整个经过详细铺陈,娓娓道来。[①]

沈启无一度曾与俞平伯、废名、江绍原并列,有周作人"四大弟子"或"知堂四弟子"之称。与其他三位不同,1939年周作人遇刺时,沈就在他身边,还受了伤。在周作人出任伪北大文学院院长时,沈担任了该院中文系系主任,师唱生随。或者是因应日本人的要求,也或者是名利私心作祟,利令智昏、头昏脑涨的沈显然对恩师有不当言行。

知晓之后,周作人不但连续著文批判,数说沈的无能,将之喻为"人狼""中山狼",还于1944年3月遍发印有"破门声明"的明信片,

---

① 〔日〕木山英雄:《北京苦住庵记:日中战争时代的周作人》,赵京华译,生活·读书·新知三联书店2008年版,第179—196页。关于破门事件,近年来国内学者也多有研究,如黄开发:《沈启无:人和事》,《鲁迅研究月刊》2006年第3期;徐从辉:《关于沈启无的三篇轶文:兼论"破门事件"》,《鲁迅研究月刊》2011年第10期。

公开宣布将沈逐出师门。破门声明寥寥数语，威力无限，置人于穷途，言："沈杨即沈启无系鄙人旧日受业弟子相从有年近来言动不逊肆行攻击即说明破门断绝一切公私关系详细事情如有必要再行发表周作人（印）三月十五日"。①

在八天之后，这则声明还刊登在了《中华日报》副刊上，举世皆知。又半个多月后的4月10日，还是在《中华日报》上，周作人发表了《关于老作家》一文，直陈"小徒""门徒"沈启无不但无才，还无德，对恩师大不敬，再次申明破门。晚年，周作人依旧对此事念念不忘，以至于在《知堂回想录》一九六"拾遗庚"中，特意专节再谈"遇狼的故事"，旧事重提。

令狐冲笑傲江湖，但其像一条蛇咬噬心灵的隐痛，就是不明白恩师为何将自己逐出了师门。②金庸的文学想象，原本有着现实的基础。"天地君亲师"的牌匾就长期将师定格于尊，并落实到各行各业的师徒关系之中。长久以来，拜师、出师也成为江湖行当新人必须操演的基本人生仪礼。③20世纪90年代以降，在弘扬优秀传统文化、保护非遗等"文化复古"的声浪中，各行各业仿古的拜师礼愈演愈烈，蔚然成风。

而且，无论古今也无论起因如何，只要被"赏饭"的师父逐出师门，社会舆论通常都会归罪于徒弟，不肖的声名也将伴随徒弟终身，成为其不堪一击的命门、死穴。前几年在相声界发生的新秀徐德亮与

---

① 〔日〕木山英雄：《北京苦住庵记：日中战争时代的周作人》，赵京华译，生活·读书·新知三联书店2008年版，第195页。
② 金庸：《笑傲江湖》，生活·读书·新知三联书店1994年版。
③ 岳永逸：《空间、自我与社会：天桥街头艺人的生成与系谱》，中央编译出版社2007年版，第51—90页。

"师父"张文顺之间的"清理门户"事件引起网络内外的高度关注、热议,大抵是师尊徒卑这一久远文化制度的延续。上央视春晚前后的郭德纲对其"逆徒"的热嘲冷讽、一本正经也是闹剧般的德云社家谱的修撰与高调亮相,大抵都有着"师尊"这种道德上和江湖道义上的制高点、优越感。

顺此文化惯制,我们就能明白周作人对沈启无的言、文、行的决绝。深谙古今中西之趣,雅俗皆精的周作人真的发怒了,而且下手猛、准、狠!很快,原本也算有些脸面的沈启无,颜面尽失,仓皇逃离北京,避开火辣辣的公众视线,开始别样人生,走"自己所应走的道路"。[①]对此后几乎是默默走自己应走道路的沈启无,时人、后人都羡慕嫉妒恨的"流氓才子"胡兰成也印象欠佳,乃至于其对沈有"说小人话如僧道""贪财如希腊半马人"之类戏谑而刻薄的点评,让人捧腹。[②]

对一个学识、能量明显难以跳出自己手心的门徒,长期以悠云、小河、禅定老僧自喻的周作人为何会有如此猛烈强劲、捋臂见血地狙击?一向温雅、淡定的他何以猛然间有如此大的脾气?

刚柔兼济

在众多研究周作人的著作中,自成一家之言,将周作人与现代性连带阐释的英国人苏文瑜的专著《周作人:自己的园地》(*Zhou Zuoren*

---

① 沈启无:《你也须要安静》,《中国文学》1944年第1卷第5期。沈启无此后的人生,可参阅黄开发整理:《沈启无自述》,《新文学史料》2006年第1期。

② 胡兰成:《今生今世:我的情感历程》,中国社会科学出版社2003年版,第176—179、189、202页。

and an Alternative Chinese Response to Modernity）居然让我慢慢解开了这个疑团。那就是，周作人的脾气其实一直都挺大，而且似乎还不是太好。虽然不像其兄长鲁迅一样锋芒毕露，彷徨中还持戟寻找对手，斗争意志如滔滔江河，但周作人也总是不愿意搭顺风船、随大流，而是逆流而动，不温不火、不疾不徐，却一语中的地让很多自信真理在握的人脸上不好看。无论对方是翘首南北、引领风骚的贤达名流、故交师友，还是急欲摆阔、上爬的下里巴人、门生旧徒。

对于五四新文化运动而言，周作人的意义显然并没有止步于垂范群雄的文学家。早在1934年，有鉴于周作人对国民劣根性的抨击、驱逐死鬼的精神与对健全性道德的提倡，苏雪林就明确将之视为"思想家"。[①] 承接这一基本定位，在中文译本的"自序"中，苏文瑜开门见山地将周作人明确定义为"一个不可多得"的思想家。既然是思想家，自然就有其思想，而且是与他者不同、独到的甚或独步青云的思想。即使不主动出击，独步青云的高远、卓尔不群的孤寂也定然会导致形而下的唇枪舌剑以及围攻。何况，周作人是用源自中国文化内的文学及哲学传统的美学"反抗国家建设权威话语"！[②] 与鲁迅、胡适、陈独秀等诸多前贤一样，今人李泽厚也是苏文瑜用来说明周作人乃一个不可多得的思想家的另一重要参照点。

在20世纪20年代中期之后，周作人逐渐淡漠早些年他着力倡导的歌谣、神话、传说等民间文学运动，而是将晚明小品等精英文学与民间文学并重，相提并论，不再一味鼓吹民间文学优越于典雅的精英

---

① 苏雪林：《周作人先生研究》，《青年界》1934年第6卷第5期。
② 〔英〕苏文瑜：《周作人：自己的园地》，陈思齐、凌曼苹译，麦田出版社2011年版，第341页。

文学,日渐成为民间文学运动中的少数与另类。① 在对周作人整个思想脉络与创作文本的辨析中,苏著更系统地指出了立足于人类共有情感的作为思想家的周作人的"圆润"与"兼容"。

在苏文瑜看来,之所以周作人更高明,就是因为他没有陷入李泽厚欲罢不能的中国与西方、传统与现代的困境,并真切地认识到中国部分传统已经超越了好坏,从而避免了在中国传统建构上的焦虑。不仅如此,周作人还首重个人,认为个人"并非以文化/国家为身份首要标记,而是与其他人类一样,共同拥有生物及社会需求",是"人类生活的核心"。②

在坚信中国文化相对劣等的基础之上,继承清末的国族理论的快速建构、推衍和大行其道的斗争哲学是五四运动及其之后的历史主轴。发现这一主轴相对忽视个体,并非以人为本,而很快急流勇退,靠边站并冷眼旁观的周作人自然成为另类,也不得不成为另类。在另类现代性的叙述脉络下,苏文瑜对作为思想家的周作人的勾画,不得不以周作人与兄弟、朋友、同事、党派、军阀、帝国主义、封建主义以及日本文化之间的口诛笔伐为论据。

这样,在对周作人系列著述的清理与解读中,苏文瑜无意中勾画出了周作人好斗的"坏脾气"的一面。诸如:周作人与梅光迪等学衡派就国粹是非的笔战,与陈独秀等人的宗教自由与非自由之争,与郭沫若、成仿吾、蒋光赤等就"了解别人心情"的批评观和"趣味文学"

---

① Chang-tai Hung, *Going to the People: Chinese Intellectuals and Folk Literature 1918—1937*, Cambridge and London: Council on East Asian Studies, Harvard University, 1985, pp.165—166.
② 〔英〕苏文瑜:《周作人:自己的园地》,陈思齐、凌曼苹译,麦田出版社2011年版,第355页。

可否的争执，与陈西滢等就女师大事件的论争及与现代评论社的笔战，与兄长鲁迅的对抗与决裂①，与朱自清就"诗言志"的对簿，与林语堂就小品特色的歧见，等等。

在暮年用心而作的《知堂回想录》第三卷，周作人就差不多主要是在描画其人生"战斗"历程中的一些侧面、剖面。不但坦白说出自己"流氓""流氓鬼"的一面，在重新评说当年写的《前门遇马队记》《碰伤》《吃烈士》这样的战斗檄文时，一方面说"只是装痴假呆的说些讽刺话"，另一方面也言明写这些文字"大概系受一时的刺激，像写诗一样，一口气做成的"。②

除了苏文瑜的梳理与周作人的自述，在这些斗争中，还有一件事值得专门一提。日本人山本忠孝原本也是周作人信任的医生。1925年，因为救活了病中的爱女若子，周作人是"很感谢山本先生"的。③四年后，1929年11月20日，当若子再次患病时，山本理所当然地再次出诊、救治。然而，此次若子最终不治，病逝夭亡。若子死后，还未出七，鬼使神差的山本就向周家索要25元的医疗费。这彻底激怒了周作人。昔日信任的人，反目成仇。

沉浸在丧女之痛中的周作人，深知自己文字的威力与战斗力。他隔空喊话，毫不留情地对山本发起了连环攻击，进行密集性打击。同月26日，送殡回来的夜晚，强忍悲痛的周作人写下《若子的死》，直言"医生误诊"，"痛恨医生不置"，控诉山本。④12月4日，《若子的

---

① 在周作人一生的诸多征战中，与鲁迅的决裂无疑最牵动人心。兄弟二人的自释和他人的众说纷纭，可参阅黄乔生：《八道湾十一号》，生活·读书·新知三联书店、生活书店出版有限公司2015年版，第133—157页。
② 周作人：《知堂回想录》，北京十月文艺出版社2013年版，第483、557、568页。
③ 周作人：《雨天的书》，北京十月文艺出版社2011年版，第25页。
④ 同上书，第27—28页。

死》刊发在了《华北日报》的"副刊"上。字里行间，慈父的爱女之心，让人心有戚戚。与此同时，周作人相继在《世界日报》上发文三篇，《为山本大夫扬名》《山本大夫误诊杀人》和《日本医师误诊杀人请求处分的呈文》，把若子之死完全归罪于山本，反复言其"误诊杀人"，草菅人命，并要求北平特别市卫生局予以惩处。

或许正是知道这些大大小小的对决，1934年3月，在以"刚柔兼济"（iron and grace）为题写周作人的美文中，温源宁将周作人比喻为在海上乘风破浪，优雅动人的"铁甲战舰"，别具一格地强调其柔中带刚（the grace of iron）中"刚"的一面。其中，温源宁有这样的断语："他难得介入各种是非，但是，一旦介入，挡在他道路上的那个人就该倒霉了！他对敌人的打击快而准——只消干净利落地狠狠一击就足矣。"[①]

作为周作人的同时代人与北大的同事，温源宁的评说并不是空穴来风。"铁甲"确实见之于周作人自己的文字，而且还是其自况。只不过周作人并未将"铁甲"与优美动人的"战舰"相连，而是在"铁甲"之后缀以了内敛却无所畏惧的"刺猬"。在完成于1921年6月的《碰伤》一文中，周作人写道：

> 我从前曾有一种计画，想做一身钢甲，甲上都是尖刺，刺的长短依照猛兽最长的牙更加长二寸。穿了这甲，便可以到深山大

---

① Wen Yuan-ning, *Imperfect Understanding*, Shanghai: Kelly & Walsh, 1935, pp.25—31. 要说明的是，我放弃了倪受民、南星和江枫三个译本中都将温源宁描写周作人的"iron"直译为"铁"的译法，参阅温源宁著、倪受民译：《铁与温雅》，《逸经》1936年第17期；温源宁：《一知半解及其他》，南星译，辽宁教育出版社2001年版，第15—17页；温源宁：《不够知己》，江枫译，岳麓书社2003年版，第371—378页。

泽里自在游行，不怕野兽的侵害。他们如来攻击，只消同毛栗或刺猬般的缩着不动，他们就无可奈何，我不必动手，使他们都负伤而去。①

在描画自己身上与"绅士鬼"和谐统一的"流氓鬼"一面时，周作人写道："有时候流氓占了优势，我便跟了他去彷徨，什么大街小巷的一切隐秘无不知悉，酗酒，斗殴，辱骂，都不是做不来的，我简直可以成为一个精神上的'破脚骨'。"②

毫无疑问，苏文瑜的上述钩沉为温源宁当年的这一精辟论断做了翔实的例证。当然，苏文瑜的研究不仅远超越了对学界长期以来普遍忽视的周作人散见于四野的"杂文"的罗列、铺陈，也逾越了温源宁"不够知己"式的剪影素描。难能可贵的是，苏文瑜挖掘出了周作人内在的持之以恒的思想基础，画龙点睛地指出：周作人温文尔雅，把茶话桑麻式的"善"斗，源自于他"喜欢将差异看成世界的、超凡的，属于全人类而不受限于社经地位"的思想家的美德。并未全盘否定中国传统的道德属性，尤其对趣味、本色扬弃的基本取态，既使周作人没有沦为国粹主义，也使其承认并接受西风的影响，进而在本土文化中完善道德的自我。除废名、俞平伯等极少数的铁杆粉丝之外，周作人这种在中西之间不偏不倚的中庸，使得亲近他的友人"也不怎么愿意为其摇旗呐喊"。③

对自己有感而发、不平则鸣、恶口骂詈和不知为不知的孤独，晚

---

① 周作人：《谈虎集》，北京十月文艺出版社2011年版，第35页。
② 同上书，第273—274页。
③ 〔英〕苏文瑜：《周作人：自己的园地》，陈思齐、凌曼苹译，麦田出版社2011年版，第273页。

年的周作人在忆及自己当年与受日人指使的《顺天时报》的战斗时,有着清楚的表白。他毫无掩饰,也是自豪地将自己类比为了塞万提斯笔下的堂吉诃德骑士:"结果乃由我匹马单枪去和这形似妖魔巨人的风磨作战"。①

在耙梳《思想界的倾向》《评自由魂》《读京华碧血录》《闭户读书论》和《国荣与国耻》等周作人20世纪二三十年代的作品后,苏文瑜指出了周作人"始终反对国族主义,也很清楚它在国族建构中的位置"②的思考路线,还指出了周作人一直有的中国的思想会被各种名目的"棒喝主义"禁锢或镇压的隐忧。文学是周作人"与周遭世界互动时用心培养出的美学领域",对世界主义的渴望又主导了他的政治取向。

因此,虽然在民族议题上立场强硬,周作人却没有停止对民族主义的质疑,在不断提醒社会大众小心提防的同时,其平淡的美学观和中国文学史理论建构仍然持续地发展。与五四主流的国族建构话语大异其趣,周作人主张国家要建立在包括外来影响在内的多元基础上。这使得在建构地域时,除"将独特的山水、风俗及社会背景等物质文化划入"之外,周作人还加进了"与之平行的各种共识所交织的关系网"。③

长庚启明

在对周作人充分吸收中、日、欧之诗学、神话学、民俗学等古今

---

① 周作人:《知堂回想录》,北京十月文艺出版社2013年版,第548页。
② 〔英〕苏文瑜:《周作人:自己的园地》,陈思齐、凌曼苹译,麦田出版社2011年版,第320页。
③ 同上书,第339页。

中外的营养,从而完善其"多元文化建构"的历程的梳理中,以女性的敏感,苏文瑜在极细微的地方看到了周作人与其兄长鲁迅的不同,并格外强调这种不同。

鲁迅在日本的主体经验和感受是弱国子民的愤慨、悲情、抗争与绝望的愿景,即"壮硕且健康的身体却令人悲哀地包裹着一颗全无国家意识的心"①。多年后,在《呐喊·自序》中,鲁迅愤激地描述出了这幅深藏其记忆的原初图景:

> 有一回,我竟在画片上忽然会见我久违的许多中国人了,一个绑在中间,许多站在左右,一样是强壮的体格,而显出麻木的神情。据解说,则绑着的是替俄国做了军事上的侦探,正要被日军砍下头颅来示众,而围着的便是来赏鉴这示众盛举的人们。②

这幅剪影不但改变了鲁迅的职业、思想与人生轨迹,成就了鲁迅的伟大与深刻,也迅疾被同时代的启蒙者们定格为当时"中国的象征",而奋起改造与革命。经过多年的中学教育后,这幅多次被经典化的剪影也成为至今被广泛接受和认同的那个年代的愚弱的"中国的象征"。

与此不同,初到日本踏进东京伏见馆民宿一刹那的周作人,感兴趣的是因帮助处理行李、奉茶而进进出出的15岁少女乾荣子和服底下若隐若现的那双天然、简素的赤脚。在暮年回首对日本的最初也是最深刻的印象时,年迈的周作人对此还有如下平淡隽永的文字:

---

① 〔英〕苏文瑜:《周作人:自己的园地》,陈思齐、凌曼苹译,麦田出版社2011年版,第91页。
② 鲁迅:《鲁迅全集》(第1卷),人民文学出版社2005年版,第438页。

> 我初次到东京的那一天,已经是傍晚,便在鲁迅寄宿的地方,本乡汤岛二丁目的伏见馆下宿住下,这是我在日本初次的和日本生活的实际的接触,得到最初的印象。这印象很是平常,可是也很深,因为我在这以后五十年来一直没有什么变更或是修正。简单的一句话,是在它生活上的爱好天然,与崇尚简素。我在伏见馆第一个遇见的人,是馆主人的妹子兼做下女工作的乾荣子,是个十五六岁的少女,来给客人搬运皮包,和拿茶水来的。最是特别的是赤着脚,在屋里走来走去……①

当然,周作人不是完全没有不满。面对洁净、有理也洒脱的这双赤脚,他以"'闭塞而令人不悦'的缠足和虚伪心态象征中国",还将之与故乡绍兴的草鞋、古希腊联想一处,因为对周作人而言,自然纯洁的身体是一种"非关历史、普世的文明理想"②。

同样,苏文瑜比较了在对故乡绍兴的抒写中,兄弟俩的霄壤之别。鲁迅追忆中呈现的是悲剧性剥夺,周作人热心呈现的则是阅读之趣以及个体之乐。《朝花夕拾》将读者带进了鲁迅"不断扩张的童年的想象世界"。传统教育方式的不能承受之重,被鲁迅写得"满是哀伤之情",及至将沿河美景、熙攘市集、可口点心的生活应有之趣皆如踏雪飞鸿,不留一点痕迹。但是,基础教育与兄长经历大致雷同的周作人,对青少年的回忆虽也不乏戚戚然,却多了舒心的童趣。不但15岁左右就"略知文言的趣味",草木虫鱼、神话传说俱全、引人入胜的《酉阳杂

---

① 周作人:《知堂回想录》,北京十月文艺出版社2013年版,第227—228页。
② 〔英〕苏文瑜:《周作人:自己的园地》,陈思齐、凌曼苹译,麦田出版社2011年版,第92页。

俎》还奠定了其杂学大半的基础。不但如此，与绝大多数人一样，年少的周作人早早地就有了情窦初开的隐情。

尤其值得称道的是，苏文瑜捕捉到了兄弟俩相去甚远的味觉神经。对儿时故乡的吃食，46岁的鲁迅认为这些东西也许"哄骗"了他一生。在1927年5月成文的《朝花夕拾·小引》中，鲁迅这样写道：

> 我有一时，曾经屡次忆起儿时在故乡所吃的蔬果：菱角，罗汉豆，茭白，香瓜。凡这些，都是极其鲜美可口的；都曾是使我思乡的蛊惑。后来，我在久别之后尝到了，也不过如此；惟独在记忆上，还有旧来的意味留存。他们也许要哄骗我一生，使我时时反顾。[①]

在《知堂回想录》一〇三"故乡的回顾"一节中，晚年的周作人在引了兄长鲁迅的这段文字后，接着写道，"这是他四十六岁所说的话，虽然已经过了三十多年的岁月，我想也可以借来应用"。接着，周作人话锋一转，"不过哄骗我的程度要差一点了"，坦言引诱他去追忆过去的，"还不是这些，却是更其琐屑的也更是不值钱的"，绍兴贫家儿与大家子弟都恩宠、垂涎的夜糖和炙糕，并自引53岁（1938）时写的诗作为证，云：

> 儿曹应得念文长，解道敲锣卖夜糖。
> 想见当年立门口，茄脯梅饼遍亲尝。

> 往昔幼小时，吾爱炙糕担。夕阳下长街，门外闻呼唤。

---

① 鲁迅：《鲁迅全集》（第2卷），人民文学出版社2005年版，第236页。

> 竹笼架熬盘，瓦钵炽白炭。上炙黄米糕，一钱买一片。
> 麻餐值四文，豆沙裹作馅。年糕如水晶，上有桂花糁。
> 品物虽不多，大抵甜且暖。儿童围作圈，探囊竞买啖。
> 亦有贫家儿，衔指倚门看。所缺一文钱，无奈英雄汉。[①]

简言之，对苏文瑜而言，这些小而细微的文字，无声却明确地宣示着似乎永不聚首的长庚与启明在起点的异途：鲁迅是主流的也快意恩仇的国族主义者，周作人则是旁门的尊重个体为上的人道主义者。这或者是长期全力帮衬弟弟的鲁迅和追随兄长足迹也在相当长时间与兄长唱和的周作人兄弟俩自己未曾意识到的，无论他们在同乘乌篷船的儿时，还是在破浪前往东瀛的船头，甚至是在开"文学合作社"[②]时兄弟怡怡的北京八道湾十一号。

终生都在"战斗"的兄弟俩命运迥异。国族主义者鲁迅生前就被大批爱与恨的人奉为典范，离开人世时身上也披着"民族魂"的战袍，并很快有了"中国文化革命的主将"、伟大的文学家、思想家和革命家的钦赐牌匾，至今都还是显学与庞大的产业。而既因为五四期间的急流勇退，更因为"附逆"，当然还有其博洽与高远，除了俞平伯等极少数的忠实信徒，人道主义者也是寿则多辱、冷暖自知的周作人却死得凄冷、凄惶、黯然无声，始终都少有人为之鼓与呼，仅如一道不入人眼的暗流，涓涓地、汨汨地、潺潺地流着。

虽然殊途歧路，苏著却也让我们欣喜地看到，在国族主义引领群雄的兄长鲁迅和高举趣味、本色的人道主义大旗的弟弟周作人最终还

[①] 周作人：《知堂回想录》，北京十月文艺出版社2013年版，第368—369页。
[②] 黄乔生：《八道湾十一号》，生活·读书·新知三联书店、生活书店出版有限公司2015年版，第33—52页。

是聚首相向了。正所谓度尽劫波，相逢一笑！无论是作为"汉奸"被关在老虎桥，还是暮年谈狐说鬼的话旧、谈往、随想，对于周作人而言，失和后不再聚首也老死不相往来的兄长鲁迅仍然是自己难以再遇的"知己"。

1934年4月30日，在给曹聚仁的信中，鲁迅专门提及时人正在攻讦的弟弟周作人的"五秩自寿诗"时，一眼就看出了诗中的"讽世之意"，云：

> 周作人自寿诗，诚有讽世之意，然此种微辞，已为今之青年所不憭，群公相和，则多近于肉麻，于是火上添油，遂成众矢之的，而不作此等攻击文字，此外近日亦无可言。此亦"古已有之"，文人美女，必负亡国之责，近似亦有人觉国之将亡，已在卸责于清流或舆论矣。①

对于兄长的见地，在《知堂回想录》一三五"在医院中"、一四一"不辩解说下"和一七三"打油诗"中，周作人三次提到上面这段文字，并且两次全录，对兄长的慧眼、公允表达了由衷的谢意与赞赏。在关于他弟兄失和的"不辩解说下"中，周作人写道：

> 而且这种态度又并不是出于一时的隐忍，我前回说过对于所谓五十自寿的打油诗，那已经是那事件的十多年之后了，当时经胡风辈闹得满城风雨，独他一个人在答曹聚仁杨霁云的书简中，能够主持公论，胸中没有丝毫蒂芥，这不是寻常人所能

---

① 鲁迅：《鲁迅全集》(第13卷)，人民文学出版社2005年版，第87页。

做到的了。①

随后,他也自信心满满地说,自己"能够懂得"晦涩的《伤逝》:

> 《伤逝》不是普通恋爱小说,乃是借假了男女的死亡来哀悼兄弟恩情的断绝的。我这样说,或者世人都要以我为妄吧,但是我有我的感觉,深信这是不大会错的。因为我以不知为不知,声明自己不懂文学,不敢插嘴来批评,但对于鲁迅写作这些小说的动机,却是能够懂得。②

就自己刚柔相济的"战士"本色、装痴作呆的游戏精神,周作人时有自画像。《知堂回想录》一七九"反动老作家一"的开篇云:"我写文章平常最为羡慕的有两派,其一是平淡自然,一点都没有做作,说得恰到好处,其二是深刻泼辣,抓到事件的核心,仿佛把指甲很很的掐进肉里去。"③在还被关在老虎桥时,就自己"恰到好处"和"掐臂见血"的矛盾统一,尤其是后者的泼辣,周作人依旧是视已经失和多年并登了道山的兄长为"同道""知音"与"解人"。

"犹幸制熏腊,咀嚼化正气"是周作人吟唱的南宋山东义民吃人腊而往临安的古事。在其生前,周作人以这两句杂诗最为自豪,认为是他打油诗的"最高境界,自己也觉得仿佛是神来之笔"。④就在给读者导读自己的这两句诗作时,周作人写道:

---

① 周作人:《知堂回想录》,北京十月文艺出版社2013年版,第534页。
② 同上书,第536页。
③ 同上书,第721页。
④ 周作人:《老虎桥杂诗》,北京十月文艺出版社2013年版,第5页。

我前曾说过，平常喜欢和淡的文字思想，但有时亦嗜极辛辣的，有掐臂见血的痛感，此即为我喜那"英国狂生"斯威夫德之一理由，上文的发想，或者非意识的由其《育婴刍议》中得来亦未可知，唯所解人殊不易得，昔日鲁迅在时最能知此意，今不知尚有何人耳。①

其实，见与不见、和与不和、分与不分、怒与不怒、隔与不隔，兄弟俩之间始终是"心有戚戚焉"，以至于老年的周作人记忆犹新，历历在目。对于洞察世事的"另类思想家"周作人而言，这种或温馨婉约或愤懑伤怀的回想，绝不仅仅是为了明哲保身与苟且偷生，而实则是他一以贯之地对兄长鲁迅的"深情"与"真情"。换言之，在相当意义上，被后人夸大的"兄弟阋墙"的失和事件，并未影响兄弟之间的真情、理性，和相互之间的了解与欣赏，更未将有着"污点"的周作人打造成一个唯利是图的功利主义者和蝇营狗苟的投机主义者。

1936年10月19日，鲁迅仙逝于上海。虽然周作人并未前往上海，为兄长送行道别，却在五天之后，就写出了惜别兄长的长文《关于鲁迅》。同年11月7日和17日，周作人又分别撰写了《关于鲁迅之二》和《关于鲁迅书后》两文，以他自己特有的方式表达了对兄长的哀思。失和后，兄弟俩就天南地北地住着，不晤面，也不修好。可是，在这些哀悼文字中，周作人还是明确地将自己视为了已经失和了并形同路人的兄长的解人。就写这些将伤痛散于无形而冲淡、隽永的回忆文字之缘起，周作人说：

---

① 周作人：《老虎桥杂诗》，北京十月文艺出版社2013年版，第6页。

这时候我想来说几句话，似乎可以不成问题，而且未必是无意义的事，因为鲁迅的学问与艺术的来源有些都非外人所能知，今本人已死，舍弟那时年幼亦未闻知，我所知道已为海内孤本，深信值得录存，事虽细微而不虚诞，世之识者当有取焉。这里所说限于有个人独到之见独创之才的少数事业……①

何为"独到之见独创之才"？周作人指的是兄长学问研究和艺术创作两个方面。为历陈兄长淡泊名利之常心，周作人举了两个例子。其一，署名的小事。他们兄弟俩早年抄录、编排考订《会稽郡故书杂集》时，虽然绝大部分工作都是鲁迅做的，但在付刊时，鲁迅却不愿署自己的名字，而是署了弟弟周作人的名字。后来完成的《古小说钩沉》，鲁迅也想以周作人的名字刊行。其二，匿名刊发的《阿Q正传》在鲁迅当时任职的教育部内引起毁誉不一的争议。当时，经常置身其中的鲁迅，若无其事，"茫然相对"。

就这件让其一直耿耿于怀，"以为很有点意义"的署名小事，周作人写道："这就是证明他做事全不为名誉，只是由于自己的爱好。这是求学问弄艺术的最高的态度，认得鲁迅的人平常所不大能够知道的。"②而就在毁誉面前茫然之鲁迅，周作人再次力道强劲地重复了他对兄长的赞誉：

> 他为什么这样做的呢？并不如别人所说，因为言论激烈所以匿名，实在只如上文所说不求闻达，但求自由的想或写，不要学

---

① 周作人：《瓜豆集》，北京十月文艺出版社2012年版，第166页。
② 同上书，第172页。

者文人的名,自然也更不为利,《新青年》是无报酬的,《晨报副刊》多不过一字一二厘罢了。以这种态度治学问或做创作,这才能够有独到之见,独创之才,有自己的成就,不问工作大小都有价值,与制艺异也。①

周作人不仅肯定兄长的心性与境界,对兄长在学问和创作方面的成就,亦是赞誉有加。关于鲁迅的《中国小说史略》,虽然周作人认为胡适、马隅卿、郑振铎等人皆各有所获,有后来居上之势,但却仅限于宋代以后的章回小说,"若是唐以前古逸小说的稽考恐怕还没有更详尽的著作";对于鲁迅的文学创作,周作人认为,"为别人所不能及者,即对于中国民族的深刻的观察"。②

当然,手足间的拳拳之情,在他们兄弟决绝前的日常生活中更是随处可见。1917年,在张勋折腾复辟的前后,年过三十的周作人出麻疹。这很是引起了鲁迅的忧情。对此,周作人写道:"在我的病好了之后,鲁迅有一天说起,长到这么大了,却还没有出过瘄子,觉得很是可笑,随后又说,可是那时真把我急坏了,心里起了一种恶念,想这回须要收养你的家小了。"③1921年,周作人曾经因肋膜炎住院。在医院中,他写出了新体诗《过去的生命》,并念诵给兄长鲁迅听。就此情景,晚年的周作人写道:"当时说给鲁迅听了,他便低声的慢慢的读,仿佛真觉得东西在走过去了的样子,这情形还宛然如在目前。"④

---

① 周作人:《瓜豆集》,北京十月文艺出版社2012年版,第174页。
② 同上书,第173、174页。
③ 周作人:《知堂回想录》,北京十月文艺出版社2013年版,第409—410页。
④ 同上书,第509页。

显然,当周作人掎臂见血之"刚"露之于形色时,当禅定老僧沉溺于辛辣而"很很"的快感时,当他的"流氓鬼"压倒他的"绅士鬼"时,作为其门徒小辈,基本没有还击能力的沈启无只能仓皇逃遁、隐匿人海了。

人的文学

早在1918年,周作人就旗帜鲜明地倡导"人的文学"与"平民的文学"。所谓人的文学就是"以人道主义为本,对于人生诸问题,加以记录研究的文字"。这些文字包括:正面写理想的生活,或"人间上达的可能性";侧面写人的平常生活,或非人的生活。何谓人道主义?周作人明白地说道,人道主义"并非世间所谓'悲天悯人'或'博施济众'的慈善主义,乃是一种个人主义的人间本位主义"。[①] 与此同类,平民文学不仅是与"偏于部分的、修饰的、享乐的,或游戏的"贵族文学相对,它也不同于通俗文学和慈善主义的文学;平民文学是"以普通的文体,写普遍的思想与事实","以真挚的文体,记真挚的思想与事实"。[②]

在回顾五四新文学运动的理论建设时,胡适将之归结为文字工具和文学内容的革新两个方面。前者即"活的文学",后者即"人的文学"。[③] 对周作人《人的文学》,胡适称之为是"当时关于改革文学内容的一篇最重要的宣言""最平实伟大的宣言"。因为:

---

① 周作人:《艺术与生活》,北京十月文艺出版社2011年版,第13页。
② 同上书,第5—7页。
③ 胡适:《中国新文学大系·建设理论卷·导言》,良友公司1935年版,第18页。

> 周先生把我们那个时代所要提倡的种种文学内容，都包括在一个中心观念里，这个观念他叫做"人的文学"。他要用这一个观念来排斥中国一切"非人的文学"（他列举了十大类），来提倡"人的文学"。他所谓"人的文学"，说来极平常，只是那些主张"人情以内，人力以内"的"人的道德"的文学。①

关于周作人在《人的文学》中倡导的人道主义，同样将周作人视为"思想家和文学理论家"的今人止庵有着精辟的分析：

> 周氏基于"人的灵肉二重的生活"的认识，构筑了一个完整的人道主义思想体系。而他一开始就将"人道主义"解释为"个人主义的人间本位主义"，确认"人间"与"个人"的相互联系，不偏居其中任何一极，最终所关心的是"人间"每一"个人"，乃是这一思想体系的关键所在。

接着止庵指出，尽管1924年后的周作人思想发生了很大的变化，却"更接近于一个纯粹的思想家"，"个人主义的人间本位主义"之人道主义"仍然是其思想核心所在"，甚至可以说"奠定了周作人一生全部作品的思想基础"。②

顺着百多年来中国新文学演进的历史脉络，我们就会发现周作人的人道主义、人的文学、平民文学不但影响到改革开放后寻根文学的

---

① 胡适：《中国新文学大系·建设理论卷·导言》，良友公司1935年版，第29—30页。
② 止庵：《关于〈艺术与生活〉》，载周作人：《艺术与生活》，北京十月文艺出版社2011年版，第I—IV页。

创作,还在莫言《讲故事的人》这一诺贝尔文学奖获奖"感言"中铿锵回响。在这经典奖项的经典讲演中,谦逊地称自己仅仅是个讲故事的人的莫言坦言:"小说家在写作时,必须站在人的立场上,把所有的人都当作人来写。只有这样,文学才能发端事件但超越事件,关心政治但大于政治"。让"个体"从茫茫人海中升华的诗人莫言的文学创作无疑是重新回到了百年前现代文学首重人,人道主义大于一切的周作人这个起点。当然,这不仅仅是巧合,亦非简单意义上的回归。

在经过差不多两百页时间跨度的叙写后的"结语"中,针对王德威对沈从文创作论述的不足,苏文瑜振聋发聩地断言:

> 如果把五四人道主义拟人化,那就是周作人。……鲁迅确实是典型的五四知识分子,但这并不代表五四权威论述没有其他选择,唯相信有另一种论述存在,周作人才能变得可以理解。也只有在具备美学及哲学基础的论述中,人道主义才能抽离抽象,进而定义成对特定地方人物的一种关怀。①

当然,包括周作人在内,五四新文化运动的那一代启蒙者都有着共有的不足,尤其对身边有着生命力并彰显人欲的市井街头的活态"俗"文化关注不足。这多少导致本意在于发现人、尊重人、激活人的"人道主义"不时沦为一种形而上的"意识形态学"。

20世纪30年代初期,在北京,有"天桥八大怪"之称的"大金牙"焦金池演唱的以巨人南乡"二姑娘"为主角的拉洋片《大花鞋》

---

① 〔英〕苏文瑜:《周作人:自己的园地》,陈思齐、凌曼苹译,麦田出版社2011年版,第343—344页。

被灌制成了留声片，一度销路胜于京剧。这位被市井小民喜闻乐见的二姑娘巨大无比。仅仅为给她做一双花鞋，十八个裁缝齐上手，用了钢针一皮箱、红缎子三十六匹，仅仅花鞋顶上的一个莲花瓣就用了四抬筐绒线。到泰山烧香，她两步就走到了庙上。"巨人"二姑娘不但战无不胜、生殖力也犹如地母，云：

> 二姑娘进庙门飘飘下拜，不好了一屁股扛到影壁墙。吓的二姑娘往前撞，碰倒了十架椽九架檩。吓的二姑娘往两旁闪，又碰倒了钟鼓二楼两厢房。众僧一见心好恼，个顶个的掉刀枪。咱打了由哪来了这一个疯姑娘。二姑娘闻听要打架，好好好！拔下花鞋空中扬。只听见哗乓一声响，了不得啦！在花鞋里边扣住了三千六百秃和尚。众僧人里边全都纳了闷，是怎么这一会儿工夫不见日光。二姑娘你收宝贝收宝贝，大家伙认你做个干娘。二姑娘闻听泯着嘴一笑，拿过花鞋又穿上。穿上了花鞋回家转，不多一时来在道旁。
>
> 二姑娘满道上拉了一泡屎，浆了十八亩好高粱。一亩地打一石，十亩地贯满了仓。二姑娘撒了一泡尿，淹了涿州和良乡。滴的山西一个点，山西哥们喝了汤。多亏山西的哥们会兑水，兑水来在直隶地，直隶地内开了染房。①

有趣也意味深长的是，除《大花鞋》外，当年一同由胜利公司、百代公司灌制成唱片的还有大金牙演唱的拉洋片《小寡妇上坟》《妓女

---

① 柱宇：《拉大片的"大金牙"访问记：溥仪曾赏给大洋八十元，胜利唱片之一段唱词》，《世界日报》1933年2月2日第8版。

诉冤》《夸美女》等。① 无论是巨人二姑娘、上坟的小寡妇、诉冤的妓女，还是倾城倾国的美女，这些都是草根社会、市井小民、乡土百姓耳熟能详的女性原型。早已被江湖艺人在市井乡里传唱多年的她们，有着旺盛而倔强的生命力，或者可以将她们称之为"二姑娘们"。

当年华北城乡的草根艺术能有如此的辉煌，当然与社会的裂变、城乡的生产生活实况、艺人的演技有关，但更重要的是浑然天成的"二姑娘们"本身的魅力。如前文言，在市井街头、草民百姓那里，那位巨大无比的南乡"二姑娘"实则是"地母"。"二姑娘"戏谑，尤其是神话般的母性、博大、伟岸、浑圆、多产、喜乐、诙谐、巧拙以及如影随形的光晕，是独一无二的，不可复制的，无法模拟与剽窃。这一白话文运动时期原本应该被胡适、周作人等在内的启蒙者重视的本土典范，反而被群体性的忽视。个中原因，或者仅仅是因为其"鄙俚不文"，以及远香近臭和外国的月亮比中国的圆等持久而时髦的惯性认知。

事实上，二姑娘们的"二"，不正经，无论是巨大笨拙还是婀娜灵巧，其欲望无尽且自由支配的肉身，不但挑战着一切既定的价值，还所向披靡，战无不胜。这既有着巴赫金在研究拉伯雷时强调的"怪诞的人体"意象和广场狂欢，也直接与儒家所倡导的修身而禁欲的彼岸理想针锋相对。"具有宇宙性和包罗万象性"的二姑娘们的怪诞人体——形成中的人体也自如变形的人体，"吞食着世界，同时自己也被世界所吞食"②。

---

① 柱宇：《拉大片的"大金牙"访问记：艺人的长处为'帅'、'怪'、'坏'，焦之唱片共四块八面》，《世界日报》1933年2月3日第8版。
② 〔俄〕巴赫金：《拉伯雷研究》，李兆林、夏忠宪等译，河北教育出版社1998年版，第368—369页。

在俨然反常态、反结构而纸醉金迷、低俗庸俗的末世狂欢中，迷离朦胧却深刻地表现出了"人体及其生命的不同寻常的复杂性和深刻性，揭示出人的躯体在现实的时空世界里具有的新意义、新地位"[①]。从而，在以"人"或者说"人体"为中心的人与世界的"血肉"联系中，这些江湖艺人的音声绘声绘色、活灵活现地唱出了世界的本相，而人的下半身一反常态地被高调地凸显到了无以复加的地步。

也正因为此，这些长期被主流话语视为有伤风化而时时对之鞭打、规范与文明雅化的"淫词浪曲"的内在精神与五四运动强调人、发现人并尊重人的"人的文学""平民的文学"暗通款曲，并无二致。只不过后者在有着话语霸权的启蒙者那里，在殿堂、在书本文字中，前者在街头市井、在乡野阡陌，在游民与贫民传唱、聆听与观摩的音声世界里。在某种意义上，这些不同阶层在同一时代异质空间的隔空"喊话""对话"才是五四新文化运动的全貌。在歌谣运动中，以周作人为代表的精英对"猥亵的歌谣"的招魂、正名[②]，也就成为必然，及至衍生出此后种种"到民间去"的社会改造、平民教育、新生活运动等诸多运动、革命和身体实践。

冷静观之，时至今日，作为一种至高典范，土里吧唧、浑浑噩噩却生机盎然、战无不胜的巨人"二姑娘"依旧给中国文人成熟的白话写作有着无尽的威压、催逼。莫言的《丰乳肥臀》、贾平凹的《废都》、陈忠实的《白鹿原》、阎连科的《风雅颂》等都不同程度地代表了当代中国作家的成就与成功。虽然不能断言这些成功背后有着"二姑娘"的影子，但绝对可以毫不夸饰地说这些成功的创作有着"二姑娘"般敏锐的直觉、情绪，有着赤裸裸地也是深情地对地母、乡野之神性与

[①] 〔俄〕巴赫金：《小说理论》，白春仁、晓河译，河北教育出版社1998年版，第366页。
[②] 周作人：《知堂文集》，北京十月文艺出版社2011年版，第92—99页。

母性的敬畏、颂扬。何况,在外观上,这些佳作绝对"鄙俚不文""粗俗不堪"!

回到历史的纵深处,不难发现当代中国作家成功的其他渊源。从周作人笔下那位赤脚的乾荣子,到废名《竹林的故事》中清纯、落落大方的三姑娘,再到沈从文《边城》中健康、人见人爱的翠翠,及至汪曾祺《受戒》中大胆示爱、清新可人的小英子,我们分明多少感觉到了女性应该有的本色、活泼与生机。她们是现实的、感伤的与想象的,更是独立的与充满希望的,有着一丝丝的亮光,哪怕摇曳与朦胧。

显而易见,这些有别于地母"二姑娘"的"新女性"同样迥异于近乎呆滞也是垂死的祥林嫂、如同圆规般难看的豆腐西施杨二嫂、抱怨多余恩爱并走回头路的子君,也不同于柔石笔下的奴隶母亲春宝娘,艾青笔下凄苦的保姆大堰河,《骆驼祥子》中男性化的虎妞,张爱玲笔下的曹七巧,丁玲《在医院中》活动不开手脚的陆萍,王安忆《长恨歌》中斩断线性时间链条,始终自醉于呢喃呓语的王琦瑶。这另一路下来的阴郁、"自恋",给人刻骨铭心的绝望的女性,点染的是没有独立的女性的残缺不全、病态并让人窒息的世界。由此这般,这个世界既是鲁迅经典的"铁屋子"[①]意象的回声,也是李欧梵深度阐释的那间有形的"铁屋子"[②]的重影。

当然,无法简单地说随着乾荣子一路下来的女性形象是人道的,温婉的、浪漫的、健康的,希望的,也无法说祥林嫂身后的女性序列就是国族的,斗争的,现实的,扭曲的,绝望的。但是,即使不能说前一序列从性别、文类、美学、乡土、独立个体、人道/本主义的角度

---

① 鲁迅:《鲁迅全集》(第1卷),人民文学出版社2005年版,第441页。
② Leo Ou-fan Lee, *Voices from The Iron House: A Study of Lu Xun*, Bloomington, IN.: Indiana University Press, 1987.

撑起了中国20世纪文学的半边天,却不得不承认这些形象再现着巨变中国的另一种真实,哪怕是想象的与审美的。其一以贯之言说的生活的多种可能性、健康与美,至少给人以无尽的希望和向往。

无论怎么边缘化"铁屋子"中这些难得的希望与光亮,都无法完全彻底斩断周作人这个源头。在某种意义上,这一力促了苏著成功但看似平淡的小发现,确实是王德威在评述20世纪中国小说时过分倚重鲁迅典范意义的大不足[1]。

值得庆幸的是,差不多在逝去一个甲子后,在认知论层面,周作人再次与兄长鲁迅比肩而立,如同百余年前的他与那时还敬爱的兄长一道远赴东洋时,并肩矗立船头,看潮起潮落,睹朝阳晚霞的谐美。和也好,分也好,后人有意将之分也好,和也好,这一切都应该缘于周作人的"坏"脾气。美中不足的是,或者是揪心于周作人对自己"叛徒与隐士"的谶语,或者是有意忘却,苏文瑜对周作人的分析跳过了其抗战期间枯守北平而最终落水"附逆"的日子,对木山英雄关注的那个周作人没有多少兴致。

倔强的童痴

今日剑桥之美已经不是徐志摩笔下深情无限,还有些娇羞的康河与康桥了。镌刻有《再别康桥》诗句的乳白色石碑在国王学院地界内的康河岸边孤苦横卧。如同众多的博物馆,那河、那桥、那碑都仅具

---

[1] David Der-wei Wang, *Fictional Realism in Twenties-Century China: Mao Dun, Lao She, Shen Congwen*, New York: Columbia University Press, 1992.

展示价值，落寞也了无趣味，绝无诗句本身的缠绵、凄美，与撩人思绪、惹人遐思的巨大张力。

让人感念的是，虽然不乏汽车、火车、飞机的轰鸣，但应季生长的花草树木的多彩颜色将这个小镇一年四季点染得色彩斑斓，扑朔迷离。连同密布的草地，樱桃等路边无人摘食的斑斑点点的红、黄果实，不时使人忘了归路。无论天高云淡，还是天低云浓，乌鸦、喜鹊、牛、羊、松鼠等飞禽走兽可以和人一样不愁吃食地漫步于天地之间，诗意的栖居。当然，这种诗意还有几乎天天必下，日日不同的雨滴。不同于他地，剑桥秋冬的阵雨、丝雨未曾让人觉得凄冷。虽然没有斗笠、蓑衣、油纸伞等古旧俗物，雨中徜徉的人却多有古意，没有谁夺路而逃，落荒而去。

在剑桥大学亚洲与中东研究系苏文瑜那间摆满了书的小屋，窗外是随四季变换的大大小小、深深浅浅的黄绿叶子，静谧而安稳。当我有机会于秋冬之交坐在这里，面对窗外三三两两、随心所欲的落叶，品着铁观音，与苏文瑜谈周作人怒发冲冠，将沈启无逐出门墙的事件时，我用了"脾气"（temper）一词。文革尾期曾在上海教过英语，亦曾在港台、印度、美国等多地生活的苏文瑜，也是从读《艺术与生活》《自己的园地》《谈龙集》《谈虎集》和李欧梵的《铁屋中的呐喊》开始亲近周作人，并为之费尽数十载心血的苏文瑜，温和地摇了摇头，"不，是性格（character）！"

其实，我还想说"倔"脾气、"犟"脾气。一时语塞的我竟不知道英语的倔脾气、犟脾气该如何说，只好作罢。为何有此差异？显然，这不仅仅是炼字用词的问题，而是"跨语际交流"的宿命：一知半解，不够知己的错位与歧途。脾气更国族？性格更人道？谁知道呢？

在很多文字中，周作人对自己有着深刻的剖析与或热或冷的描画，如待他者。1925 年年初，始终秉持着"个人主义的人间本位主义"的他，高高兴地也是不卑不亢地将自己比作了"十字街头的塔"，而不是在十字街头彷徨无助的"孤魂野鬼"。而且，这个或许就矗立在北京前门外的"十字街头的塔"是他自己心安理得、有条不紊搭建起来的，然后又有板有眼地迈着方步走了进去，心安理得地住了下来，冷对扎堆的路人、朋党。①

无论是我所言的脾气，还是苏文瑜所言的性格，抑或是温源宁美文中的"刚"，周作人对自己骨子里"流氓似的土匪似的"一面，实则有着他自己的专属用语，即"浙东人的气质"，"不可拔出的浙东性"，或世人通称的苛刻并喜骂人的"师爷气"。1925年11月13日，在病中倚枕写下的《雨天的书·自序》中，周作人不但详细叙说了他倔脾气的源流，还知道这种倔、犟和执拗将会"没有法子"地若即若离地伴随自己终生。原文如下：

> 我的浙东人的气质终于没有脱去。我们一族住在绍兴只有十四世，其先不知是那里人，虽然普通称是湖南道州，再上去自然是鲁国了。这四百年间越中风土的影响大约很深，成就了我的不可拔出的浙东性，这就是世人所通称的"师爷气"。本来师爷与钱店官同是绍兴出产的坏东西，民国以来已逐渐减少，但是他那法家的苛刻的态度，并不限于职业，却弥漫及于乡间，仿佛成为一种潮流，清朝的章实斋李越缦即使这派的代表，他们都有一种喜骂人的脾气。我从小知道"病从口入祸从口出"的古训，后来又想溷迹于绅士淑女之林，更努力学为周慎，无如旧性难移，燕

---

① 周作人：《雨天的书》，北京十月文艺出版社2011年版，第76—79页。

尾之服终不能掩羊脚，检阅旧作，满口柴胡，殊少敦厚温和之气；呜呼，我其终为"师爷派"矣乎？虽然，此亦属没有法子，我不必因自以为是越人而故意如此，亦不必因其为学士大夫所不喜而故意不如此；我有志为京兆人，而自然乃不容我不为浙人，则我亦随便而已耳。①

在台版周作人传记中，钱理群越过"是非功过""叛徒与隐士"的正传、正史之类春秋笔法的叙述陷阱②，首先将周作人视为与芸芸众生一样的"凡人"，并对其"悲哀"表示理解与敬意③。超凡入圣的圣人、伟人都不能脱俗，何况凡人？兄弟思想之间的异路，生活上的是非口角，终止恶语相加，眈眈相向，动手动脚，不能同屋而居，反目成为路人，这些于"凡人"，都是情理之中，自然而然的事情。

巧合的是，苏著中有一个从查尔斯·泰勒（Charles Taylor）那里借来，用来归纳、赞美周作人思想的词"反卓异主义"（Anti-Exceptionalism）。反卓异主义说的是周作人"不分古今中外，只要符合需求的，都予以采纳"，却反对任何居高临下、气势凌人、斗志昂扬的"优越"的文明、主义、群体和个人，尤其是道德上的优越感及其随之而生的霸权、强权。④对苏文瑜而言，反卓异主义不但成就了时人、后

---

① 周作人：《雨天的书》，北京十月文艺出版社2011年版，第3—4页。
② 这种欲罢不能的叙述陷阱是众多周作人传记的根性，如倪墨炎：《中国的叛徒与隐士：周作人》，上海文艺出版社1990年版；舒芜：《周作人的是非功过》，人民文学出版社1993年版；止庵：《周作人传》，山东画报出版社2010年版。
③ 钱理群：《凡人的悲哀：周作人传》，业强出版社1991年版。
④ 〔英〕苏文瑜：《周作人：自己的园地》，陈思齐、凌曼苹译，麦田出版社2011年版，第279页。

3 市井・名士

人津津乐道、艳羡不已的周氏"杂学",还与首重个体的人道主义一道成为支撑思想家周作人的双腿,成为其前胸与后背。

钱理群的"凡人"和苏文瑜的"反卓异主义"指向的都是活生生的俗人周作人,当然也是独一无二的,不可多得的周作人。既然大家都试图将其从不堪重负的有着"附逆"污点的"心灵导师"的虚空中拉向大地,那么与跨语际交流中有些错位的不露形色也典雅的"性格"相较,粗俗、天足、乡土与地方的"脾气"似乎更能用来指称身为俗人的思想家周作人,而且更情趣,更本色。

其实,本色、童趣的周作人就是"倔"或者说"犟",且"倔"的程度毫不逊色于兄长鲁迅。"倔"给兄弟俩同时带来了誉与毁。无论毁誉的起伏比例如何变化、搭配。鲁迅之"倔",如浓烈呛人的二锅头,亦如暴风骤雨,终至人亦如投枪匕首,奋不顾身、义无反顾地冲锋陷阵,凌厉决绝。无论将之喻为螳臂当车,亦不乏天真可爱与童趣的堂吉诃德,还是道渴而死、化为邓林的逐日夸父,都有着充分的合理性。周作人之"倔"则如余味无穷的绍兴老酒、东瀛清酒[①],亦如小桥流水、老树枯藤、绵里针,终如夕阳西下绕树三匝的点点寒鸦、昏鸦。将之

[①] 周作人是好酒并会品酒之人。在1926年6月20日写就的《谈酒》一文中,他写道:"有些喝酒的人预备家酿,却有极好的,每年做醇酒若干坛,按次第埋园中,二十年后掘取,即每岁皆得饮二十年陈的老酒了。此种陈酒例不发售,故无处可买,我只有一回在旧日业师家里喝过这样好酒,至今还不曾忘记。……日本的清酒我颇喜欢,只是仿佛新酒模样,味道不很静定。"因为事实上还怀有"杞天之虑",所以对饮酒的趣味,他别有体味:"饮酒的趣味只是在饮的时候,我想悦乐大抵在做的这一刹那,倘若说是陶然那也当是杯在口的一刻罢。醉了,困倦了,或者应该休息一会儿,也是很安舒的,却未必能说酒的真趣是在此间。昏迷、梦魇、呓语,或是忘却现世忧患之一法门;其实这也是有限的,倒还不如把宇宙性命都投在一口美酒里的耽溺之力还要强大。"参阅周作人:《知堂文集》,北京十月文艺出版社2011年版,第120—121页。

喻为迟疑不决,踌躇满志,也让人干着急的哈姆雷特,或自梦蝶化、妻死还鼓盆而歌的逍遥子庄周都有充足的理由。

与古希腊神话中永远向山顶推巨石的西西弗斯的勇气、执着和韧性多少相关的"倔"或者是兄弟俩脾气上的根性,这倒是始终强调差异的苏文瑜未曾顾及的。其实,浮云之喻、小河之象、草木虫鱼、夜糖炙糕,都是圆润、恬淡、躲在苦住庵-苦雨斋的"明白糊涂人"周作人顾左右而言他的神话、仪式和障眼法。倔脾气的他故意逆水行舟、技艺精湛如浪里白条。童心十足,玩性十足,调皮捣蛋的他总是入乎其内、出乎其外,忽疾忽缓而随性地搅皱一池春水,让人出乎意外,愤愤然、欣欣然也茫茫然。

这一切都体现在他独酌径醉后而作,只传示二三人,以"童痴"自喻的"八十自寿诗"中,云:

> 可笑老翁垂八十,行为端的似童痴。
> 剧怜独脚思山父,幻作青毡羡野狸。
> 对话有时装鬼脸,谐谈犹喜撒胡荾。
> 低头只顾贪游戏,忘却斜阳上土堆。

这与他和蔡元培、胡适、钱玄同、林语堂、刘半农等诸贤或正或反唱和的"前世出家今在家"的"五十自寿诗"几乎没有不同,云:

> 前世出家今在家,不将袍子换袈裟。
> 街头终日听谈鬼,窗下通年学画蛇。
> 老去无端玩骨董,闲来随分种胡麻。
> 旁人若问其中意,且到寒斋吃苦茶。

> 半是儒家半释家，光头更不着袈裟。
> 中年意趣窗前草，外道生涯洞里蛇。
> 徒羡低头咬大蒜，未妨拍桌拾芝麻。
> 谈狐说鬼寻常事，只欠功夫吃讲茶。①

也无风雨也无晴的30年过去了，如东坡居士的竹杖芒鞋，周作人式的闲适、幽默、反讽、自嘲、无奈与洒脱、率性依然一览无余，并未被其早已意识到的以国族主义为根基的斗争哲学冲淡，仍旧在八道湾的寒斋幽然地吃着苦茶，谈狐说鬼，冷对风雨。如此，也就不难理解20世纪60年代初，当他在给港人鲍耀明的通信中，念念不忘地将沈启无以"十足"的中山狼喻之的同时②，又对这位还生活在同一片天空下早已破门绝交的"逆徒"表示出殷殷的关切之意，以至于向另一晚年知交张铁铮垂询不避③。

晚年的周作人似乎格外喜欢陆放翁，并有以放翁自喻之意。就在其写八十自寿诗的前后，他还将陆游的"老翁垂七十，其实似童儿。山果啼呼觅，乡傩喜笑随。群嬉累瓦塔，独立照盆池。更挟残书读，浑如上学时"抄赠给张中行和张铁铮④。从似乎是戏拟自放翁"适兴"诗的自题八十自寿诗，到给挚友抄赠放翁"适兴"诗，这应该不是巧合，而是大有深意。

这不仅让人想起禅意和经历都与周作人相似的"诗佛"王维的两

---

① 关于周作人"五十自寿诗"的唱和以及随后在文坛引发争议的深度分析，可参阅林分份：《周作人"五十自寿诗"事件重探》，《鲁迅研究月刊》2010年第11期。
② 鲍耀明编：《周作人与鲍耀明通信集》，河南大学出版社2004年版，第69页。
③ 张铁铮：《知堂晚年轶事一束》，载陈子善编：《闲话周作人》，浙江文艺出版社1996年版，第294—295页。
④ 同上书，第297页。

句话:"行到水穷处,坐看云起时。"但周作人明显不是王维的翻版,他更喜欢的是李贽的童心,公安派不拘格套的性灵,是苏文瑜的另类现代性的标志,是苏文瑜所言的完全可以屹立于整个现代世界的一个不可多得的思想家。

让人有些诧异的是,与汉译本《北京苦住庵记》在中国被人们纷纷致敬的隆重礼遇不同,苏文瑜这本十多年前就出版、从现代性角度深刻解读周作人的英文原著要寂寥、安然许多,如同苏文瑜剑桥书屋窗外的树叶。是一衣带水的亲善,还是远隔重洋的苏文瑜谶语的国人欲罢不能的现代性窘境?抑或是四两拨千斤的打击面太大?

所幸的是,台版译者之一的陈思齐是苏文瑜的学生,翻译不仅精准,还惜字如金,一如其师。该书大陆的新译本已经面世[①],愿青出于蓝,吹皱那池秋水。

附记:

写周作人是很早就有的念头了,尤其是在看到他决绝地将沈启无逐出门墙这一事件后。但是,始终都不知道从何下笔。2012年冬天,在剑桥访学时,读了苏文瑜教授研究周作人的专书之后,我总算解开了这个心结。原文最初于2013年春夏之交在剑桥写就,更近随笔、小品。"破门"事件仅仅是影子,文章主体基本定位于对苏氏专书的评介。如文中所示,当时英文结巴的我与随和的苏氏有数次面对面的讨论、交流。因此,文章得以写成,不仅受惠于苏氏的中英文专书,更得益于与她的那些当面交流。

---

① 〔英〕苏文瑜:《周作人:中国现代性的另类选择》,康凌译,复旦大学出版社2013年版。

后来，该文刊载于《读书》2013年第10期。在读了见刊的小文后，同事王庆兄与我闲聊时说："我还是不大同意称周作人为思想家这个说法。我得重新去读读周作人"。虽然他并没有一本正经地反驳我对苏氏论断无条件的赞赏，却还是深深地影响到我。当决定将这篇自己喜欢的小文收入拙著《忧郁的民俗学》后，我顺势将原文进行了修订。说是修订，更多的是添加了些注释，使随性的小品有了些论文的模样，在内容方面则改动不大。

最近这一年多来，因为编辑这本新书，虽然犹豫不决多次，终究还是未能割爱这篇旧文。担心人说凑数，索性像王庆兄那样断断续续地重读起了周作人。边读边改，这篇旧文不仅篇幅增加了不少，有些问题似乎较之三四年前更加明了，论的色彩也更重了。原本较纯粹的书评俨然在向"写"周作人过渡了。在阅读与叙写中，我并未纠结于周作人与兄长离散失和这个死结，也未咬住他落水附逆这个污点不放，依旧立足于苏氏之于周作人乃一个不可多得的另类思想家的断语。这样一来，对他们兄弟俩之间关于一些轶事的书写、叙说反而有了自己的理解和用法。

从自己这里而言，该文大抵也可以算作新文了。于是，索性将之编排在"市井·名士"这一编，让之压轴。

4 乡野·荒原

人类所做的挣扎都是相似的

在相当意义上,《忧郁的热带》在公众层面成就了大名鼎鼎的人类学家,法国人列维·施特劳斯。稍晚些,《妮萨:一名昆族女子的生活与心声》同样因其故事性、文学性、可读性、私密性、情感性、满满的欲望和大胆,为美国人玛乔丽·肖斯塔克赢得了人类学家的好名声。

与列维·施特劳斯原本就是人类学家不同,肖斯塔克做人类学研究是无心插柳。她原本是作为陪伴者,陪同新婚不久的丈夫前往非洲喀拉哈里沙漠做昆人(！Kung people)的人类学研究的。时间长了,老闲晃荡和给夫君打杂做"灶下婢"的肖斯塔克也萌发了些"好奇",学起了昆人的语言。利用自己的性别优势,当然也有她对尚处在狩猎-采摘经济形态下昆人女性生命的"窥视"欲,她有模有样、一本正经地做起了访谈,把自己从人类学田野调查的配角转型成了主角,自己把自己转正、扶正。她虽然屡遭挫折,却屡败屡战,终于发现了能说会道、爽朗也风流、本色的昆人女性,妮萨。在从不同角度证明妮萨所言的信度之后,她专门对这位"开放"的昆族女子进行了多次深度访谈。而且,在时隔多年之后,既作为功成名就的人类学家,也作为身患癌症有着满满求生欲的普通女性,肖斯塔克再次对这位已经进入暮年的昆族女性进行了为时不短的回访。

反观的必然

20世纪六七十年代之交,即肖斯塔克和她丈夫一起在昆人做田野的时期,正是西方世界女性主义的新一轮高潮。在此潮流中,女性更加强调与男性的平等意识、自觉意识和自主意识。不但如此,性解放也是女性主义最醒目的潮流或者说支脉之一。年轻并存在多种可能性的肖斯塔克,多少都受到这一思潮的影响。因而,对她所身处的经济生产、生活形态、日常作息完全不同的昆族女性的生活、心性、情感世界,肖斯塔克有着全方位的敏感,并多少有着某种蠢蠢欲动的期待与想象。这种想象与期待,不可避免地有着以西方女性及其价值观为中心的自我投影和反观的意味。

一方面,是妮萨——"原始"的初民的开朗、豁达与任性;一方面,是肖斯塔克——高高在上的白人的窥视、观赏与揭秘。

不言而喻,为了个体的基本生存和群体种的繁衍,常常"食不果腹,衣不蔽体"的妮萨及其族群的文化模式基本受制于自然生态决定的"食""色"二字,并有着共同劳作、利益均沾、共同消费等共享特色的"原始共产主义"色彩。在相对低端的物质技术,也是遵从自然的物质技术的支配下,与人类社会的任何族群一样,昆人有着他们自己的悲欢离合,喜怒哀乐。对长期自以为站在文明高端的西方世界而言,这些沙漠边缘的昆人在"赤贫"的物质世界中,精神世界似乎也就有着低下的根性。文化相对主义也好,反进化论也好,不论来自西方世界、白人世界的观察者、阅读者怎么标榜，在其心目与阅读期待中，主要靠女性采摘花草树木、男性不一定有保障的狩猎而生的妮萨，是原始的、落后的，甚至是野蛮的。何况，妮萨及其同胞们，还经常赤裸双乳，只穿遮羞的"草裙"！

然而，这些在蛮荒世界活蹦乱跳的昆人的生活，又有着白人世界早已阔别多年的依稀朦胧的远古记忆，有着因对自己当下世界不满及至对昆人呼吸的清新空气都垂涎欲滴的羡慕嫉妒恨。在骨子里，他们将眼前"不可理喻"的一群人等同于了自己的远祖，当然会打着人类社会早期阶段的旗号，是古典主义与理性主义的。同时，其浪漫主义的温馨和理想主义的幻觉又美化着昆人的群像："恶劣"自然环境中居然生存繁衍下来的矫健的身躯、超强的体格、敏捷的动作、爽朗的笑声、扑朔迷离却又有节制的性爱；尤其是这群人对自然的适应、了解，每个人都是动物学家、植物学家、星象占卜家、心理治疗师、神秘仪式的操演者、参与者；男女要么是合则聚不合就散的夫妻，要么是昼散夜聚的或秘密或公开的情人，女性还有共用一夫而平起平坐的"平妻"关系，等等。

人的"痛点"

于是，在西方世界高潮迭起的女性主义的催情下，在热带沙漠边缘生活的妮萨的情感世界在其所见和所经历的性生活中次第展开，就有了必然性。没有肖斯塔克写这个妮萨，就有另一个肖斯塔克写出那个妮萨。暴烈也好、温情也好，自愿也好，强迫也好，性都是在情感的支配下进行的。反之，身体的交媾，既是强烈情感的集中体现，也是情感的极致与巅峰状态。因此，今天或者会被学界贴上口述史、生命史、生活史等种种标贴的肖斯塔克的《妮萨》，即使不能说是以性为中心，至少性与食一样，是该书的基本主题。在《妮萨》中，形式、种类、特征各异的性行为不但散落在夜晚的未成年的子女身边，也弥漫在草地、树丛的食物捕获过程以及回家的途中。

妮萨听母亲或姨母讲述的自己随时可能被扼死的出生，自己一声不吭地在野外生孩子，陪护侄女等晚辈生孩子，儿童之间的真假性游戏，强化月经初潮的成人礼，老夫少妻的试婚/初婚，亲眼看见母亲与情人在灌木丛中的交合、在自家棚屋中的交媾，她自己经常趁丈夫不在家时与情人的云雨偷欢，直至情人与夫君或默认或肉搏地面对面……琳琅满目，惨烈而残酷，温馨而浪漫，绘制成了五彩斑斓，有着强大视觉冲击力和梦幻色彩的异域风情画卷。

说白了，妮萨自述和被肖斯塔克写出来的以"胯下"为支撑的生命史，就是间杂喜怒哀乐愁怨苦和恐惧等情感的肉身欲望之萌芽、长成、膨胀而恣肆消费满足和慢慢消散的历史。其实，有情感、精神、欲望之肉身，从无到有，再随风而散，是所有人生的共性、根性。可能表现形式千奇百怪、千差万别，却是每个个体潜在的人生，至少是每个人人生的一面。因此，肖斯塔克"写"出来的《妮萨》因其异域风情的故事性、史诗性和人的共性、根性而具有强大的号召力、亲和力与感染力。借肖斯塔克的纤纤玉手，那个融具象与抽象于一身的"妮萨"，也就具有了永久的生命力，鲜活而野蛮，残酷而暖人。

不要说这是人类学著作，任何一种以此为主题、为底色的写作，都会引起轰动与冲动，会直击人的敏感神经，并挑战人的感官与底线，激发人阅读的冲动和激情。因此，虽然是在调查后差不多十年才谨慎编辑、出版，《妮萨》之"异域风情"与"野蛮而愉悦之性"的两大主题，注定会惹人眼球。在此意义上，在两个世界战斗的肖斯塔克，初心不是人类学的肖斯塔克，明敏地抓住了"人"的痛点。妮萨的丰富与大胆和肖斯塔克时而全陪时而地陪式的导览，让绝大多数热带沙漠、草原之外的读者都满怀着亢奋与感激。因为娓娓道来的字里行间，总有不可知的拐点、密林、草丛，有毁三观的烈日、饥饿，有暗夜中摇曳闪烁的篝火与激情，有交欢的呻吟，有蜂蜜的香甜，有分食猎物的热闹，有火炉边家人围坐的温馨，有治疗仪式的神圣与神秘，有与他者交往的试探、错位，还有狮子的逡巡、凝视，等等。

此时，对读者而言，是不是人类学，肖斯塔克的信息源可不可靠，调查访谈时是否遵从了学术伦理、有没有什么样的困惑、学术见地是否新颖、学术创见是否成立等，都已经不再重要。只不过因为这本书而获得了人类学家声名，并不得不以人类学家身份讨生活的肖斯塔克，也只能说自己的写作是人类学的。原本洒脱的肖斯塔克日渐被身边的人类学家和人类学的爱好者们捆绑在了人类学这架战车之上，拴上了人类学的锁链，心甘情愿地戴着镣铐跳起了人类学的舞蹈，过上了循规蹈矩的日子。

换言之，剥去学者们津津乐道的学科外衣、学术符码，《妮萨》就是一本《徐霞客游记》或《马可波罗游记》，就是一本长命不绝衰的《醒世姻缘传》《金瓶梅》《红楼梦》《废都》《丰乳肥臀》与《风雅颂》。当然，不这样吊儿郎当的比附，严肃点儿的话，《妮萨》或者就是福柯苦心经营的《性史》，还依稀有着马林诺夫斯基《神圣的性生活》(*The Sexual Life of Savages in North-Western Melanesia*)的影子。

禁忌和耻感

如今,在文明世界,无论男女,因为属于人的下半身,尤其是与人之私处相连,"胯下"成了个能避开就避开的语汇,成为了一种不言自明的禁忌。否则,就觉得你这个人庸俗、低俗、不正经,甚或淫荡。然而,它又是一个避不开的话题。自古以来,一个人有效地正用或反用私处,都能引起极大的效应,还不乏触目惊心的视觉狂欢和切肤之痛的耻感。

其实,古往今来,无论东西南北,正如《妮萨》一书所显示的,与人体的其他器官一样,隐晦地喻指私处的胯下原本并不神秘莫测,并非羞不可言,而是可以公开与展示的。除了在一些神圣的仪式场合是禁忌,昆人女子的经血、产血都常常赤裸裸、血淋淋地出现在男子的眼帘。这种公开展示的一面,延续到今天,就是世界各地可见的女阴崇拜、男根崇拜以及艺术性的比附。在西方的艺术史中,将男女私处刻画细腻的雕塑、描画惟妙惟肖的绘画随处可见。对于这些公共性的展示,人们并未觉得羞耻,而是赋予了更多的文化内蕴。此时,私处是人体不可分割的一部分,大大方方地成为美的一部分与美的象征,甚或大写的人的象征。当然,这种存在与欣赏必须是群体性的、公共的,神圣而肃穆。对人体美的欣赏,演绎到当下,就是各类形而下的,弥散着糜烂气息的选美大赛、拳击竞赛、摔跤相扑等等群体性的"肉搏"了。

然而,对于日常生活中的个体而言,私处是需要掩饰的,是秘密的,不能轻易示人。正如众所周知的圣经故事中演绎的那样,在蛇的引诱之下,吃了智慧果——苹果的亚当夏娃,首先就是对私处的敏感,分别用草裙遮挡了下体，然后才敢相视。也即，智慧、文明是与男女对私处的遮蔽、隐藏一体的。在《文明的进程》中，诺伯特·埃利亚斯则从世俗的层面，全景式地再现了在欧洲，因为羞耻感的增强和社会交往的增多，人们是如何一步步地在日常生活中习惯性地将肉身紧紧地包裹了起来，及至对唾沫、鼻涕等等人体排泄物的规范化管理。一反被规训的常态，在《屎的历史》中，法人多米尼克·拉波特不但将屎尿"散落"满地，还直接赋予了屎尿以非常的意义，将人还原到屎尿之间，大跌眼镜，却触目惊心。虽如此，寻常男女在公共空间展示肉身，尤其是下半身，以及不当吞吐、排泄，多整体性地被视为是一种羞耻、下作的行为，至少是不文明的。在古老的东方，男女授受不亲、坐怀不乱、目不斜视、"男子的头女子的腰"等至理名言或俗言俚语，其终极指向的大多是人的私处。

当然，打入另册、成为禁忌的私处也可以发生惊天逆转：或者用以成全他人，或者用以作为战斗的利器，维护个体、群体的基本权益，强调自身的存在与选择，大有置之死地而后生的权谋与决绝。

在《史记·淮阴侯列传》中，年少的韩信受屠夫胯下之辱的故事，是千万国人都熟悉的一个励志故事。这个司马迁在两千多年前有些自况的无奈与调侃的隐喻，被后人天经地义地解读为养人的心灵鸡汤，并自作聪明地以为司马迁要说的是"大丈夫能忍天下之不能忍，故能为天下之不能为之事"的大道理。由此，韩信的成功、写韩信的司马迁的成功，都简单地被归结为他们这些顶天立地的男子，能受"胯下之辱"。与之异曲同工，至今在山东有些地方，小孩拜干爹干妈时，还要穿过干妈的裤裆，象征性的再生。这种仪式性动作，绝对不是羞辱，而是参与诸方主动的践行，是对幼小生命的群体性成全和庇护，大抵遵循的是"幼吾幼以及人之幼"之古训。通过一种模拟动作，在原本不相干或关系不大的人们之间,建立起了一种拟亲属的血缘关系,从而共同呵护孩子——弱小生命——的成长。

在《妮萨》中,妮萨和伤害她至深却又对她死缠烂打的丈夫比萨的彻底决裂,就得力于当众展示她自己的私处。此举一出,死皮烂脸的比萨当即高举免战牌,鸣锣收兵,如丧家犬般仓皇逃遁。在鲁迅的名篇《阿长与山海经》中,长妈妈提及的阴门阵似乎也有如此法力,可以让火炮成为哑炮。这种以私处表达自己不满与诉求的行为,2012年8月7日也曾惊现当代的北京。2017年春日,发生在山东聊城的辱母杀人案,其案情、舆情的翻转,也是蛮横的索债者怡然自得地把玩其阳具,羞辱欠债的母亲。

这些古今中外男女对私处的正当与不正当使用的个例,似乎都是偶然的社会事件、群体性事件,但又似乎不是。强大、迷离而残酷的现在与不可知,虚幻而浪漫的未来似乎都在"过去的掌心中",都在"胯下"之间。我们有必要再次重复肖斯塔克在其遗著《重访妮萨》中那句意义非凡的话:"不管生活在什么样的社会中,人类所做的挣扎都是相似的!"

(本文的缩略版刊载于《新京报·书评周刊》
2017年5月6日 B07版)

以无形人有间

2015年岁末,朱起鹏老弟在湖南平江县调查当地的古建。如同以往,经常外出的他这次也有意外的收获。然而,这次他最大的收获不是房屋建筑本身,不是又有一个可以施展身手的项目,而是一块"永建乃家"的牌匾。这户属于郑姓人家的牌匾一直悬挂在老屋的中堂,是老族长给后人写下的。眨眼间,400年就悄无声息地随风远去。在我们每个人身边的这个冬天,当郑姓全家人都想拆掉摇摇欲坠的老屋时,唯一反对的居然是儿媳妇。在微信上,目睹那一情形的起鹏感慨地写道:

> 400年过去了,老屋倾颓。当全家人都想拆掉它时,唯一反对的儿媳妇,指着老匾,焦急地喊出了那四个字——"永建乃家"。现在,他们决定修复老屋,并在里面延续新生活。这是新年的第一个项目——永建乃家。对于一个建筑师,有什么表述,会比400年的家训,更令你热血沸腾?

在2015年的最后一个夜晚,看到起鹏的这段并不长的文字,我感动莫名！

多少年来，我们的古建保护、古村落保护甚至文物保护的主流都是只注重空间的形制格局，而有意无意地忽视这些形制所承载的魂魄。对于遍布全国大小的传统形制的家居院落而言，哪怕是上升到艺术和文化层面，有形的建筑本身仅仅是空间性的。无论是对于创造者、继承者、使用者而言，还是对于修复者、保护者、参观者等他者而言，如果空间性的艺术能够穿越时空并依然显得意义非凡，那就在于赋予空间本身以灵魂的无形的生活规则——家训家规，是曾经生活其中的人与事赋予该空间的无尽的意义。哪怕纯粹没有一点浪漫、温馨，完全是沧桑，甚或仅仅是一声长长的太息。否则，它仅仅是一个早晚都要坍塌的架子，行将就木的"空壳"，不足为外人道也。

起鹏的这段感言正好说明，在家居等古建的保护中，作为魂魄的家训这些东西越来越引起了他这样的建筑师的重视。这意味着对传统家居院落的保护日渐走上正途，将会有质的飞跃，而不仅仅是复制和修房子。事实上，以空间形态呈现的建筑原本是一个时空结合体，也可以说是一个时空流体。用卡斯腾·哈里斯的话来说，建筑不是别的，是"一个时代可取生活方式的诠释"。

当然，对于家居院落而言，讲究规矩和持续效应的家训与一个家庭或家族的兴旺并不一定是正相关，即使这个家训本身是积极的、理性的，满含智慧并被人所称颂。下面要叙述的就是我在这个冬日目睹的另一个与家训相关的故事。它多少都让人感叹唏嘘。

2015年11月26日，我与滨州学院黄河三角洲文化研究所的李振峰、姚吉成二位教授一道造访了惠民县魏集镇的魏家大院。魏集镇紧邻以胡集书会闻名的胡集镇。但是，因为胡集书会的盛名，这座文化厚重的院落悄然无声、默默无闻，被淹没在热热闹闹、绕梁三日的阵阵长短不一的"书声"之中。

魏家大院，修建于光绪十六至十九年（1891—1893），面积有三万余平方米。1946年惠民县解放后，在当地宏大、气派的魏家大院理所当然地被收归国有，先后被区公所、酒厂和粮库等公家单位占用。因此，虽然经历了多次政治运动，大院的主体格局和建筑反而都大致完好地保存了下来。1993年，作为家国重地的粮库彻底迁出，该院也移交给了文物部门，并于1996年名列国家级文物保护单位，官名是"魏氏庄园"。

作为一个正五品的官员，武定府同知魏肇庆（1853—1902）历时三年修建的这座小院子的基本理念是"守"和"防"。换言之，在那个兵荒马乱的年代，它将高大的具有军事防御功能的城垣与宜家的四合院融为一体，从而成为一座城堡式的居家院落。因此，虽然它的规模无法与享誉海内外的山西乔家大院、王家大院媲美，却雅致精美，集衣食住行和防守于一体，处处匠心，巧夺天工，浑然天成。大院分三进九个院落，由中路院落和东西两侧跨院组成。院落之间，仪门相连，室内暗道相通。壁橱、暗门虚虚实实，时真时假，真假难辨。阁楼东西山墙有吊桥与城墙相连。必要时，主人可以从阁楼上拉起或放下吊桥。院内有水井两眼，并随时备有充足的粮油煤炭，以备不时之需，数月不开城堡院门也衣食无忧，生活如常。

与当下在自媒体、新媒体、流媒体上炒作的依靠一些小技巧的小情趣院落相较，机关重重却散于无形的魏家大院充分体现的是传统中国士绅的文化情结与品味，处处熔铸了对天地自然、儒家伦理、尊卑秩序、和谐共处的理解，并有着对社会环境审时度势的把控，有着追寻生命终极意义的大关怀。大院城门上方嵌有石质地的门额，镌刻着反写的"树德"二字。如同一枚大大的印章，这两个厚重的大字不时地嵌入过去、现在以及将来出入这座院落的男男女女的眼帘。作为深谙魏家大院的行家，多次踏访这座大院的两位教授不止一次地叹息道：透过一个魏家大院，完全可以知晓清末民初那个时代的社会状况和人们的心性！

遗憾的是，原本属于魏家的这么一座精美的院落，却没了后人。或者这也是俗话"富不过三代"的又一个例证。在今天人们的记忆中，包括在导游小姐的讲述中，当年显赫的魏家乐善好施，善待下人，赈灾济贫，泽及乡邻，并不是为富不仁的那种"恶绅"。按照善有善报的因果叙事，魏家怎么着都应该有后人，哪怕是淹没在茫茫人海中。在我叹息时，吉成教授说，魏家没有后人的原因很简单，那就是家规家训不准男丁纳妾，无论原配是否生有儿女，都是如此。只有在原配过世之后，家中男丁才有可能续弦。就这样，魏家居然断了香火，没了后人。任何事物都是矛盾的。在那个士绅看重香火，也常以此为名而风行纳妾的年代，明确限制家中子嗣纳妾的家规家训为魏家在乡里赢得了尊重和声名。至今，没有了后人的魏家也被人充满善意地念叨！

在宗族文化盛行的传统中国，家训和家居之间的关系是复杂的。远不止上述发生在这个冬天的一南一北乡野里的两个小故事。但是，因为不可视的关系，当下人们对家训的重视程度显然远逊色于家居。值得欣慰的是，近两年来，也出现了对维系传统宗族文化的家训、家书等流动的精神层面的重视。眼下，这本面向大众，言简意赅，娓娓道来的《家训》就是上下重视的成果。

因为施行多年的计划生育政策，在都市中国，一个家庭几代人对独生子女的溺爱是当今无法否定的普遍的养育方式。这种因得之不易而生的溺爱、呵护心态使得当下的家庭教育少了传统中国宗族文化中培养子女如何做人、如何待人的"严苛"的一面。自然而然，也很难得听到当下城乡大、小家庭有其明确的家人都必须遵守奉行的家训家规。一以贯之的家庭教育理念的缺失，也就使得当代中国家庭教育在两个形而下的极端之间恶性循环：一是片面强调快乐而生的放任，让孩子为所欲为，不懂得珍惜、敬畏、勤奋；二是怕输在起跑线上的拔苗助长式的技能性的机械训练，让孩子不堪重负，疲于应对。甚或偶尔还出现名流在电视上作秀如何"成功"地教育子女后不久，子女就危害他人、社会的事儿。

愿这本体量不大，内涵丰富的小书能促使读者在了解传统家训的同时，也能促进人们对当下的养育文化、家庭文化和教育文化的反思，从而在一定程度上回归真正能给个体、家庭和社会以正能量的优秀传统文化。

显然，诸多家训书中都会提及的"孟母三迁"等经典故事言传的绝不仅仅是教育学中屡屡谈及的"环境决定论"，它同时也传递着父母立志在前、以身作则和言传身教的重要性。从这个意义上而言，家训绝不仅仅是几个或几十个字的事儿，不仅仅是是否刻写有牌匾、碑铭、书卷的事儿，它是一个家庭两代甚或数代人持之以恒践行出来的。这时，活态的家训也就成为一家数代人言行的稳定性、感染性与不同于他者的心性——家风了。

对于家训，实在知之不多，以上仅仅是随感。作为多年的朋友，王素珍博士嘱托作序，推脱不得，只好勉力为之。愿这些滥竽充数的文字不影响读者诸君对这本小书的喜爱！

（本文是应王素珍博士之邀，为其专著《铭记家训》所作序言）

骆驼、马与"过日子"

> 日子慢慢过,过到啥程度算啥程度。
>
> 你高兴是一天,不高兴也是一天,还不如高高兴兴的。
>
> 人一辈子只要心情好,你就不生病。
>
> 别记仇,你记仇干吗?人在社会上能活几年。
>
> 人生就是一个收音机,你必须经常调频,才能收听到清晰的节目。
>
> 过日子就是"过孩子"。
>
> ——关中黄炎村村民

一

自古以来,无论意识到与否,"过日子"是每个人终生都在身体力行的事儿。这并无中西之别,雅俗之隔,高下之异。好与坏、苦与乐、悲与喜、成与败、冷与暖、得与失、浓与淡,个中三昧,人人自己心知肚明。当一天和尚撞一天钟、无所事事、游湖浪荡、不思进取,冬练三九、夏练三伏、闻鸡起舞、勤俭持家、细水长流,有头有脸、风风光光,都是人们熟悉的对过日子的不同类型的表述,分别蕴藏着迥然有别的价值评判,有着是是非非,优劣得失。当面对每个人最终都得归于尘土、赤条条而去这一终端时,无论贫穷与富贵,无论高尚与渺小,"怎么着不都是过?怎么着不都得过"就成为暗藏着智慧、玄机的关于生活哲学的大白话、大实话。

然而,近两三年来,在"乡愁"指引下的轰轰烈烈、热热闹闹成规模的"返乡体"写作中,过日子这一普世话题被写作者惊鸿一瞥的所见、观感妖魔化。农村不再是寄托其记忆、梦想的世外桃源、梦中情人,而是破败不堪、满目疮痍、病入膏肓,急需整治、救助;农民不再是与人为善、蕴藏民族精神的"良民",而是礼崩乐坏、道德沦丧,甚至与城里人一样集体"约炮",急需规训、教化。村将不村,愚昧无助、无功德的个人主义等陈词滥调如影随形地贯穿着不同学科、不同人群的每一篇"返乡体"写作之中。

在这些"热泪盈眶"、撕心裂肺、伤筋动骨的返乡体中,被进一步污名化的农民不但不会过日子,简直就不是人!在这些多少有些赶时髦的趋炎附势、投机取巧、语不惊人死不休的"乡愁"大军中,青年学者陈辉显然是一个沉默却有力的另类。与偶尔由城返乡,有着道德优越感并俯视乡野的乡愁大军不同,相向而行的陈辉是从关中的黄炎村一步一回首地慢慢走出来的!而且,他走进黄炎村的初衷并不是要写"乡愁",他在意的是黄炎村民日常生活的整个世界与常态。

二

在黄炎村长期、深入的田野调查基础之上,陈辉的新著《过日子:

农民的生活伦理》就是对于"过日子"这样一个众生平等的寻常的哲学命题情感真挚而浓烈的理性化诠释。虽然面对的是乡愁大军同样的生活世界与题材，但在这本于2015年才彻底完成的专著中，陈辉的观察、思考、写作不是"与时俱进"随大流地为赋新词强说愁，不是苦心焦虑地诠释已经沦为治理工具而政治化、意识形态化也被机会主义者津津乐道的"乡愁"，更不是为城镇化、新农村建设找辙、建言献策。显而易见，青年人陈辉既无忧天下的政治情怀，也无拯救黎民百姓于水火的鸿鹄之志，更没有因跻身城里人和精英阶层的荣耀与自恋而处处想教化"农民"这个冷冰冰的"工作对象"的虚无主义。相反，他率性也是大胆地将或严厉或慈祥却满嘴是非的教化者、治理者视为己有的"过日子""过好日子""会过日子"不依不饶地剥离开来，平静而真诚地描述了近百年来，尤其是改革开放至今，黄炎村老中青三代人的柴米油盐、恩恩爱爱、酸甜苦辣、喜怒哀乐与悲欢离合等平常日子与人生。

  换言之，贯穿在黄炎村父老乡亲的日常生活叙事中的再平淡不过的"过日子"三个字不是高高在上的精英意在控制、支配民众的"教化伦理"，而是饱含实践性，表达着民众主体能动性和民间社会生命力的"生活伦理"。正是受陈辉摒弃的教化伦理的支配，乡愁大军几乎是清一色地主题先行地为写作而写作——所谓的实录。毫无疑问，乡愁大军的悲凉、沧桑、痛苦等这些字里行间的小情感是真实的。但事实上，乡愁大军情绪化的井喷正好表达了其从众的"伪"，至少是屁股决定脑袋而故意东施效颦、扭捏作态的"矫情"。以胜利者、成功者的姿态"荣归故里""光宗耀祖"的他们，猛然发现自己的炫耀不但没有了鞭炮，甚至连羡慕、妒忌的目光都寥寥无几，荡然无存。于是，多少有些沮丧的他们以不容置疑的亲历者、主人翁的姿态，无视百年来乡村社会变迁前行的事实、内因、外因和乡民的智慧与韧性，其情绪化也是得意扬扬地以教化者、得道者的姿态诅咒起仅仅眼睛那么一点点大的"小故乡"来。舍我其谁的"两肩道义""铮铮铁骨"，反衬着内心的苍白与虚脱。

与这些乡愁大军的身影、姿态和微妙的心态不同，并非黄炎村民的陈辉是在努力成为黄炎村民的漫长过程中，慢慢地展开他的观察、访谈、思考与叙事的。他经常与炎学书、黄吉康等黄炎村民秉烛夜谈，一起感慨唏嘘，以至于不得不在书中大段大段地呈现他与当事人之间的精彩对白，长篇累牍而不忍割舍。在不少个对谈结束的中午，他或是惆怅，或是独自行走在金黄的麦地间的小道上，不乏闷热地品味着乡民们满是"诗意的话语"。不仅如此，他也习惯了"一碗面条""两根青菜"的从牙缝挤钱却吃得酣畅淋漓的极简生活。

遗憾的是，书中并未交代作为一个异乡人的陈辉这个他者融入黄炎村的具体过程。但是，正是因为有了陈辉自己全身心全方位的主动融入和入乡随俗，有了黄炎村民的开诚布公、敞开心扉，他的研究才抛弃了主题先行、生搬硬套理论的学院派写作的八股套路，而直接逼视他那绝对不易的融入过程之中的体验与困惑。陈辉的体验与困惑就在于，在日常交流中，不同村民随时随地不经意提及的"过日子"三个字。

尽管在对黄炎村的家庭经济与小农的谋生之道的铺陈和解读上多少显得力不从心，直接支撑黄炎村实情的历史资料和有效数据并不是太多，对黄炎村小农经济现状的描述也稍显不足，但整本书仍然对黄炎村民不同语境中的"过日子"进行了有效且贴切地解读。从"过日子就是过孩子""过日子过的就是人气""人不能关起门来过日子""有钱处理事情就是好日子""日子过得好不好，跟人的性格有关系"这些村民的日常表达，陈辉系统地诠释了"过日子"不但集中表达了黄炎村民的生活伦理，还是"一套以家庭为中心的生产生活方式"。无论是生活伦理，还是以家庭为中心的生产生活方式，均植根于这块中国腹地深处的黄土地上漫长的农耕文明。

因此，虽然书中有着众多让作者为之垂泪，确实感人的情感故事，有着波澜起伏、暗流涌动的人生阅历与体验，但是家庭生活、社会交往、神圣感、宗教感、家庭主义、个体化与家本位等学术话语架构下的理性叙事，仍然对受众不忍释卷的酣畅阅读形成了阻滞与威压。然而，作者似乎是要故意形成这种阅读的障碍，不在意受众世界的闹热与打鸡血式的亢奋。因为，他知道怎样的写作才能热闹并吸引眼球。书中，他将这种热闹写作的思维称之为"新闻媒体的"，并一针见血地指出，这种思维规训下的写作是苦心焦虑地"过度阐释小概率事件，并做出道义批判"。显然，在以矫情、煽情等"伪情"充斥的返乡体洪流中，正如平平淡淡的日子，《过日子》这本书是不合时宜也孤独寂寞的。可正是这种平淡、不合时宜的孤寂，使其清远、高洁、别有风味，更有分量，值得人温杯老酒或煮壶热茶，慢翻，细思，独品，回味。

没有了理论先行的桎梏，陈辉更愿意细嚼慢咽"凑合""持家""顾家""面子""顺心""方便""日子"等口语，辨其真意。连同这些语词指代的男女、故事、行为与事实，陈辉深情而平静地一并归结为黄炎村民的生活伦理。

对村中的天主教徒这一在当代中国被炒得沸沸扬扬的群体，陈辉看到了作为天主教徒的村民"救灵魂"与"过日子"的有机统一。即，"当他们走入教堂认真念经，他们才成为虔诚的天主教徒；当他们走出教堂，待在家里，他们和那些信佛教的人和非信教群众没有太大差别"。虽然天南地北,但是这一实事求是的描述,却与曹荣博士在其专著《同构与转换》中呈现的京西桑峪村中天主教徒的情形一模一样。因为对于农民天主教徒而言,他们首先是"生活者",而且是在中国农村的生活者。正如陈辉在书中引用的一段男性教友的话所言:在相当意义上,"救灵魂"是老人的事情,而年轻人的主要任务是成家立业,中年人是养老育小。尽管陈辉并未就此展开与既有宗教研究广泛深入的对话,甚至没有基本的比较,但其描述的这些生活世界的真实,已经犀利地嘲讽了基督救国论者和基督亡国论者的虚妄与莫名惊诧。

更值得称道的是,陈辉鲜明地点出了在以过日子为核心的黄炎村,勤俭持家、极简主义的生活与作为神圣感源泉的家庭之间的关联。在黄炎村,很少吃的肉和一定要修得尽可能气派的房子之间不仅仅是消费和积累的关系,还是"父亲和儿子的关系"。在此,陈辉写道:

> 如果说享受代表神圣,那么对于节俭的关中人来说,一定有更为神圣的东西让他们孜孜以求,从而淡化美食的诱惑力,使其长时间可以忍受低水平的生活。这种神圣之物就是家庭,就是下一代的生活——这才是关中人的宗教,是他们神圣感的源泉。

慢读的过程中,书中这样的洞见不时挤进眼帘。正是因为有着这些深刻的体悟,在该书结尾部分,陈辉也才大胆地指出声名卓著的阎云翔研究黑龙江下岬村所得出的"无功德个人",也即"个体化"论调的片面性,并用他自己的"家本位""家庭主义"对此前农村研究与书写中常见的"个人本位""个体化"发起有礼有节的冲击。

因为研究过日子的陈辉自己也在身体力行、有条不紊地过着日子,所以研究他者的过程也就成为一个不断反思的过程。以至于在"后记"中,陈辉坦率地承认:感觉写下的不是别人,而是"自己的生活"。

三

在《红楼梦》中,面对荣国府内内外外、大大小小的明争暗斗、是是非非,借王熙凤这个荣国府局内人之口,曹雪芹道出了家大业大、光鲜亮丽的荣国府"大有大的难处"。这颇有人类学家情真意切地强调的主位意识。凤姐的刀子嘴让本意是去沾光的乡下老太婆刘姥姥很为难,生怕沾不到一点光。情急之中,以一个当代社会学家的冷眼旁观的姿态,作为荣国府局外人的刘姥姥说出了人们熟知的那句俗语:"瘦死的骆驼比马大"。站在他者的立场,这个善于察言观色的乡下老太婆在体量上将在城里的荣国府比作了"骆驼",自贬为个头小不少的"马"。但是,谁能否认呢?骆驼也好,马也好,瘦骆驼也好,肥马也好,都得死,都得过日子,知道有一天会终老,还是得过日子,自己终老了,子子孙孙还得过日子。当然,这里无意以这两种四蹄的哺乳动物来喻指"豪奢"的城市与"凋敝"的乡村,喻指高高在上、有着道德优越感的城里人与卑微却有着人生智慧的乡下人。

借凤姐和刘姥姥这组有着城乡、贵贱、富穷之别的一少一老的经典对白,数百年前的智者曹雪芹似乎在婉讽着当下貌似情感充沛实则隔岸观火、毫无真性情的文字写作。在铺天盖地的返乡体乡愁写作浪潮中,逆流而上的陈辉的写作也就意义非凡! 最起码,虽然整本书还显得单薄、逼仄,但是对煽情丝毫不感兴趣的陈辉还是凭着愚公移山式的精神,以黄炎村民过日子的点点滴滴竭力去撕破浑浊,给了一缕清新的风。他无心、无力也无法阻止轻浮从众的返乡体洪流,却给这道激流了一个回旋。以此,他不卑不亢地给了读者"真相"农村复杂的另一面,给被全黑的农村了一丝并非虚假的光。

陈辉告诉人们,当代乡土中国不仅仅有被符号化、情绪化和非虚构化的梁庄,不仅有被同样高调炒作的似乎只有毒品、艾滋的凉山诺苏,不仅有被网友热议实则子虚乌有的"上海女孩"逃离的"黑黢黢"的江西农村,不仅有被学界写作标签化的"3689部队",还有黄炎村这样人口殷实、鸡犬之声相闻的村庄,还有黄炎村民那样自尊自立、小富即安、勤俭持家、通情达理讲良心、顾家护家,继续一天一天在磕磕绊绊又相互包容、妥协中过日子的老少村民,男男女女。

由此,对三农中国的关切,也就不仅仅是痛心疾首、片段、片面的"崖边"或"断崖"式的轻快的媒介思维与唯我独尊的精英教化的千年定势。至少,在过日子的层面,黄炎村民们告诉了城里人,尤其是告诉了官媒精英许多许多。

(本文曾以《黄炎村的生活伦理:日常有诗意,平淡见真情》为题,刊载于《新京报·书评周刊》2016年3月5日B02、B03版)

仪式、演剧与乡土

一

无论是对于局内人还是局外人、主角还是配角、主家还是邻里，作为群体性参与的地方社会日常生活中的标志性事件，仪式都有着特别重要的意义。

人类学中的象征人类学派的研究对象就主要是仪式。在象征人类学之前，作为行为的仪式——实践和作为表述的仪式——神话／传说之间的关系也长期是研究者试图澄清的焦点。犹如鸡与蛋孰先孰后的千年谜题，公说公有理、婆说婆有理地对仪式实践与神话／传说之间关系的研究也即后人所谓的神话仪式学派。与人类学相似，仪式同样是民俗学的主要研究对象之一。在国内框架基本雷同的民俗学教科书中，人生仪礼、岁时节日等章节聚焦的都是大大小小的仪式。这些仪式是在特定地域享有相同文化习惯的人群，基于既定的时空观、生命观而阶段性、周期性举行的一种表演性、神圣性／宗教性、娱乐性／世俗性兼具的群体活动。当然，这些仪式的主旨究竟主要是针对个体、群体、自然还是社会，则不一而足。

因应社会的变迁演进，技术的创新与普及，文化的碰撞、交流与融合，尤其是人们观念世界的变化，旧的仪式会消亡，新的仪式会产生。或者，旧仪式的外形面目全非，新仪式的内核依旧延续过往。近些年被学界津津乐道的"传统的发明"同样多指的是仪式或仪式化的行为。在今天的中国，现代民族国家观念早已深入人心，先声夺人的民族/国族主义大行其道，农业文明、工业文明、信息文明等多种文明形态交错并存，都市生活方式蔚为大观。这些都使得当今社会的仪式种类繁多、形态各异，此起彼伏。仪式与社会变迁的关系也成为学界研究的重点。就人的社会化生成而言，相对传统的仪礼和现代民族国家对公民的一系列铸造仪礼犬牙差互，前者如满月、抓周、开锁、拜师，后者如入队、入团、开学典礼、毕业典礼、升迁庆贺，等等。

　　然而，无论哪种仪式，既因为经济的发展或者是为了经济的发展，也因为非遗保护运动的推波助澜，仪式的表演性、娱乐性被大力彰显，及至名正言顺、有板有眼地成为文化景观、景观文化。反之，仪式的神圣性/宗教性，至少说仪式的庄严性则大为衰减。这不仅是远离乡土的公众的常识，也大体是智识界研究的既有前提和必然结论。当然，这相当一部分原因是将基督世界神圣性的衰减普世化。可是，就是对于基督世界，当一部分学者在说神圣性衰减——去圣化时，另一些学者则毫不怀疑人的宗教性和神圣性可能有的韧性。其实，关于当今世界宗教的这两种论调多少都与自上而下的意识形态的建构和在相当意义上对作为行动主体的信众的漠视有关。

　　无论在何种意义上将今天的中国称之为都市中国抑或乡土中国，蜕变中的复杂性、参差性有目共睹。政治、金钱、市场、旅游、电子技术、文化遗产、功夫片，甚至"二奶"、李一、王林等光怪陆离的玩意儿都铺天盖地地砸向乡野。此时，河北武安康宿村民是怎样在迎送他们的城隍？赵县豆腐庄的村民如何搭建他们的醮棚迎送其佛鬼神仙？贵州安顺大山村那些长期被贴上"屯堡"标签的妇女又是怎样在"修佛"行好？这些宗教味厚重的仪式对于当地的操演者、旁观者生活世界有着怎样的意义？它们究竟在多大程度上是"表演"，及至成为一种严谨的"演剧"？

二

　　梅兰芳的精湛艺术曾影响到梅耶荷德和布莱希特的戏剧理念。不仅如此，翁托南·阿铎、彼得·布鲁克都曾贪婪地在诸如巴厘岛戏剧、伊朗塔其赫等类似中国的傩、赛社、社火这些东方的乡土演剧、艺术中获取养分，产生灵感。

　　对于阿铎而言，这些没有布景、赤裸裸的剧场是"没有间隔、没有任何障碍的完整场地"。对于布鲁克而言，这些剧场是没有门或者说永远敞开着门的"空的空间"，"从第一声鼓响开始，乐师、演员和观众就开始分享同一世界"。对于耶日·格洛托夫斯基而言，这些剧场是祛除了所有伪装的"质朴剧场"，演、观双方是"感性的、直接的、活生生的交流关系"。总之，在这些当下中国戏剧界公认的西方大师看来，诸如傩这样依旧在东方乡野传衍的艺术因应自然、个体和小社会的变化，娱天、娱地、娱神、娱人并自娱。它关注灵魂，拷问命运，驰骋想象，激活生命，赋予意义，天然有着阿铎强调的剧场的"复象"和本雅明所言的"光晕"，并从哲学意味上表现人所处的演化状态，神圣而残酷，质朴而粗野。

遗憾的是，极力引进这些西方先进戏剧理论的不少学界精英却在相当意义中忽视了这些先进理论的东方源头。这一唯西方马首是瞻的谦虚（当然也可以说是自卑或者自我否定）心态延续到21世纪初。20世纪后期，奥古斯都·波瓦的"被压迫者剧场"理念席卷了菲律宾、印度、孟加拉、韩国、日本等多个亚洲国家以及中国台湾、香港地区。在台湾，钟乔等人基于此明确地提出了"民众剧场"，即为民众而存在，属于民众并由民众创作的剧场。2005年前后，还是在外力的帮助下，民众剧场才在大陆犹抱琵琶半遮面地羞涩登场。

当然，戏剧界主流对本土乡野艺术的漠视（或者说唾弃）与清末以来长期以西方为标杆的发展理念有关。不仅仅是急迫地打倒"孔家店"，傩这样的乡野艺术也大体被贴上了迷信、愚昧、落后以及浪费、劳民伤财等负面标签。这一主流认知差不多持续到改革开放。20世纪末，随着对传统文化的重新定位，尤其是21世纪以来政府自上而下轰轰烈烈掀起、推行非遗运动后，傩等乡野艺术才在主流意识形态中有了些脸面与意义。与此官方潮流相应，搜集、整理、研究傩的著述日渐增多。然而，民众自有民众的逻辑，民间自有民间的风土人情，乡野自有乡野的桀骜不驯与吞吐能力。

无论大环境是风是雨还是晴，无论是江西南丰泥土味、家族性都很重的石邮傩、豫西东常村与西常村粗鄙不堪的骂社火，这些乡野演剧如变形虫般因时应景的传衍又具体是怎样的一番情形？它们在多大程度上是戏剧？在多大程度是仪式？这些乡民主动投入和参与的演剧难道仅仅是地方风"俗"？仅仅是茶余饭后的娱神、娱人、娱己的"表演"？仅仅是不同名目、级别的非遗？对于今天都市并不是太叫座且基本以西方戏剧为准绳的霓虹灯闪烁、卡拉OK式大、小剧场，这些土里吧唧的乡野演剧有着怎样的警示？对于政府尽力送下乡却同样观者寥寥的"文化""戏剧",这些不绝如缕的乡野演剧又有着怎样的启迪?

三

作为学文近些年来研究成果的集中呈现,该书并非仅回答上述仪式和演剧两方面的问题。在坚实的田野调查基础上,学文尝试说明在当代中国的乡土社会,仪式与演剧的模糊性甚或一体性,试图说明二者之于乡民生活世界的意义、二者之于"乡愁"的不可分离性。可以说,仪式、演剧与乡土正是学文在书中尝试要破解的三个关键词。该书的第一部分就是以北京远郊区房山的石窝村为个案,专章从生活方式与地方感来历时性地考察乡土与乡村的生成。

对于乡土,学文有着他独到的理解。八九年前,为完成他的博士学位论文,他曾长期在贵州荔波蹲点调查。在其基于博士学位论文完成的专著《规束与共享:一个水族村寨的生活文化考察》中,他不仅描述出水族社会人、神、鬼同在的复杂的生活制度,还清楚地描绘了在此安家落户、心安理得的电视媒介的生存实态,即他所言的"变迁中的村寨"。换言之,对于学文而言,乡土并非是油盐不进的愚顽不化,并非是夜郎自大的井底之蛙,但也非文人士大夫想象中的不知魏晋的人间仙境、世外桃源。在学文眼里,乡土既是一位步履蹒跚的龙钟老者,也是一位活力四射的调皮顽童。所以,今天的石窝人还会用口头叙事来强化他们生活的那个山窝窝里的小村与帝都北京之间千丝万缕的关系,甚至有了"先有石窝,后有北京"这样让他者震惊的俗语。用学文自己的的话来说,百余年来,主流精英眼里需要改造、提升的乡土实则是一块千变万化的"魔方"。

对于在城镇化、都市化旅程中快马加鞭的当代中国而言,学文长期凝视这些与大城市多少有些距离的乡野的仪式、演剧以及生产生活方式显然别有深意。至少,他长期观察、叙写的这些同样有着时代色彩的传统仪式、演剧与日常生活说明:这两年被主流媒体以及学界大肆炒作、品读的"乡愁"绝非仅仅是在高楼大厦之间看得见的静态的山与水。

四

学文是我的同门师弟,更是挚友。2003年3月,他曾随同我前往河北赵县调查过龙牌会。当年7月,他协助我前往梨区进行我博士学位论文写作的后期调查,长达半月。在那半个月中,饿着肚子在烈日下光膀子行走,是我们调查的常态。书中关于豆腐庄皇醮会的文章就是此次调查的成果之一。当年7月28日的黄昏,在豆腐庄学校空旷的操场边,我们与唱庙戏的艺人们一同席地吃晚餐时,学文吃到了苍蝇。当天晚上,我们也是在这所村小学一间简陋的教师办公室歇息的。办公室里没有床,只有学生上课用的一桌一凳。桌子长一米多些,宽也就60厘米。条凳与桌子同长,宽则不足30厘米。初进民俗学大门不久的学文没有怨言,就着桌子睡下了。次日,除中午吃了一块西瓜,胃多少有些弱的他基本没有再进食。然而,他却依然一丝不苟地和我调查了整整一天。或者正是这吃苦的精神,成就了学文田野调查的能力,成就了他这本处处闪烁着辛勤汗水和真知灼见的专著。

与常见学术著作的理论堆砌甚或言必称西方不同,学文的这本书近乎白描。他仅仅是将他观察到、体验到的乡土中国通过仪式、演剧等乡民的言与行，有条不紊地叙写出来。但是，该书的质朴、平实也迥然有别于这几年文学界及其评论界建构的有些似是而非、不伦不类的"非虚构写作"。非虚构写作虽指向纪实、客观，但纪实、客观本身不是目的，它更在意的是煽情，是能否动情，以情感人，主色还是文学的。

哪怕明显有着伤感和隐忧，学文却不想煽情，更不愿一味地替人诉苦。他有自己的思考，却不愿意自己的思考代替乡民的思考，更不愿自己的思考影响读者的思考。他直面的是都市化中国的乡土性本身。在大踏步都市化的中国，这种乡土性有可能是都市化中国的动力，也有可能是都市化中国的阻力，但却没有对错。被都市生活方式快速围攻和清剿的乡土有着无奈与纠结，有长吁短叹也有欢笑，但一切都自然而然，相生相克，荣辱与共。

从字里行间，我分明能感受到，学文不但不越俎代庖式地为乡野、为乡民、为乡村叫苦叫屈，而且也不虚妄地将乡野视为是都市文明的对立面和美好传统的自留地、保留地。他化作了乡民中的一员，将变迁中的乡土中国的阵痛、不适同时也有的轻快等复杂性、多样性不声不响、不卑不亢地呈现出来。

作为老友，在祝贺本书出版的同时，也祝愿他在繁忙的工作与不断的行走中，一如既往地坚持观察、记录，写出更多更好的佳作来。

（本文是应王学文博士之邀，为其专著《魔方：当代中国的仪式、演剧与乡土》所作序言，亦曾刊载于《书城》2016年第5期）

山乡小庙

在老家，川北那个叫槐树地的小山村，学界今天惯用的"土著"，早已无影无踪，没有了巴人的剽悍，没有了蜀人的巴适，也没有了羌人的悲叹。据传，我同样是被动移民的后裔，远祖是清初从陕西"填"到这里的，原因是大西国皇帝陛下张献忠先生将这一带的人杀了不少。至于原本在陕西的远祖具体在哪个旮旮角角，是当地的"土著"，还是晃荡、强悍的"游民"，抑或身不由己的被动移民，完全无从知晓。

童年时代在国民党统治下度过的父亲，其记忆也就有着鲜明的那个时代的色彩。在我也长大成人，偶尔回家与他一起在熟悉的乡间小道上行走时，尤其是正好遇着"鬼乱串"的"七月半"，或者是家人聚首的旧历新年，父亲就会给我这个研习民俗学的"高学历"儿子讲述他小时见过的村庙，或者是他耳闻目睹的那个年代的庙会。当然，我也会和他聊马克斯·韦伯的神异型权威、费孝通的乡土中国、林耀华的金翼之家。

"龙王庙""尖庙子""坟坝子""碗泉庙""东王庙""朝阳观""木盖寺""开封庙""锦屏寺""白鹤寺"和"回龙观"等是我自小就跟随祖父、祖母、父亲、母亲以及邻里会说的词，也经常去其指代的地方。

其中，最远的庙也不过离槐树地 20 里。关于这些词语背后的故事则是在学习民俗学后，我有意向父亲打听的结果。

龙王庙在我家门前青云河上的石桥桥头。八九十年前，为了人们出行方便，石桥由住在青云河对面半山腰李家湾的李姓富户修建。因修此桥，他耗尽了家产，终于沦为乞丐。桥头的龙王庙是一个四壁由石板搭建的小庙，长年点有油灯。不少人烧香上供，禁止小孩进内玩耍。父亲为此就曾遭到祖父的呵斥。如今，虽然经历了无数次暴雨、洪水，这座石桥依旧安然如故，李姓富人的名字却早已无人知晓。庙的旧址也沦为雨天流淌山水的水沟。因这座石桥，其周围遂有了"桥沟头"的地名。

坟坝子离我家四五里地，是在一座大的空坟中修建的庙宇，但未等到香火兴旺，就解放了。这里遂成为我们村小学——灯塔小学的所在地。改革开放初，我家门前的青云河段修建了一道拦河坝。在举国上下辞旧迎新的易名浪潮中，"灯塔"这个村名也就改为了"石堰"。似乎少了政治色彩，但平淡的"石堰"还是没能摆脱歌功颂德的俗套，哪怕是乡邻要展示自己的伟业。如今，这道石堰两边的堤坝早已龇牙咧嘴，防洪泄洪的功能基本丧失，隐患多多。两相比较，那座在这道拦河坝下游五六百米处，至今没有专名的龙王庙边的青石桥更让人感怀。

朝阳观所在地是母亲出生的地方——郑家坝。那个山坳里的平坝，距离我家十余里地，聚居着郑姓大小人众。朝阳观曾有一个很大的广场，庙会期间有赛马。1949 年前当过保长的幺爷曾养了几匹白马，参加过朝阳观的赛马。春节期间，人们要抬着观中的菩萨游村扫荡，驱邪避灾。中华人民共和国成立后，郑家坝被命名为那个年代常见的名字"红旗"，朝阳观的庙舍也如同坟坝子一样，理所当然地成为了红旗村小学的所在地。改革开放后,"红旗"被改为了"朝阳"。当我得知这里昔日有巨大而热闹的朝阳观时,我不仅佩服父辈们偷梁换柱的智慧:可能他们念想的是那个香烟缭绕的道观,并非政治诗学中不可缺失的光芒万丈的"红太阳"。

木盖寺在土门山山脊上,修建此寺主要是为了附近乡民赶集。传闻为了抢在另一寺庙之前修好木盖寺,从而能将集市定在这里,急中生智的人们用木板封顶。"木盖寺"之名由此而来。中华人民共和国成立后,木盖寺的庙殿也一度被用作学校校舍。一直到20世纪70年代,这里都是管辖着灯塔和红旗等村庄的土门乡(现名国光)乡政府的所在地。儿时,我前往区政府所在地的开封庙上中学时,周末步行回家上学都要路过这里。至今,木盖寺旧址仅留存一壁石墙。与其脚边横七竖八的巨大条石一道,这面孤墙笑看风雨。作为一种禁忌,数十年来,附近的人家没有谁在修房时使用这些绝佳的条石。

白鹤寺是当年远近闻名的一座大寺庙,离我家约十五里地,其钟声响彻方圆十里。白鹤寺的得名是因为当年这里栖息了很多白鹤。中华人民共和国成立前一直有和尚驻守的白鹤寺有很多庙地,父辈们将这些庙地称之为"常业"。青云河桥头的龙王庙背后百余亩土地就是白鹤寺的常业。作为庙产的常业大都是交通便利,土肥水茂的好地。至今,老家人都习惯性地叫这块地"常熟地"。祖父就曾租种过常熟地的一小块。父亲儿时曾亲眼看见长年不穿袈裟、俨然恶霸、身材高大的果明和尚带领人四处收租。因交不起地租,果明和尚殴打佃户、霸占佃户妻女的事时有发生。在乡村,僧非僧、道非道,或者也是以僧道和宫观庙庵为标志的释、道二教在清末以来整体性落败的原因。

土改后,白鹤寺先是变身为其所在的庆丰村的学校,继而分给了当地村民,成为家居之所。20世纪90年代初,乡政府也在此处树立了一块有"文物保护"字样的石碑。然而，这只是一块似有若无，于事无补的石头。2002年春节，我专程来此寻访自己过去没有在意过的白鹤寺。住家多已搬走，另建新居。这里的房屋几近坍塌，仅仅是人们堆放柴草、杂物，甚或养鸡的地方，满目萧瑟。昔日的几块残碑凌乱地静卧在墙角或柴草之下，一如既往地任由岁月、风雨的侵蚀。可喜的是，对庙神圣、神秘的敬畏之心还在。没有人拆走昔日庙屋尚可用的建材。曾有一户人家试图拆走自己居住了多年的庙屋上的椽瓦，刚动工时，男主人就从房顶摔了下来。随后，如同木盖寺遗址的条石，没人再起心占用、拆散、挪用白鹤寺的物事。

2016年盛夏，我回到槐树地闲居了些日子。经过改革开放后近40年的洗礼，槐树地已经完全成为依靠留守老人守护的空巢农村。原本百余人的自然村，现在常住村中的就十余人，平均年龄则超过了60岁。然而，让人多少有些意外的是，开封庙、锦屏寺、尖庙子等乡野庙宇因各种机缘，反而纷纷得以重建。当然，在开封庙不远处，也有了比肩而立的基督堂。开封庙在场镇边，有昔日当过小学校长、村主任、村支书等知书达理、见过世面的乡贤张罗，很容易就得以修复，并有了基层政府认可的牌匾。锦屏寺虽然在远离乡镇的山巅，却因有些摩崖石窟，改革开放初就有了县级文物保护单位的牌子，随后也得到名正言顺地修缮。

原本在小垭子山梁，与山脚朝阳观相距不远的尖庙子则不同，虽然修复了数年，却始终没有官方授予或认可的牌匾。2014年，当有人因病、因神灵托梦而呼吁、张罗重修这座尖庙子时，四围留守的乡民纷纷出钱出力，很快就完工。修庙时，附近山坡上被相中的树，主家任由修庙者砍伐，毫无怨言。重新修建好的尖庙子供有地藏王、观音、土地等大小神祇。其香火，用父亲的话来说就是："没想到，香火旺得很！平常都有不少人去。"曾经有两位云游和尚先后都信誓旦旦地要驻守于此。然而，因为功德箱的钥匙始终由虔诚的信众掌管，和尚们终究没能守住那份清寂，皆悄然弃庙而去。庙的大小事务，仍由信众自发管理、调停。离家的前一天一早，我和父亲一道前往造访尖庙子。沿途，我们碰见了周边村子十余位留守乡里的父老乡亲三三两两地徒步前往庙上，但这并不是庙会期间。

农闲时日，这些老人一般每天都会步行往返十余公里，到尖庙子烧烧香、念念佛、聊聊天。包括天天朝去暮回、准时往返守庙并为香客服务的老者在内，数位年逾七旬的老人就是因为这个庙修好之后，天天例行前往烧香念经而恢复了健康。尽管电视、手机对这些老人而言，早已是常见之物，政府的新农村建设也在不少村落修建了广场、搭建了红黄蓝绿相间的健身器材，但是这些留守老人们依旧没有城里人跳广场舞、唱红歌以娱乐身心的习惯，更没有人在那些健身器材上"扭扭捏捏"。让他们心静体安的依然是他们年轻时可能参与拆毁的这座重建后没有任何"名分"的小庙。因为这些留守老人，无论时间长短，不少回到村子的中青年也不同程度地与尖庙子发生了关联。

2017年春节，我们姐妹兄弟四家人回家陪伴母亲。母亲卧病在床七年有余，身体机能全面退化，春节前已经生出褥疮，情势愈发严重。大年初二，我们将母亲送往了医院，面对此情，医生也束手无策。初十，我们只好又将母亲从医院接了回来。面对母亲的病痛和枯瘦，大家强颜欢笑。节前，长兄和姐夫还精心地在院门、窗户挂上了红灯笼；妻子、侄女认真地在门窗贴了窗花；老姐和小妹几乎一直守护在母亲身边，以让常年陪护母亲的父亲歇息歇息。只有懒惰如我，像个多余人，看着这一切。

因为救护车在槐树地先后两次的鸣叫，在槐树地过年而前来探视

母亲的亲友不少。有一天,一位留守的长辈邻里在与我闲聊时,提到了尖庙子。她不无感慨地说:

  你妈是好人!一生吃苦,帮扶邻里,打抱不平,没想到晚年遭这么多罪。年轻时,这村里就数她最能干,最能吃苦。地里的活、家里的活、手上的活,哪样能难住她?上鞋底、绣鞋垫,一针看上去不合适,她都要挑了重扎。鞋子每双都做得漂漂亮亮。我们看到了,谁不夸?谁不眼红妒忌?谁不会了,问到她,她都会教。邻里相争,她总会帮弱的一方,有理的一方。辛苦地将你们儿女四个养大成人,你们各个也都争气、能干。可是,该她享福的时候,一天也没能享上。夏天你去过的尖庙子,那里的神很灵的。

接着,她就讲述了相距不远的一位姓敬的老者过世的情景。

  生前,这位老者为重修尖庙子出了不少力。庙修好之后,他也经常前往念经做善事。在他过世的头天夜里,给守尖庙子的老者打电话时,后者听他说话的声音已经不大对了。次日,当因为神灵托梦而张罗修庙的香头到了山上时,守庙老者将敬姓老人的状况告诉了香头,希望香头能将老者的善行禀报神明,得到神明的帮助。香头在观音菩萨前点上了香,向菩萨陈述了老人生前的善行,希望菩萨要么给老人延寿,让其健健康康地活着,要么给老人一个痛快,不要让他活受罪,生不如死。结果,在神明附体的香头浑身一颤,下马醒来时,敬姓老人家那边的电话打来了,说老人安静地过世了,面色红润。

  因为看见母亲生不如死的痛苦状,乡邻善意地提起了此事。言外之意是,或许借此道可以减轻母亲的苦痛。在槐树地,"安乐死""临终关怀"等都还是遥远的名词。但是，老乡们知道，一个善人、好人应该有好报。被病痛折磨，又无药可救的"活受罪"显然对好人极不公正。

敬姓老人的善终和香头在神明前的祷告二者之间究竟是否存在因果关系，不得而知。然而，尖庙子的信众都毫不迟疑地将老人的善终，归结为老人生前的善行——积德和神明惩恶扬善的灵验与公正。至少，香头的祈祷，减少了信众对死的畏惧。只要积德行善，做个好人，多做善事，敬奉神明，死是可以接受的，可以是安详、平和的，甚至可以是"红润"的。也即，再卑微的个体，死都可以是庄严、体面与神圣的，是一件值得尊敬也有尊严的事。在此意义上，发生在尖庙子菩萨前的祈祷，俨然城里人所言的"临终关怀"。

事实上，正是这种正视个体生死并在关涉个体生死、赋予人生以价值和意义的朴素"信仰"，我所谓的乡土宗教，如一盏在风中、在夜空摇曳的油灯，维系着槐树地祖祖辈辈的生活世界，还依旧是今天人烟稀少的槐树地的一点点光亮。

我像一只闲狗

与"梦"一样,"乡愁"无疑是这两年的热词,完全掩盖了此前"原生态""非遗"的光芒。"乡愁"不是新生事物与思绪,亘古有之。《黍离》之悲,昔我往矣杨柳依依,低头思故乡,明月何时照我还,月子弯弯照九州等等,都是明证。乡愁时下的红火与势不可挡的城镇化洪流紧密相关。2013年岁末,中央的城镇化工作会议更加促生了各界对"乡愁"的热捧、审视与解读。近十多年来,随着城镇化步伐的加快,都市生活方式大行其道、从文字写作到摄影,从电影到地下纪录片,乡愁的表达蔚为大观。花大力气制作的《舌尖上的中国》不但未能免俗,还多少有些拙劣地将味觉乡愁做成了空洞的视觉,直至央视直奔主题、高亢地忽悠老百姓要"记住乡愁"。

在这些因时应景的关于乡村、乡愁的表达中,三联书店新近推出的杨村和余达忠的《两个人的乡村:作家通信》别具一格,颇值得寻味。人到中年的作者杨村、余达忠都出生于山高水长的黔东南。改革开放初期,通过那个年代鲤鱼跃龙门的经典方式——考试,两人终于离开了自己自小生活的村寨,成为了拥有粮食折子,吃上"皇粮"的城里人。对于20世纪六七十年代出生的人而言,赶上改革开放恢复高考的好机遇,也能通过考试改写既有的低人一等的乡民身份,是很多人都羡慕嫉妒恨的事情。但正是"从山里飞出的金凤凰"这一身份的质变,导致了这部分人与乡土、乡村、故乡,与农民、农村、穷乡僻壤挥之不去的情结。身心的渐行渐远,且行且回头,成就了其永远矛盾的心态和五里一徘徊的忧郁身姿。

这种摇曳的身姿、阴影、心性与短期上山下乡后又回到城里的知识青年当下的回首迥然有别。无论是以知青写作出了名的梁晓声、还是至今偏居锦官城的邓贤,他们都有着作为两栖物类的高贵:对于没下过乡的城里人而言,他们下过乡;对于原本出生乡野的乡下人而言,他们始终都有着需要仰视的城里人身份。通过考试才挤进大城小镇讨生活的杨村、余达忠们永远都没有这种左顾右盼、怡然自得的荣誉感。穷山恶水也好、山清水秀也好,生活多年、劳作多年的故乡永远都是他们心中挥之不去的痛,是剪不断、理还乱的脐带。这在专攻写作的杨村和既写作也有着教授头衔的余达忠身上表现得更加鲜明。

副题为"作家通信"的这本书,本意并非是要描述记录处于身不由己的变迁中的黔东南的大小苗寨、侗寨,而是力求辨析出这些表象背后的动因,试图回答为什么和怎么办。于是,在情真意切的描述中,就有了时时不忘也试图说理的情感性冲动,有了一堆堆无奈数据堆砌、罗列的不得已的拙劣,有了在因为所以的逻辑析辨中满含泪水的漆黑的夜,有着刻骨铭心的揪心的痛与阵阵痉挛。情与理的对峙、互博,更加撕裂了本身已经裂变的乡村,哀鸿之情浸透纸背。

对于习惯于用文字表达所思的人而言,煽情并不难。难就难在这"情"不是与作者无关痛痒之物,不是至今还在学界忽悠人的人类学家念经般的"他者"之思。无论是固守剑河的杨村,还是已经远去困居闽中三明的余达忠,他们始终都厮守着剑河、黎平的山山水水,凝视、默观着这里的花草树木、左邻右舍的一举一动。他们书写的不是别人的乡村,而是自己的乡村,现实的与想象的、过去的与未来的混融一处的乡村。

也因为二人不是官员,没有政绩的考量,没有歌功颂德的硬性要求,对挥之不去的乡村的情感性忠诚使得各级政府一致叫好、力求经济"发展"的村落的城镇化、旅游化,在他们往返的明是非的信札中有了那么多的问题。原因很简单,如果所谓的"发展(经济)"必须要以牺牲生态、牺牲优秀的民族民间文化、牺牲人与人之间的真情、亲情、牺牲个体的性情为基础,那么这种金玉其外败絮其中的弊大于利的发展是不需要的。顺此思路,对他们而言,如果一节课最多只能用两只粉笔的"贫瘠"乡村教育能够激发幼小孩童与大自然的亲近,能够造就幼小身躯的坚毅、勤劳、积极向上的品质,能够培育满含敬畏的真诚心灵,那么这样的乡村教育是不应该被残酷无情地淘汰出局的。

这些不合拍、不讨人喜欢的低沉"杂音",这种文人任性的不合时宜、两面不讨好的孤独,成就了他们两个人勉力坚持书写数年的"乡村",承载着他们黑云压城毁城般的"乡愁"。"望得见山、看得见水"的乡愁是钢筋水泥堆的城里人的,"儿童相见不相识"的乡愁是与故乡隔绝多年的高高在上的文人雅士的。之所以说这两个离开村寨后又高频度回归村寨的"乡下人"的乡愁与众不同,是因为他们在书中有很好的自画像:"我像一只闲狗"。

在我们的语境中,狗是多义也歧义的。看门狗、哈巴狗、丧家的资本家的乏走狗、疯狗、癞皮狗都是置人于死地的痛快的骂人话。在"狗"前加上一"闲"字,虽然不一定有褒义,贬义则全无。熟悉村落生活的人都知道，乡村里看家护院狩猎、忠诚于主人的狗是自由幸福的，尽管它可能经常吞食的是婴儿的粪便，也没有御寒的奇形怪状的冬衣，但它可以自由地奔跑，可以对陌生人大声地嚎叫，可以尽情地在村寨里漫步、闲逛，真正地做一只狗。于文人而言，自比作狗绝对是需要勇气的。一只不粉饰太平，在村寨不时游荡的闲狗，只能是素朴的与感伤的、独立也勇敢的、亲切也疾恶如仇的，悲悯也孤独如天边的独树高原、一抹夕阳。除了不合时宜，除了不可能有答案的追问，在热热闹闹要城镇化的村寨、要发展旅游的村寨，它能看到什么呢？只能是两个人的不一样的乡村！

记得去年暑假在银川，不经意地看到一部纯粹出于个人兴致拍摄而一直隐于市的关于宁夏固原一个孤村的纪录片，片名正好是"两个人的村子"。如果说杨村和余达忠俩的村子多少是情感化的、文学化的，有着青山绿水、风雨楼、高速公路的五彩底色，那么这部题名为"两个人的村子"的纪录片则是残酷、惨烈与撕心裂肺的，仅有贫瘠、残破、黄沙与苍凉。

固原缺水，其资源性贫困、生态性贫困远胜于黔东南。片子中的那个记不清名字的小村只有长相厮守的一对老年夫妻。这对夫妻，男性自幼双目失明，女性则少了双手。于是，一个女人的眼睛与一个男人的双手合二为一，成为了一个完整的人、一个终日只能默默与皇天后土为伍的大写的人。当然，还有一只忠诚的狗做伴。除了政府补贴的搬迁费之外，他们拿不出需要自付的剩余部分的钱款，这对身残志坚的老年夫妻就只能留守故里了。清晰的镜头中呈现的这对夫妻在干裂蓝天下的每一步、每一个动作，都是那样的触目惊心。没有当事人的哭诉，甚或没有一点悲伤的表情，却让人汗流浃背、热泪盈眶！

如果杨村、余达忠二位目睹的正好是这样的村子,是这样的父老乡亲,不知他们是否会神游八荒之外?他们的妙笔、深情又会写出怎样的"两个人的乡村"?

"我像一只闲狗。"我很喜欢这句,素朴而又感伤的浅吟!

(本文曾以《和乡村渐行渐远,念乡愁且行且回头》为题,刊载于《新京报》2015年5月2日B08版)

跋

  这本书主要是近五六年来风格大致趋同文章的结集。各篇的出处及演进，篇末多有交代。其中，有数篇未曾刊载。虽然不乏时过境迁而不合时宜者，但每篇文章多少有些因时应景、触景生情的想法或感悟。在表达上，诸篇力求浅白、晓畅，以少些阅读的障碍。文章起因各异，节令、时事、天气、观剧、讲演、史实、轶事、图片、小庙、名流贤达、下里巴人甚或童言，不一而足。当然，多数篇章与书关联更紧。因此，也不妨将这本小书视为我数年来的阅读笔记，抑或零散的读书心得。

  更为关键的是，这些文章大抵都是将民俗学作为一种方法（论）而尝试的结果，是专业的，又不是专业的，是文学的，亦非文学的，实证的，却又力避僵硬的论证与说教。因此，如过去相声艺人表演时的"现挂"，我有时也临阵变卦、就地取材、现说现卖，插科打诨、花里胡哨、词不达意地胡言乱语一番，只希望能激起点阅读的兴味。

  那么，什么是"作为一种方法的民俗学"？

  对我而言，在诸多的人文社会科学中，关心、记录、研究本土文化，或者说"母文化"的民俗学，虽然是小众的、边缘的，也似乎没有觉世、济世的效力，却有着厚重的历史根基，有着对于这个残酷社会、荒诞生活与美好愿景、虚假幻境不可替代的独一无二性。多年浸染其中，民俗学给予我了一双观察生活、理解人情世故、生老病死的眼睛与大写的"人"的立场。它教会了我对苍天大地、对日常生活、对芸芸众生的仰视与敬畏。

我的民俗学安心于冷板凳，不求挤进无论哪种权力支配、掌控的阶序，更无心于各种活动家——学术术士——充斥的学术江湖。因此，它是淡泊的、在野的。正因为淡泊，它让我心平气和，让我对日常生活、对个体人的生存状态反而能够长时段地默观、体认，并多了几分真切与任性。因为在野，它也就没有了一定要担负的所谓道义，没有了为"君王"分忧的谄媚心态，反而多了分平民气，甚或多了"光脚的不怕穿鞋的"无产流氓气，即痞子气。于是，研究他人，也就是研究自己，至少是反观、逼视自己。我曾经说过，对于一个民俗学从业者而言，当其回到个体"小我"——大写的人——这个原点时，人类学、民族志诗学津津乐道的主位、客位以及相互之间的转换，了无功效。在生活现场，入乎其内出乎其外而移步换形的民俗学者，不是旁观者式的"感同身受"，而是常常有着或泪流满面或不露一丝痕迹的"切肤之痛"。

正是这种切肤之痛，立足于作为方法论的民俗学，2017年元旦前，即2016年12月24日，我在《新京报·书评周刊》上对魏小石的《民歌笔记》写过如下感言：

> 以所谓"音乐档案"的方式，《民歌笔记》把技术时代糟蹋得浮躁而风骚的民歌还归到了乡野、大地，还给了一个个锲而不舍、乐此不疲却沉默的歌唱者，还给了一个个"面朝黄土"的行吟诗

人,还给了生活本身!

虽然封面标明了"旅行家游观系列",但受过音乐人类学科班训练的八零后魏小石,既没有把活态的民歌浅薄地写成"到此一游"式的抒发小感慨的心灵鸡汤,也没有故意写成艰涩难懂、深不见底的民族志诗学。相反,他以自己一路走来的望、闻、问、切,告诉人们:民歌不仅仅是在话筒前、荧屏里、舞台上的表演,民歌更是一个个感人泪下的故事,是一个个鲜活生命的性情、执念,是一个个族群残留在心中或骄傲或伤痛的集体记忆,也是每个时代的传唱者对其所置身的现实生活的理解与回应。简言之,对魏小石而言,民歌绝对不仅仅是用来听的音声的技艺,民歌同样是可以默观、品读、回味与沉思的视觉艺术。

与此同时,以他用脚绘制出来的色彩斑斑的"民歌地图",魏小石也在悄无声息地警示人们:汉族民歌版图的萎缩!为何如此?这或者是《民歌笔记》一书给读者抛出的巨大而沉甸甸的问号。

整整一年之后,还是在《新京报·书评周刊》,我对一苇的《中国故事》写了如下感言:

> 每个民族都有自己口耳相传、丰富多彩的民间故事。这些故事承载着一个民族的想象力、心性、审美直觉,甚或历史。
>
> 黄俏燕,一位语文教师,童话作家。她不满于孩子们的世界被铺天盖地的"格林童话"占据,而本土固有的民间故事死气沉沉的现实。基于童话创作的实力和给大小孩子讲故事的经验教训,在对数万个中国民间故事阅读理解的基础之上,黄俏燕整理、改编出了她自己的八十一个"中国故事"。她期望这些中国故事能给

跋

孩子们撑起一片更广阔的天地,"拯救"中国故事的同时也滋补中国的孩子。

她确实成功了!我儿子,十一岁的小男孩,是一个读书很"挑剔"的孩子。此前我摆放在他案头的书,大抵都不屑一顾。唯独这本,他一气呵成地读完,还不时和我讨论如何"卖香屁",如何"射屁股箭"。这半年,每当他独自偷笑时,我就知道他又在翻看、回味"卖香屁",怡然自得地享受着语文之乐。

然而,这绝不仅仅是写给孩子的一本故事书。与非物质文化遗产运动等自上而下的制度性行为相较,引起广泛关注和好评的《中国故事》,其创作、出版与阅读,完全可以称得上是优秀传统文化的"民间自救运动"。换言之,这本书还是成年人的故事书,是悠久的中国民间故事迎来新生的"成年礼"。

本书的诸多篇章不时有上述这样立足于民俗学而又将之散于无形的感悟。因此,我用了"以无形入有间"这个篇名作为书之正题。显然,这个多少有些故弄玄虚的标题,化自《庄子·养生主》"庖丁解牛"中"以无厚入有间"一句。"无形"指的就是作为方法的民俗学,"有间"就是书中不同篇章所指陈的景、情、事、理、人、史和书,抑或其他学科的专属地。当然,如果基于自己边缘人、流浪者的自我定位,那么本书书名也可采用书内尾章"我像一只闲狗"之篇名。

虽然有了百年历程,原本鲜活、魅力四射的民俗学,不少方家都要纷纷染指的民俗学,阴差阳错地居然有了浓重的洋泾浜味道,少了地气与人气,少了感染力。作为新生儿,百年前的民俗学是小众的,作为老小儿,百年后的民俗学依旧是小众的。新生儿,人见人爱,人见人怜,潜藏着生机与活力,有着多种可能。老小儿,虽然不乏鹤发童颜的回光返照，但不是被退避三舍，就是被敬而远之，如山巅夕阳，灿烂诱人，却因"近黄昏"的没落而让人伤感。

反之，无论作为共享的生活文化或者日常生活本身，还是作为交际的符号、交际实践的艺术，抑或政治博弈的工具，"民俗"始终都是大众的，鲜活的，甚至红红火火的，也一直不停地被别有用心或者说用心良苦的他者做成热点、事件与可以反复播放的视频。这样，在媒介时代，被称之为"民俗"或"民俗化"的那个（些）东西、事象，有着极高的上镜率，耀人眼目，异彩纷呈。

然而，民俗并不等于民俗学，民俗调查不等于民俗学调查，民俗活动家更非民俗学者。

何为民俗学？2004年，在美国民俗学学会全体大会的主旨演讲"民俗学在21世纪"（Folkloristics in the Twenty-First Century）中，阿兰·邓迪斯豪迈地指出：民俗学是一门"走在时代前沿并认识到民俗对促进民族自豪感具有重要性的学科"，是一门"提供发现本土认知范畴以及世界观和价值观模式宝贵资料的学科"。即，民俗学是对民俗进行充分分析、论证而有着其认知论、方法论并且有着勇气和担当的学科，而非止步于对民俗的搜集、罗列以及展览、描述、表演等琳琅满目的呈现。

显然，我无力也无心建构任何宏大的理论。如同自己《老北京杂吧地》《忧郁的民俗学》《行好》《都市中国的乡土音声》和《朝山》等民俗学志（如果能用这个词的话）之写作，我更偏向于赛吉维克的"弱理论"：为追踪所遇见的目标而摆脱自己思路，或者在关注不合情理事物的过程中被消解，同时也把自己的生命力当作值得思考的问题。一如既往，在本书中，有着理论意识的我同时也在毫不客气地驱离或者说摆脱试图控制我的种种理论。如临深渊、如履薄冰的随心、随性

跋

而任性，有着不一定讨人喜欢的真情，却无丝毫的矫情。

如果说民俗是过日子与日子本身，那么民俗学则要解决与回答为什么这样过以及将来可能怎么过的问题，至少要去尝试回答为什么。这一本质差异也正是民俗调查与民俗学调查、民俗活动家与民俗学者、民俗志与民俗学志、民俗主义与民俗学主义之间的差别。民俗调查、民俗活动家、民俗志和民俗主义都可以没有问题意识，甚至不需要问题。当有了问题意识并尝试回答，民俗调查就成了民俗学调查，民俗活动家就升华为民俗学家，民俗志就有可能提升为民俗学志，民俗主义也就有可能嬗变为民俗学主义。

不但千姿百态、眼花缭乱的"民俗"对民俗学构成了巨大的挑战，裹挟媒介暴力的民俗活动家们也强力地撞击着民俗学者，搅拌、吞噬至少消费着民俗学与民俗学者。雪上加霜的是，如同当下人文社会科学领域的普遍情形一样，当下多数所谓学科意识强的从业者，要么太过于固守一个专门领域，不愿越雷池半步，要么太过功利而只求闻达，要么急于跑马圈地，或落草为寇，或自封为侯，甚或心急火燎地马上封侯，装腔作势地做出率土之滨莫非王土的夜郎姿态，而疏于脚踏实地、循序渐进的基础性工作与理性思考。民俗学调查常常沦为民俗调查，甚至是跑马观花的观光与沾沾自喜的高规格接待的到此一游。在此滚滚红尘中，身不由己的不少学者，情不自禁地降格为只求曝光率的明星式的活动家，抑或威风八面、盛气凌人从而得意扬扬、指手画脚的"官员"。在如今明细化、专门化的学科殿堂中，"老小儿"民俗学似乎老当益壮、星光灿烂，却无法掩盖骨质的疏松与不时袭来的阵阵寒意。

所以，原本就半路出家、三心二意的我，近几年来故意越轨"跨界"，涉足了一些旁的领域，写出了这些不伦不类，也不怕会被相关领地专家耻笑诟病、不以为然的文字来。不但于非遗、剧场是门外汉，我对文学、文人也是斗胆地痴人说梦，有些疯癫、呆傻与固执了。这显然有违"知之为知之，不知为不知"的古训。然而，秉持着对皇天后土的敬畏之心，对个体"小我"的礼拜，对"个人主义的人间本位主义"的推崇，站在场外，敲敲边鼓，自说自话，弄些杂音，倒也自得其乐，良心安稳。何况，如果这些汇聚成册的短章，多少能意味点儿作为一种方法论的民俗学之叙述力、诠释力与表达力，那也算是无心插柳，为这门伟大而多艰的边缘学科尽了一分绵薄之力了。

书之副题，"民俗学跨界行脚"，出自谭徐锋兄。正是他的鼓励，我才将散见于各个角落也相映成趣的碎片串联成册。虽然身处不同行当，永远抱持着一颗诗心的陈首兄绝对是挚友、解人。借着两杯小酒的微力，我贸然催逼，当然也不露声色地软磨硬泡，他赐写了序言。陈首兄的智慧、才情、胸襟与深刻，不容我在此置喙，读者自有公断。感谢同事孟琢教授题写了书名，为拙著增色。2017年，我的两位学生，赵雪萍和蔡加琪，牺牲假期，校读了部分文稿。在此，一并谢过。

本书初稿草成之日，适逢珠哥11岁生日。到本书定稿时，珠哥已经年满13周岁。因此，本书权当是对他成长的一个微薄的纪念，尽管我心里不时有着淡淡的惆怅和隐隐的忧伤。与同龄的孩子一样，直到成为大小伙子、大姑娘，甚至慢慢终老之时，珠哥他们都有着成为吸霾绿萝的好运。天地苍苍，浩浩汤汤，谁能说作为花朵的他们不配呢？

与病魔搏斗七年有余，母亲于2017年2月26日驾鹤西游，羽化登仙。从我呱呱坠地之始，无论远近，母亲一直都默默地守望着我。如今，天人两隔有年，仅以这本母亲生前朦朦胧胧知道的小书，告慰

跋

她老人家的在天之灵：愿在天国的她没有劳苦、没有病痛、没有忧伤，只有闲暇、只有喜乐、只有欢笑——天下母亲原本应该有的日常！

生前，母亲常常说："你有啥都不说，闷在心里！"确实，自从十岁离家在外读书开始，我基本不给母亲说自己的愁苦。在母亲面前，年少而任性的我，总固执地以为：不就那么点事吗，有啥好说的？三十年河东，三十年河西！如今，想给母亲她老人家说点啥时，却只能凝望有日月或没日月的苍穹了。

末了，感谢家父、妻子、老姐、小妹和兄长等亲友常常为我的信马由缰、口无遮拦而担惊受怕和语重心长。愿小书的出版，能给他们以丝丝安慰！

因为时空的变化、情境的轮替，这个世界上的每个生命体、每句话甚或每个字都有受到强暴和伤害的可能。与鲜活的言语和静默的文字一样，生命本身同样不堪重负，弱不禁风，脆弱不安！沉甸甸的一年，总算过去。新的一年，会是怎样的景象呢？

加缪东·巴什拉曾不无哀痛又惊喜地说过："不管我们是谁，我们所有人都有一个私密的博物馆……人的幸福本身就是阴影中的一束微光。"愿来年普天下的众生依旧有梦想的权利，有做自己梦以及"我手写我口"的任性，少些被伤害与被暴力的可能，有巴什拉那一束阴影中的微光！哪怕仅仅是一丝丝，一缕缕，甚或似有若无，羚羊挂角。

2017年2月18日黄昏初稿
2018年4月5日晨曦二稿
2019年2月26日午夜三稿